호남문화연구총서 6

18세기 문학비평론

朴 明 姬

景仁文化社

◆ 책머리에

　중국의 『당서(唐書)』「문예전(文藝傳)」에 마부작침(磨斧作針)이라는 말이 있다. 중국 당때 시문으로 이름을 날렸던 이백(李白)이 젊어서 수학하던 과정 중 하루는 공부하는 것이 싫증이 나 하산을 했다고 한다. 그런데 하산하던 중 산 계곡 중턱에서 백발이 성성한 한 노파가 바위에 도끼를 힘껏 갈고 있는 모습을 보게 되었다. 이백은 그러한 행동이 너무나 신기하고 이상스러워 노파에게 가 지금 무엇을 하고 있는지를 물어보았다. 이에 대해 노파는 아무렇지도 않은 듯이 '바늘을 만들려고 도끼를 갈고 있소이다'라고 한다. 노파의 이 말에 이백이 놀랬을 것은 자명하다. 어떻게 큼직한 도끼를 바늘로 만들 수 있다는 말인가? 이런 의문을 또다시 제기하자 노파는 '중간에 포기만 하지 않는다면 바늘을 만들 수 있지'라고 했단다. 이백은 도끼를 갈아 바늘을 만들려고 하는 노파의 인내심에 감동된 바가 자못 커 발길을 돌려 내려오던 산을 다시 올라가 학문에 정진해 시선(詩仙)으로 불후의 명작을 남긴다. 바로 이 마부작침은 공부의 길로 들어선 이에게 시사하는 바가 자못 크며, 학문은 하루아침에 이루어지는 것이 아닌 까닭에 그만한 인내와 인고를 감내해야 한다는 의미로 받아들일 수 있겠다.

벌써 10년이 넘은 일이지만, 필자는 시대상 조선후기에 대해 깊은 관심을 가지고 있었다. 따라서 석사학위 논문도 조선후기와 관련된 것을 쓰게 되었고, 기왕 가지고 있던 시대적 관심인지라 쉽게 버리지 못하고 박사학위까지 이어지게 되었다. 그리고 이런 시대적 관심과 아울러 머리 속 뇌리에 늘 자리잡아 나를 괴롭혔던 것은 우리 선인들의 문학 창작 방법론이었다. 문학 창작론이란 '무엇을'이라는 내용은 물론이고, '어떻게'라는 방법적 측면을 도외시하지 않는 태도를 이른다고 할 때, 이를 아는 길은 그리 쉽지 않았다. 선인들이 남긴 시에 대한 단편적인 생각들을 읽어가면 갈수록 그야말로 오리무중(五里霧中) 그 자체였다. 지금도 그러하지만, 능숙하지도 못한 한문 실력을 가지고 한문 원전을 떠듬떠듬 읽어가다 보니 한 글자 한 글자 한자 어구에 얽매이게 되었고, 그러니 전체적인 의미전달은 도대체 와닿지 않아 내 자신이 참 갑갑하기도 했었다. 그러나 한편, 의지를 굳건히 다지고 이해되지 않는 부분은 반복하여 읽는 과정을 여러 차례 하면서 알게 된 우리 선인들의 문학에 대한 탐색에 깊이 매료될 수밖에 없었다. 이럴 때 느끼는 희열감이란 느껴본 사람만이 알 수 있을 것이리라. 그러다 보니 고금(古今)의 시간적 격차가 심함에도 고인(古人)을 안전(眼前)에서 대한 듯 친숙하게 느낄 수 있었고, 그 많은 학문 중에서 고전문학, 특히 한문학하기를 잘했구나 하고 스스로 위로할 수 있었다.

이 책은 크게 2부로 나뉘어 전개하였다. 1부는 박사학위 논문을 수정한 내용으로 채워져 있고, 2부는 박사학위 논문에서 다하지 못해 아쉬움으로 남아있던 것을 정리한 내용으로 되어 있다. 마음은 오래 전에 정리하고 싶었지만, 이런 저런 바쁘다는 것을 핑계삼아 이제야 학위논문을 펼치니 내용은 고사하고 문장 자체가 어색한 부분이 많아 새삼 부끄러움 마음 금할 길 없었다. 그러나 완전한 학문이란 있을 수 없다는 말을 되새기며, 부끄럽지만 우매한 자의 용감성을 이제 다시 드러내 본다.

책제목은 책의 전체 내용을 아울러야 했기에 정하는데 많은 고민을 하였다. 1부 내용과 2부 네 편의 논문 중에서 세 편은 농암(農巖) 김창협(金昌協)과 삼연(三淵) 김창흡(金昌翕) 형제의 문학론인데 반해, 2부 마지막 논문은 여암(旅菴) 신경준(申景濬)과 관련된 것으로 이질감을 주기에 충분하여 하나로 아우를 수 없었다. 또한 2부 두 번째 논문인 「농암 김창협의 고문 작문론」은 시론이 아닌 문론(文論)이기에 다른 내용들에 또한 함께 꿸 수가 없었다. 그러나 고민을 하다가 결국 『18세기 문학론』으로 종결지었다. 농암, 삼연 형제는 17세기말과 18세기초에 생존했던 문인이요, 여암은 18세기 문인이었지만 이들이 세운 문학에 대한 이론적 틀의 실천적 측면은 18세기에 강하게 드러나 제목 어두에 '18세기'라고 해도 무방할 것이라는 생각에서였다. '조선후기'라는 말도 있겠지만, 이 말은 책의 내용에 비할 때 너무 부담감을 주기 때문에 될 수 있으면 피하려고 하였다.

새삼스러울 것은 없지만, 우리 선인들은 문학과 삶 그 자체를 따로 불리해서 생각하기보다는 삶이 곧 문학이요, 문학이 곧 삶이었다. 때문에 이론적 틀을 억지로 갖추려고도 하지 않았고, 억지로 하지 않았기에 시공간에 구애받지 않고 시문 창작이 이루어질 수 있었다. 아름다운 승경을 대하면 한 편의 시를 이루지 않고는 그냥 지나치지 않았고, 심지어 가까운 사람이 세상을 뜰 때도 그 슬픈 감정을 한 편의 시문에 고스란히 담았다. 그러나 시문에 대한 연구도 당시인(當時人)의 비평적 안목으로 무장되지 않는다면, 깊이를 더할 수 없을 것이라고 생각한다. 이론과 창작은 불가분의 관계에 놓여있기 때문이며, 이는 곧 당시인의 눈으로 한시문을 바라보아야 한다는 말이기도 하다. 필자가 문학론을 연구한 궁극적 이유도 바로 여기에 있었다.

옅은 지식을 책으로 엮기까지 너무나 많은 분들이 도움을 주었다. 박준규 선생님, 조종업 선생님, 지춘상 선생님, 정병헌 선생님, 김신중 선생님을 비롯한 전남대학교 국어국문학과와 국어교육과 선생님들은 머리 숙여 절을 몇 번해도 부족하기만 하다. 그리고 항상 모자라기만 한 한문에 대한 식견을 나무람 한 번 없이 넓혀주신 현재(弦齋) 김영웅(金永雄) 선생님에 대한 고마움은 얇은 종이에 적기엔 또한 부족하기만 하다. 시집간 딸이라도 노심초사 밤낮을 걱정하고 계실 친정 부모님, 늘 폐만 끼치는 며느리에게 건강 조심하라는 말씀을 잊지 않으시는 시어머니와 그리고 남편, 나의 분신인 성동이 재모 모두에게 고맙다는 말로 대신한다. 마지막으로 출판을 허락해주신 경인문화사의 한정희 사장님과 신학태 편집장님, 까다로운 요구에도 싫은 기색 한 번 없었던 김인숙씨에게도 고마움의 말을 전한다.

2002년 5월 무등산을 바라보며

저자 박명희 삼가 적음

차 례

제1부 18세기 시론의 비평적 전망

제2부 18세기 문학비평의 양상

제 *1* 부

18세기 시론의 비평적 전망

- 農巖·三淵의 경우를 중심으로 -

제1장 序 論

1. 問題의 提起

17세기 말과 18세기 초는 국내외적으로 많은 변화를 가져온 때이다. 국외적으로는 중국의 漢族이 세운 明나라가 멸망하고 女眞族이 淸을 창건했는가 하면, 국내적으로는 청에게 당한 國恥를 씻기 위한 北伐論이 대두되었으며, 명을 이은 문화국은 조선이라는 朝鮮 中華主義의 華夷觀이 점차 형성되어가던 시기였다.[1] 또한 두 차례의 禮訟과 老·少의 分黨 등 어지러운 정치 현실이 지속되고 있었다. 뿐만 아니라 기왕의 理氣論에 치중되어 있던 철학적 탐구도 人物性異論爭(湖洛論爭)으로 옮겨져 조선식 성리학 체계가 자리를 잡아가고 있던 때이기도 하다.

이중 조선 중화주의가 형성되고 조선식 성리학이 체계를 이루어갔음은 조선후기 예술의 특성으로 떠오른 個性 重視나 朝鮮風의 강조와 서로 관련성이 있다. 이는 당시 모든 분야에 걸쳐 흐르고 있던 역동적인 움직임을 예술도 스스로 자각하고 대응했음을

---

1) 농암의 다음 글은 朝鮮 中華主義와 관련된 내용이다. ① 『農巖集』 22, 贈黃敬之(欽)赴燕序. "今天下復爲左衽久矣 我東僻在一隅 獨不改衣冠 禮樂之舊 遂儼然以小中華自居" ② 『農巖集』 25, 審敵篇. "北虜入主中國數十年 我國固先忍恥辱忘大義 爲之僕役"

보여주는 것으로 書畵 方面의 眞景山水나 風俗畵의 유행은 그 한 경우라고 하겠다. 시론의 경우 天機論의 본격적인 대두와 唐詩와 宋詩의 차별적 인식을 통한 시 창작의 심미적 특질을 모색하기도 하는데, 앞에서 들었던 사회적인 분위기와 무관하지 않다.

이러한 때 당대의 지식인층에 속했던 農巖 金昌協(1651∼1708)과 三淵 金昌翕(1653∼1722) 형제(이하 農·淵)의 현실 대응 자세는 우리의 주목을 끌기에 충분하다. 道學을 중시하는 儒學者의 위치에 있으면서도 文學에 대한 관심 표방 또한 소홀히 하지 않았기 때문이다.

특히, 두 사람의 시문학에 대한 의식을 살펴봄이 유용한 것은 그 문인제자들이 18세기 초 문학과 예술의 흐름을 주도해갔다는 점에서 찾을 수 있다. 당시 이 둘을 정점으로 모여든 문인이나 예술가들이 많이 있었는데, 그들은 창작의 과정에서 농·연의 문예 이론을 수용하여 전시대와는 다른 형태의 예술 세계를 펼쳐 보인다. 이는 농·연의 문예 이론이 끼친 영향력의 정도를 말해 주는 것으로 연구의 필요성은 당연하다고 생각한다. 따라서 본 논문은 결국 18세기에 주로 치중되어 있던 그동안 문학 연구의 폭을 다소 확대하는 의미도 갖으면서 17세기 말과 18세기 초 문단의 한 양상을 이해하는 계기가 될 것이다.

농·연 문학에 대한 연구는 다각도로 이루어졌다. 농암의 경우 1930년대 金台俊과 玄相允의 단편적인 언급[2]이 있은 이래 본격적인 연구는 1970년대 초반 趙鍾業에 의해서 이루어졌다.[3] 그후 연구자들의 지속적인 관심으로 인해 현재 그 연구물이 상당히 축적된 상태인데, 석·박사 학위논문은 물론이고,[4] 문학론을 통

---

2) 金台俊, 『朝鮮漢文學史』, 朝鮮語學會, 1931, p.168
　　玄相允, 「李朝文學과 金農巖」, 『三千里』, 1936.
3) 趙鍾業, 「農巖詩論 硏究」, 『東喬閔泰植博士古稀紀念儒學論叢』 1971.
4) 姜信中, 「農巖 金昌協의 漢詩硏究」, 영남대학교 교육대학원 석사학위

시적으로 살피던 중 농암 문학론의 비중을 생각해 고찰한 경우,5) 그리고 기타 소논문 등6)이 조사되었다.

조종업 교수의 논문은 농암 시론 연구의 기반이 되었는데, 주로『農巖集』34의 〈雜識〉를 중심으로 유학적 입장에서 접근하였

논문, 1993.

강혜선, 「金昌協 古文 研究」, 서울대학교 석사학위논문, 1990.

金英鎭, 「金昌協의 文學批評論」, 동국대학교 교육대학원 석사학위논문, 1987.

朴斗遠, 「農巖 金昌協의 文論에 관한 研究」, 국민대학교 석사학위논문, 1982.

安英吉, 「金昌協의 文學研究」, 성신여대학교 박사학위논문, 1996.

吳龍源, 「農巖 金昌協 詩文學攷」, 동국대학교 석사학위논문, 1995.

李東英, 「農巖 金昌協의 詩文學研究」, 성신여대학교 석사학위논문, 1992.

진영미, 「農巖 金昌協 詩論의 研究」, 성균관대학교 박사학위논문, 1998.

蔡奐鍾, 「農巖 金昌協 文學研究」, 충남대학교 박사학위논문, 1993

5) 張源哲, 「朝鮮後期 文學思想의 展開와 天機論」, 한국정신문화연구원 석사학위논문, 1982.

朴英鎬, 「朝鮮後期 古文論 研究」, 경북대학교 박사학위논문, 1993.

6) 朴明姬, 「農巖의 古文 作法論에 대하여」, 『韓國言語文學』 35, 한국언어문학회, 1996.

安英吉, 「農巖 金昌協의 散文研究」, 『漢文學論集』 14, 단국대학교 한문회, 1996.

吳錫環, 「農巖의 六弟墓誌銘 分析」, 『漢文學論集』 13, 단국대학교 한문학회, 1995.

______, 「農巖의 陽谷吳公神道碑銘 分析」, 『漢文學論集』 14, 단국대학교 한문학회, 1996.

鄭雨峰, 「金昌協 詩論의 批評史的인 意義」, 『語文論集』 31, 고려대학교 국문과, 1992.

그간 이루어진 농암 관련 연구사는 朴英鎬(「농암 김창협 문학연구의 성과와 과제」, 『동방한문학』 21, 2001, pp.7∼31)에 의해 정리되었다. 본 글에서 논의되지 않은 농암 관련 논문에 대한 소개는 박영호의 글을 참조.

다. 또한 性情을 시론의 요체로 지적하고 自主論이 이루어졌음을 강조하였다.

장원철은 조선후기 천기론을 전반적으로 검토하던 중 농암 천기론을 載道論과 절충된 중기와 후기의 과도기적인 것으로 성격 지운다. 그리고 농암은 문학을 敎化論的 시각이 아닌 表現論 내지 個性論的인 면에서 보고 있다고 하며, 남녀의 정욕을 주장한 許筠의 입장을 그대로 이어받아 性情之眞의 개념을 수용하고, 張維의 천기 개념인 '진실성'을 받아들였다고 정리한다. 이렇듯 사적 계보까지 언급한 후 농암은 천기론을 통해 '문학은 자기 시대의 문제에 가장 충실해야함을 강조했다'고 결론짓는다.

그런데 이의 논지 중 농암 천기론의 문학적 성격과 의미를 규정한 부분에서는 수긍할 점도 있지만, 理氣에 대한 논의를 하고서 바로 천기론으로 연관지운 것은 재고의 여지를 남긴다.

김영진은 농암 문학론을 文論과 詩論으로 나누어 고찰하였는데, 시론에서 가장 중요하게 거론된 것은 '성정'과 '천기'이며 시대성에 관한 것이라고 한다.

또한 정우봉은 농암 시론은 장유의 천기 논의와 李睟光의 意興 논의 등을 일정 부분 계승한 바탕 위에서 산문과 구별되는 시의 예술적 아름다움을 외재적 측면(聲色과 氣格)과 내재적 측면(神情과 興象)으로 정식화함으로서 시 창작 과정의 특수한 심미적 활동·영감의 작용·예술적 형상 창조에 대한 보다 진전되고 체계화된 이해를 보였다고 하며, 시의 심미적 특질과 가치를 도덕적 내면 수양에 종속시켰던 그 이전 시기의 한계를 극복했다고 평가한다.

채환종은 작품의 전반적인 경향과 함께 비평론을 연구하였다. 비평에 있어서는 특히 천기론에 관심을 보였는데, 농암 개인의 천기에 대한 개념은 세우지 않은 채 인간의 내재된 묘오나 흥회를 강조했다고 하였다.

진영미는 농암의 시론을 자연론적인 관점에 선 시론과 인위적인 관점에 선 시론으로 나누고, 이는 眞으로 통합되는 것으로 특징지웠다.

한편, 삼연에 대한 관심은 최근에 이루어져 석·박사 학위논문7) 및 기타 소논문 등이 있다.8)

李鍾虎는 삼연의 나이 30대 전후해 있었던 拙修齋 趙聖期와의 왕복 서한을 통한 문학논쟁에 대한 연구를 전체 논문 양의 절반 이상을 할애하는가 하면, 詩經論에 있어 朱子註의 비판적 수용에 대해 논의하고 마지막으로 시론의 특징적인 국면을 고찰하였다.

이승수는 기왕 석사학위 때부터 보였던 삼연에 대한 관심을 더 확장하여 깊이있는 논의를 전개하였다. 그는 먼저 삼연의 생애를 세세히 나눈 후 삶에 따라 시세계의 변모 과정이 있었음을 펼쳐보였다. 그리고 師承 관계는 어떠하였으며, 어떤 사람과 주로 교유하였는가를 논의하였다. 또한 삼연은 어떤 학문 자세를 갖추어 무엇에 주로 관심을 내보였는가? 등을 구명하였다. 이러한 이승수의 정리는 앞으로 삼연 연구에 많은 보탬이 될 것으로 추측된다.

---

7) 이승수, 「金昌翕의 시세계 연구」, 한양대학교 석사학위논문, 1991.
　　____, 「삼연 김창흡 연구」, 한양대학교 박사학위논문, 1998.
　李鍾虎, 「三淵 金昌翕의 詩論에 관한 硏究」, 성균관대학교 박사학위논문, 1991.
8) 이승수, 「金昌翕의 生涯와 詩世界의 變貌」, 『漢陽語文研究』 9, 한양어문학회, 1991.
　安大會, 「三淵 金昌翕의 〈葛驛雜詠〉 研究」, 『韓國漢詩學會』 I, 새문사, 1993.
　蔡奐鍾, 「三淵 金昌翕의 社會詩 研究」, 『語文研究』 27, 어문연구회, 1995.
　李鍾虎, 「三淵 金昌翕의 詩經 解釋에 나타난 文藝志向」, 『大同文化研究』 31, 성균관대학교 대동문화연구소, 1996.
　　____, 「三淵 金昌翕의 詩論과 그 批評史的 意義」, 『東洋漢文學研究』 11, 동양한문학회, 1997.

이상 이루어진 농·연 형제에 대한 연구 상황을 볼 때 그 관심의 폭이 넓어졌음에도 불구하고, 시의 창작 문제에 대한 심도있는 논의가 별로 이루어지지 않았음을 알 수 있다. 따라서 본 논문은 이 두 사람 시론 내용이 창작 문제를 주로 다루고 있다는 데에 주목하고 글을 전개시키고자 한다. 또한 아무리 개별화된 시적 논리라 하더라도 역사적으로 다양하게 발전해 온 한시 이론에서 고립하여 존재할 수 없다는 사실에 초점을 두어 둘의 시론과 유사한 중국 시론과의 관련성도 이야기될 것이다.

2. 硏究 對象과 展開 方法

詩學은 시와 관련된 제반 사항의 이론적 틀이라고 할 수 있다. 이에는 시를 창작하거나 비평하는 것, 심지어는 시와 연관된 閑談的인 내용까지 포함된다.9) 이중 대개 중요하게 다루는 것은 시 창작과 비평의 문제로 전자를 作詩論이라 이르고, 후자를 批評論으로 지칭함은 주지의 사실이다. 작시론이라 함은 시를 어떻게 지을 것인가와 관련되는 문제로 의미를 표출하는 방법적인 측면을 말하고, 비평론은 이미 창작된 시 작품을 문학적 안목과 미적 감각에 의해 평가하여 이론화시킨 것이라 하겠다.

그런데 시 이론에 대한 많은 논의가 있었음에도 불구하고, 조

---

9) 詩學에 대한 개념과 범위는 동·서양이 조금 다르다. 가령, 서양에 있어 시학은 아레스토텔레스의 '詩學'(poietike)에서 연유한 것으로 詩와 文을 구별하지 않고 포함하는가 하면, 일종의 文章修辭學的인 개념까지 지녔다고 하겠다. 반면, 동양에서의 시학은 시와 문을 분명히 나누고, 詩論과 詩評을 포함한 시에 관한 제반 정신활동을 가리킨다. 이로써 서양에 비해 동양의 시학 개념은 그 범위와 폭이 좁음을 알 수 있다. (全瑩大 외 3인 공저, 『韓國古典詩學史』, 기린원, 1988, p.23 참조)

선시대를 통틀어 시 창작의 문제를 심도있게 다룬 경우는 그리 흔하지 않았다. 그것은 두 가지 이유에서였다. 漢詩가 원래 우리 고유의 장르가 아니고 중국에서 왔기 때문에 이미 존재한 시 이론을 따라서 창작하면 된다는 생각에서 새롭게 體系化시킬 필요가 없었겠고, 더 중요한 이유는 시의 표현을 포함한 修辭學的인 면보다는 道 위주의 내용을 중시하는 경향이 만연해 있었기 때문이라고 본다.[10] 즉, 전자는 模擬와 그리고, 후자는 문학이 담당해야 할 효용론적인 역할과 관련된다. 하지만 감정과 밀접한 시를 창작함에 있어 他人의 것을 모방한다든가 敎化的인 면의 지나친 강조는 한계를 드러낼 수밖에 없었다.

그러한 한계에 대한 비판적 인식은 주로 조선후기에 일어난다. 구체적인 시기를 언급하자면 17세기 말부터라고 생각된다. 농·연은 당시 만연해 있던 작시상의 한계에 대해 위기 의식을 지니고 있었다. 그래서 어떻게 하면 자기만의 개성을 드러낼 수 있는 시를 창작할 것인가를 항상 고민했던 것 같다.

따라서 본 연구는 이들 시론의 요체를 시 창작에 대한 방법론으로 전제하고 거기에서 도출되는 특성과 그 비평사적 의의를 밝히고자 한다. 또한 지금까지의 연구자들이 농·연을 각각 분리해 논의했던 것과 달리 둘을 함께 다루고자 한다. 이들은 형제간이라는 긴밀한 관계 외에도 시론에서 공통된 지향점이 드러나기 때문이다.

본론에 앞서 제2장에서는 시론 형성의 배경적인 설명을 할 것이다. 이러한 설명이 필요한 이유는 무엇이 두 사람에게 시에 대한 이론을 사유케 하였는가 하는 점을 알아보기 위해서이다. 배경론의 접근 방법은 다각도로 이루어질 수 있겠지만, 여기서는

---

10) 拙 稿, 「旅菴 申景濬의 詩論考」, 『韓國言語文學』 35, 韓國言語文學會, 1995, p.301.

두 방면을 위주로 하려고 한다.

첫째는 농·연의 생애에서 드러난 공통된 趣向과 交遊 人物에 대해 살피고자 한다. 둘은 주로 어지러운 정치 현실을 떠나 주로 산수를 유람하는 취향을 지니고 있었다. 그리고 주요 교유 인물로는 拙修齋 趙聖期·澹軒 李夏坤과 槎川 李秉淵·柳下 洪世泰 등을 들었다. 이들은 농·연이 시론을 형성하거나 전파시키는데 지대한 역할을 담당했던 인물이라고 생각되기 때문이다.

둘째는 중국 시론의 수용에 대한 문제를 고찰하고자 한다. 농·연의 시론도 결국 갑자기 도출된 것이 아니라 오랫동안 이어져 내려온 중국의 전통적인 시론 중 어느 한 부분을 이어받았다고 보기 때문이다. 이는 자주적이고 개성적이라는 면과 서로 상치되는 것 같기도 한데, 그 정신을 주로 수용했다는 점에서는 설득력이 있다.

제3장 시론은 네 부분으로 나누어 전개될 것이다. 첫째, 시를 터득하는 방법적인 측면과, 둘째 天機에 대한 논의에 대해 고찰하고자 한다. 특히, 천기론에서는 천기의 개념과 그것을 시론에 어떻게 받아들여 전개시키고 있는가에 초점을 맞추었다.

세째, 作詩論에서는 觀物 態度와 詩 形象化의 방법, 그리고 山水詩 表現 방법에 대해 논의할 생각이다. 物을 보는 태도는 인식의 문제인데, 自我가 物을 만났을 때 어떠한 태도를 취하는가 하는 것은 작시의 방법적인 면과 관련되므로 반드시 살펴야 하리라고 본다.

그리고 네째, 농·연 시론의 요체인 작시론과 妙悟·禪詩說과의 관련성을 밝히고자 한다. 묘오·선시설은 중국 시론의 한 경우인데, 시 창작론의 내용과 일정 부분 연관성을 보여 연구가 필요하다.

지금까지의 연구를 통하여 농·연 시론이 지닌 특성과 비평사적 의의, 그리고 문학사적 위상이 드러날 수 있을 것이다.

주지하다시피 조선시대 문인들은 시를 생활화했었다. 그것도 국문시보다 한시를 주로 창작했는데, 거기에는 일정한 작시의 원리가 있었다. 따라서 어떻게 써야 할 것인가의 문제가 시 창작을 하는 문인들에게는 큰 과제였다. 그러나 이에 대한 심도있는 언급은 그리 쉽게 발견되지 않는다. 이는 앞에서 밝힌 한시의 특성 때문이다. 이런 점만 가지고도 농·연의 시론, 특히 시 창작에 대한 방법론 제시는 눈여겨보아야 할 것으로 생각한다.

제2장 詩論 형성의 배경

1. 生涯와 交遊

1) 生 涯

농·연은 생애의 대부분을 산수에서 지낸다. 농암은 58년의 일생 중 8~9년 정도만 벼슬에 있었을 뿐 많은 세월 탈세속적인 삶을 살았고, 삼연은 20대 초반 이후 내내 자연과 벗하며 지낸다. 이같은 생애는 그들의 문학을 형성하는 배경으로 작용하는데, 그동안 학계에서의 논의는 이 점이 간과되었다. 농·연 모두 당대의 이름있는 학자요, 훌륭한 문장가였기 때문에 많은 문인 제자들이 그들을 종유하나, 교유인물 전체를 살펴보는 것은 용이한 일이 아니다. 때문에 여기서는 농·연이 독자적인 학문 세계를 형성하고 문학론을 전개시키는데 직접적으로 관계된 인물을 위주로 살피려고 한다.

농·연의 본관은 安東이지만, 壯洞 金氏家로 지칭된다. 이는 서울 북악산 아래 장동에 오랫동안 터를 잡고 살아왔기 때문이다. 증조부인 淸陰 尙憲은 月汀 尹根壽의 문인으로 당대에 좌의정까지 역임했고, 아버지 文谷 壽恒은 尤菴 宋時烈과 함께 노론의 핵심 인물로 활동하다 己巳換局을 맞아 賜死되었다.

　형제로는 농·연 외에 네 명이 더 있는데, 가장 맏형 夢窩 昌集은 노론 四大臣 중의 한 사람으로 영의정까지 올랐으나 노·소의 대립이 극심했던 1721년 辛壬士禍 때 사사되었다. 둘째 농암과 세째 삼연을 지나 네째 老稼齋 昌業은 시문과 그림에 뛰어났으며, 그 밖에 다섯째 圃陰 昌緝과 부死한 澤齋 昌立이 있다. 그리고 중부 退憂堂 壽興은 영의정에까지 올랐으나, 기사환국 때 경상도 長鬐로 유배되어 그곳에서 세상을 마친다. 이렇듯 가까운 집안 관계만 보아도 혁혁하여 대단한 자부심을 느꼈을 것인데, 당시 농암이 자기 가문에 대해 가졌던 긍지가 어느 정도였는지는 다음 글을 통해서 능히 알 수 있다.

　　　우리 가문이 성할 때는 문호가 융성함이 극에 달했다. 仲父와 아버지는 이미 함께 三公의 지위에 올라 이름이 혁혁하였고 나와 伯氏 季達도 선후로 조정에 들어가게 되어 발호함이 일시에 부러워하는 바가 되었다.[1]

　가문의 융성함은 순조 때 세도정치의 주역들인 金炳根·炳學·炳國까지 이어져 오히려 世人의 비판 대상이 되었지만, 아무튼 梅泉 黃玹이 농암 가문을 '石室 산중의 난봉 무리 / 한 집에 선비가 구름처럼 찬란하네'[2]라고 이를 정도로 문벌이 대단했음을 짐작할 수 있다.

　그러면 이러한 가문에서 출생한 농·연의 개인적인 생애는 어떠했을 것인가?

　농암은 孝宗 2년(辛卯, 1651)에 태어나 肅宗 33년(戊子, 1708) 58세를 일기로 세상을 떠난다.

---

1) 『農巖集』 22, 送仲翕從弟昌說宰鎭川序. "往吾家盛時 門戶之隆顯極矣 仲與先君子 旣同登台鼎 名位赫然 而吾與伯氏季達 後先通籍立朝 翶翔邇列 爲一時所艶羨"
2) 『梅泉集』 3, 讀國朝諸家詩. "石室山中鸞鳳群 一家師友煟如雲"

효종 2년은 중국의 영토를 차지한 여진족인 청을 정벌해야 한다는 북벌론이 강력히 제기되고 있었던 시기이고, 숙종 33년은 南人 세력이 밀려난 상황에서 노·소가 서로 극하게 대립하고 있던 때이다.

이러한 격동기에 살았던 농암의 생애는 대략 세 시기로 나눌 수 있겠다. 1기는 출생에서부터 나이 30에 이르는 기간, 다시 말하여 庚申換局(庚申大黜陟)으로 南人이 물러가고 서인이 다시 정권을 잡기 이전까지이고, 2기는 경신환국으로 서인이 정권을 잡아 당색이 서인 노론에 속했던 관계로 仕宦의 길을 걷게 된 때부터 시작해 39세에 이르는 기간, 즉 기사환국으로 서인이 물러가고 남인이 다시 실세하게 되는 때까지, 그리고 3기는 39세 이후 벼슬에서 물러나와 은거의 삶을 살다 생을 마치기까지로 설정할 수 있다.

果川 明月里 외가에서 출생한 농암은 어려서부터 朗慧하여 사람과 귀신, 仁과 恕 등 體物의 옳고 그름을 판단할 수 있었다고 한다. 9세에는 이미 나아감과 멈춤에 도가 있어 어른과 같은 태도를 지녔는데, 다음의 사례는 그것을 뒷받침한다. 즉, '한번 독서하기 시작하면 寢食을 잊을 정도로 耽讀하여 집안 사람들이 그가 있는 곳을 찾으면 문득 서실에서 바르게 앉아 책을 보는가 하면, 혹 다투는 자가 있을 때에는 牧使公이 반드시 선생에게 물으며 판단해 줄 것을 요청했는데, 그가 천천히 한마디로 판단함에 이치에 맞지 아니함이 없어 매양 칭찬했다.'[3]는 기록이 있다. 이와 같이 농암은 어려서부터 독서에 대한 열의가 대단했고, 사리판단 능력이 뛰어났음을 알 수 있다.

15세 때에는 당시 성리학으로 이름을 날리던 靜觀齋 李端相의

---

3) 『農巖集』, 農巖年譜 9歲條. "讀書便喜潛玩 忘寢與食 家人或失所在而求得之 則輒在書府中 持一編兀然端坐而觀之 又同隊中或有爭訴者 牧使公必以問先生 先生徐以片言折之 無不中理 牧使公每稱歎焉"

딸과 혼인을 한다. 정관재의 본관은 延安으로 月沙 李廷龜가 조부요, 白洲 李明漢의 아들로 대대로 문필과 학덕을 자랑하던 집안이다. 이러한 인연으로 장인이 된 정관재에게서 성리학을 수학하여 求道의 뜻을 얻는다.

24세 때는 2차 禮訟(甲寅禮訟)이 있던 시기로 남인에 의해 서인이 정권에서 물러나오게 되니 그는 山林(龍門山)에 처해 있던 우암을 찾아뵙고 『小學』을 질의하는 등 학업을 쌓는다. 우암은 이때 '橘頌'이란 글을 써서 농암의 부친인 문곡에게 보내는데, 이는 '나이 비록 적으나 스승이 될 수 있다.'4)는 뜻으로 우암은 이미 농암의 학문 정도를 짐작했던 것이다.

25세에는 부친이 전남 靈巖으로 유배를 가게 되니, 함께 南下하여 주변 승경들을 구경하였다. 부친이 유배생활을 계속하던 중 29세 때에는 永平에 鷹巖이라는 정자를 짓는다. 여기서의 생활과 술회는 〈洞陰對〉와 〈隱求菴記〉 글에 나타나 있다. 그후 바로 경신환국으로 남인과 서인(노론)의 정권 교체가 이루어져 農巖家는 다시 정계에 나서게 된다. 그리고 드디어 32세에 增廣別試 文科會試에 2등으로 합격하는가 하면, 이듬해 成均館 典籍으로부터 시작해 여러 요직을 두루 거친다. 이때는 노·소의 分黨이 이루어지고 격심한 政爭이 있었던 상황이기도 하다.

그러나 39세에 일어난 기사환국으로 인해 상황은 다시 역전되어 남인이 실세한다. 그해 2월에 드디어 家禍가 미쳐 부친은 珍島로, 백부 퇴우당은 장기로 유배의 길을 떠나는데, 부친은 거기서 後命을 받고 운명을 달리한다. 또한 같은 해 5월에는 갓 돌이 된 둘째 아들 淸祥을 잃는 등 여러 불화가 덮친다. 따라서 이런 모든 상황은 29세에 지었던 응암으로 들어가게 되는 계기를 만들어 주는데, 그로부터 본격 학문에 몰입한다.

---

4) 『農巖集』, 農巖年譜 24歲條. "盖橘頌 有年歲雖少 可師長方之語故云."

42세에는 드디어 農巖書室을 완성한다. '농암은 응암 옛터 동쪽에 자리잡고 있는데, 속칭 籠岩으로 불리웠으나 田畝間에서 일생을 沒身하겠다는 뜻을 삼고 自號로 삼았다.'5)고 한다. 44세에는 甲戌獄事로 남인의 몰락과 더불어 서인이 재집권하여 벼슬길이 열리나 다시 出仕하지는 않는다.6) 그리하여 이듬해 45세에 농암으로 들어가는데, '이때부터 봄과 가을 좋은 날에 자제와 제자들을 거느리고 入山하여 거닐었다.'7)고 한다.

47세에는 경기도 陽州에 三洲라는 정자를 짓고 농암(정자)과 번갈아 오고가며 은거의 삶을 계속한다. 그러던 중 19세 밖에 되지 않은 아들 觀復庵 金崇謙의 죽음은 농암에게 큰 슬픔을 안겨주니, 이때 나이 50이었다. 재능이 뛰어나고 특히 시문에 남다른 재주를 지니고 있었던 아들이었기에 슬퍼하는 마음은 각별하였다.

농암은 8년 후 持病인 결핵으로 인해 자주 吐血하는 등 극히 쇠약해진 몸을 가누지 못해 결국 세상을 떠난다.

그의 일생 중 벼슬을 한 기간은 8년 정도이고, 그외 50년은 출사 준비기 아니면 隱居의 삶으로 점철되어 있음을 알 수 있다. 따라서 관심 대상은 항상 世間보다는 出世間的인 삶이라고 하겠는데, 연보에 나타난 산수 편력은 이를 보여준다. 그러한 사정이 어느 정도였는지 다음 기록은 말해준다.

---

5) 『農巖集』, 農巖年譜 42歲條. "農巖在鷹巖舊居之東 俗稱籠巖 先生改今名 寓其沒身 田畝之志 因以自號焉."

6) 이것과 관련하여 특이한 사항 한가지를 들자면, 44세에 우부승지 벼슬이 내려지는데, 여기에는 당시 소론이었던 玄石 朴世采와 藥泉 南九萬이 관여했음을 알 수 있다. 모두 문학과 학문이 뛰어남을 들어 농암을 추천하였다. 『農巖集』, 農巖年譜 44歲條. "先是 左相玄石朴公世采筵奏 以爲金某文學雅贍 自遭慘禍 留心經傳 學問超詣 士望極重 此人在朝廷 則必有助 至是 南相九萬又謂才望罕有其倫 請特加勉致 故有是命疏入."

7) 『農巖集』, 農巖年譜 45歲條. "先生自是必於春秋勝日 率子弟門生入山 徜徉而歸."

> 나는 꿈속에서 산수를 노닐 때가 매우 많았다. 금강산을 유람하고 돌아온 뒤부터 8~9년 간 꿈에서 비로봉과 만폭동 사이를 밟은 것을 가히 기억할 수 없다. 때때로 기이한 광경을 만나기도 하였는데, 거의 이치에 합당한 말로 다할 수 없었다. 이 일찍이 또한 좋아함의 독실함 때문인겨.[8]

현실에서 노닐었던 산수가 꿈에까지 나타나 거기에서 노닐었음을 적었다. 비록 夢中이지만 현실과 같은 산수 홍취를 지니고 있었음을 알게 해주는 내용이다.

산수 유람에 대한 기록은 21세조에 처음 나타나는데, 중부 퇴우당이 江華府에 있어 松京 天磨山을 동생 삼연과 함께 둘러보았다는 것이다. 이후 楓嶽山을 비롯해 龍門山, 朴淵과 花潭, 영암의 月出山과 화순의 同福과 赤壁, 昌平의 勿染亭, 月嶽山, 丹陽諸勝 등 전국 방방곡곡 많은 곳을 유람한다. 다음은 이를 뒷받침하는 글이다.

> 나는 어려서 놀기를 좋아했다. 일찍이 전국 산천을 두루 보고자 했으나 도리어 그 의지대로 할 수 없었다. 그간 일찍이 동쪽으로 楓嶽을 유람하여 큰 바다에서 노닐며, 해와 달이 나오는 것을 보고 永郎·述郎의 유적을 어루만졌다. 서쪽으론 天磨山·聖居山에 들어가 박연폭포의 장관을 보고, 남으론 月出山에 올라 푸른 바다를 임했다. 또한 일찍이 白雲山 아래에 집을 지어 春川 谷雲의 승경을 다 하였다. 기타 摩尼山·首陽山·龍門山 같은 모든 산도 또한 모두 한번 눈에 거쳐 보았지만, 이는 전국 산천 중 다만 열에 한 두 정도였다.[9]

어려서부터 산수 유람하기를 좋아하여 전국에 있는 산천을 두

---

8) 『農巖集』 34, 雜識. "余夜夢游山水極多 自游金剛還 八九年間 夢踏毗盧萬瀑之間者不可記 往往遇奇異光景 殆不能名言 此豈亦好之篤故耶."

9) 『農巖集』 21, 贈西僧玄素序. "余少好游 嘗欲徧觀方內山川 而顧不能如其志 間嘗東游楓嶽 放乎大瀛海 觀日月所出 撫永郎述郎之遺跡 西入天磨聖居 窺朴淵之壯 南登月出 以臨漲海 亦嘗家白雲山下 得窮春州谷雲之勝 其他如摩尼首陽龍門諸山 亦皆一寓目 然此在方內山川 特十之一二耳."

루 보고자 했으나 모두 편람하지 못하고, 金剛山과 天磨山·月出山·白雲山·摩尼山·首陽山·龍門山만을 보았다는 것으로 아쉬움을 드러내고 있다. 이중 금강산은 특히 성현에 비유하며 극찬을 한다.10) 그러면서 '평소 독서함은 학문을 위함인데 가운데 축적됨이 이미 풍부해진다면 耳目이 밖에 접하는 것은 감촉으로 도움이 있을 따름이니 어찌 그 중 공허함이 없어 오로지 밖에만 의지하겠는가?'11)라고 하여 학문의 내실을 갖춘 연후에야 산수에 흥취할 것을 잊지 않는다. 또한 산수 유람의 맛을 작품으로 남기는데, 21세 때의 〈遊松京記〉와 〈東遊記〉·〈東征賦〉, 그리고 25세 때의 〈西遊記〉, 46세 때의 〈東征記〉 등이 있다.

이상에서 농암의 생애와 산수 취향을 대충 일별해 보았다. 그러면 삼연은 또 어떠한 삶을 살았을까?

삼연은 농암보다 2년 후 태어나 이후 70평생을 산다. 이를 시기 구분하면 그의 생애는 4기로 나눌 수 있다.

1기는 출생에서 28세에 이르는 시기, 즉 경신환국이 일어나기 전까지로 설정할 수 있다. 그중 연보 21세조의 '進士試에 합격하였지만, 그후 과거에는 뜻을 두지 않고 詩道에 몰입했다.'12)고 하는 대목이 주목된다. 2기는 경신환국 이후부터 37세 기사환국으로 家禍가 닥치기 전까지로 잡을 수 있다. 농암 생애에서 언급했듯이 정치적으로는 노·소분당으로 인한 政爭이 치열했던 때이기도 하지만, 가정적으로는 어느 때보다도 안정된 시기였음을 짐작할 수 있다. 30세에 洛誦樓를 지어 詩社를 형성했다는 점13)

---

10) 『農巖集』 25, 柳集仲溟嶽錄跋. "夫以東土之多名山 而楓嶽獨冠焉 則是可謂聖於山水矣."

11) 『農巖集』 18, 答黃奎河癸未. "平日讀書爲學 積於中者已富 而耳目之接於外者 有以感觸助發耳 豈其中空虛無有 而專有資於外耶."

12) 『三淵集』 三淵先生年譜 21歲條. "二月中進士一等三 任子戊年 試退行於是年 而伯氏夢窩公亦中二等 先生自是 遂絶意公車 大肆力於詩道."

13) 『三淵集』 26, 金秀才傳. "昌翁家白岳山下永慶殿東南 作樓而名之曰洛

과 31~32세 사이에 있었던 졸수재와의 문학논쟁[14)에서 보여주었던 의기양양함은 이를 단적으로 말해준다. 3기는 37세 때의 기사환국 후 설악산에서 은거한 시기를, 그리고 4기는 설악에서 出山할 때부터 운명할 때까지로 정할 수 있겠다.

이와 같이 시기를 구분하여 그 특징적인 것만을 들었는데, 다음 글은 삼연의 생애를 일목요연하게 알 수 있는 내용으로 시사하는 바가 많다고 생각한다.

> 타고난 자질이 뛰어났고, 젊은 날 俠氣를 드날렸으며 약관에 進士가 되었다. 일찍이 『莊子』의 글을 읽다가 마음속에 황연하게 깨달은 바가 있어 이때부터 세상일을 버리고는 산수 사이에 방랑하며 古樂府의 詩道를 唱導하여 中興祖가 되었다. 또 仙家·佛家에 탐닉하여 오랫동안 스스로 돌아오지 아니하였는데, 家禍를 당하자 비로소 그 형 창협과 함께 학문에 종사하니, 그 견해가 때로 크게 뛰어났다. 만년에는 설악산에 들어가 거처를 정하고 『주역』을 읽었는데, 스스로 '程子·朱子가 이르른 곳이라면 또한 이를 수 있다.'고 하였다. 그러나 성품이 乖激한 데 가까와 무릇 時論에 대하여 혹은 팔을 걷어붙이고 長書를 지어 當路를 알척하되, 말이 걸핏하면 다른 사람들의 先祖를 범하여 자못 처사로서 의논을 함부로 한다는 이름을 얻었으므로, 사람들이 이를 많이 애석하게 여겼다. 조정에서 遺逸로 여러 차례 憲職을 제수하였으나 나가지 않았다.[15)

삼연의 선천적 기질과 독서 성향, 성격까지 구체적으로 언급한 글이다. 선천적 능력이 뛰어났음을 말하고 나서 『莊子』에 몰입하고 道·佛에 침잠하여 세속적 삶을 벗어난 생활을 했다는 것이

誦." 『柳下集』 10, 妙軒詩集跋. "時三淵倡爲古詩 開洛誦樓以招諸."
14) 李鍾虎의 전게 논문, pp.17~80 참조.
15) 『景宗實錄』 6, 二年壬寅三月. "天資卓犖 少日俠氣翩翩 弱冠成進士 嘗讀莊子書 況然有契 自是遺棄世事 放迹山水間 倡爲古樂府 詩道爲之中興 又耽嗜仙 釋久不自反 及遭家禍 始與兄昌協從事於學 其見鮮往往超詣 晚入雪嶽山卜居讀易 自言若程朱見到處 則亦能見到云 然其性近於乖激 凡於時論 或攘臂作長書 頹斥當路 語輒犯人先 故頗得處士橫議之名 人多惜之 朝廷以遺逸 屢拜憲職 不起."

다. 주목을 요하는 부분은 '세상일을 버리고는 산수 사이에 방랑
하며 古樂府의 詩道를 唱導하여 中興祖가 되었다.'는 대목이다.
이런 생활은 삼연의 처사적인 면을 밝혀주는 것이기도 한데, 70
평생 많은 시간동안 산수간을 유람하며 시도를 일으키려고 노력
했음을 알게 해 준다. 그리하여 楮子島·陽平·雪岳·春川 등지
에서 생을 주로 보내는데, 특히 금강산은 일곱 차례에 걸쳐 편람
한다. 이는 대단한 산수 흥취가 없으면 불가능하다고 생각한다.
때문에 삼연은 산천을 대할 때 친구와 같이 다정하고, 아픈 데를
치료해 주는 의원처럼 여겼던 것이다.16)

　　그러나 농·연은 성격의 차이인지는 몰라도 산수를 즐기는 성
향이 달랐다. 다음은 그러한 내용을 적고 있다.

　　　聖源(李濙)은 두 분(농·연)의 같지 아니한 점에 대해 이르기를,
　　"무릇 두 분과 함께 산수 사이를 노닐면 농암은 반드시 某處가 볼
　　만한 것이 있다고 하니 가보는 것이 좋겠다"하고, 돌아올 때도 또한
　　"돌아가는 것이 좋겠다"라고 하지만, 삼연은 갈 때도 남에게 말을 하
　　지 않고 돌아올 때도 같이 간 사람을 기다리지 않는다고 했다.17)

　　이는 恕菴 申靖夏와 聖源 李濙의 대화 중 일부분이다. 이렇듯
농·연의 산수흥취 태도를 비교하고 나서 실제 삼연과의 사이에
있었던 일화를 들려준다. 그 내용은 이러하다. 한번은 성원 자신
이 삼연과 함께 妙積寺라는 절을 가기로 했는데, 날씨도 춥고 눈
도 올 것 같아 성원이 삼연에게 가지 않음이 좋겠다고 이른다.
그런데도 삼연은 '흥이 없어진다'고 책망하며 홀로 가 마지 못해
성원은 그 뒤를 따라가게 되었는데, 중간쯤 해서 눈이 와 성원은
눈을 털면서 가나, 삼연은 눈도 털지 않은 상태 그대로 그냥 가

---

16)『三淵集』19, 與李季祥. "山川之於我　誠一好友也　亦一良醫也."
17)『恕菴集』16, 雜記, 漫錄. "聖源論二公之不同處曰　凡與二公遊山水間　農
　　巖則必曰　某處有可觀可往　歸時又曰可還　三淵則往不語人　歸不待偕."

니, 그 모습이 마치 여래부처와 같이 보였다는 이야기이다.18)

이는 농암에 비해 삼연의 산수 취향이 즉흥적임을 말한다. 또한 삼연이 산수에 한번 몰입하면 거기에서 헤어나지 못하고 자연에 동화되었음을 알게 한다.

이상은 농·연의 산수 취향을 중심으로 그 생애를 살폈다. 산수 취향을 지니게 된 요인에는 당시의 어지러운 정치 현실과 亂世에는 은거의 삶을 이상적으로 여겼던 儒家의 실천적인 면과 관련된다. 따라서 이들의 관심은 對社會的인 문제와는 다른 그 어떤 것에 집중되었다고 하겠는데, 그것이 바로 문학일 것으로 생각한다.

2) 交 遊

농·연의 교유 인물의 특징은 두 가지로 요약할 수 있다. 첫째는 黨色을 가리지 않고 학문적으로 공감대가 형성되면 친밀한 관계를 유지했다는 점이고, 둘째는 신분에 게의치 않고 시문에 뛰어난 사람이면 누구든지 인정하고 받아들였다는 것이다. 17세기 후반 서울과 그 근교에 거주했던 노·소론의 학인 중에는 栗谷 李珥의 학통을 계승하면서도 退溪 李滉의 성리학을 포괄적으로 수용하려는 절충적 학풍이 나타나는데,19) 위의 첫 번째 특징

---

18) 『恕菴集』16, 漫錄. "一日約與聖源訪妙寂來宿 聖源湛華軒 翼朝天寒欲雪 聖源以雪辭之 三淵大責以沒興 獨自步出 聖源不得已從之 入谷 雪大作鋪地一尺 聖源以袖頻拂其巾帽而行 回顧三淵 渾身皆雪 厭帽欲摧 而終不一拂 恍然如琉璃光如來佛出世."

19) 劉明鍾, 『朝鮮後期 性理學』, 以友出版社, 1985, pp.371~374 ; 崔英成, 『韓國儒學思想史』Ⅳ, 朝鮮後期篇 下, 아세아문화사, 1995, pp.356~420. 기호학파를 형성하는 서인에서 成渾 계열은 후일 노·소 분열 과정에서 대체로 소론에 속하게 되는데, 이 소론은 학문상으로 성혼을 학조로 하면서 퇴계의 학설에도 호의를 가지는가 하면, 율곡의 학설에 대하여는 비판적인 성향을 보인다. 尹拯·朴世采·趙聖期·林泳 등이

은 이와 같은 맥락이라고 하겠다. 또한 두 번째의 교유 관계가 성립될 수 있었던 것은 기존의 경직된 사고틀에서 벗어나 개방화되고 상대적인 사유가 형성되었기에 가능했다고 생각한다.

농·연 모두 당대의 이름있는 학자요, 훌륭한 문장가였기 때문에 많은 문인 제자들이 그들을 종유하나, 교유인물 전체를 살펴보는 것은 용이한 일이 아니다. 때문에 여기서는 농·연이 독자적 학문 세계를 형성하고 문학론을 전개하는데 직접적으로 관계된 인물을 위주로 살피려고 한다.

첫째, 졸수재(1638~1689)와의 교유를 손꼽을 수 있다. 졸수재에 대한『肅宗實錄』의 기록은 다음과 같다.

> 이 당시에 都下에 처사 졸수재가 있었으니, 곧 趙亨期의 형이다. 젊어서부터 병으로 公車文를 폐하고, 일찍이 문을 닫고서 경사를 연구하였는데, 박식하여 두루 관통하지 않음이 없었다. 그 학문은 오로지 사색하고 탐구하는 데 힘을 기울였으니, 스스로 얻은 妙理가 많았으나 前言을 蹈襲하기를 즐겨하지 아니하였으므로 당시 사람들이 기특하게 여기지 아니하였다. 오직 김창협·창흡 형제와 林泳이 鉅儒로 지목하여 즐겨 從遊하였다. ……비록 도에는 순수하지 못하였으나, 또한 근세의 人豪이다.[20]

졸수재는 〈彰善感義錄〉의 작자로 알려져 있다. 명문가의 자제로 태어났으나 어려서부터 병치레를 자주 하였으며, 특히 20세를

소론계열 절충파의 대표적인 학자라면, 노론의 농·연 등 낙론 계열 학자들 역시 대체로 율곡의 학설을 인정하는 가운데 四端七情을 主理·主氣로 分開함으로써 절충파를 형성한다. 절충파는 소론계열이 선도하고 노론계열의 농암 형제에 이르러 확립되었으며, 이후 농암 형제의 후손과 그 학통을 계승한 낙론계열의 학자들에 의해 크게 발전하였다.(崔英成, 전게서, pp.356~357 참조)

20)『肅宗實錄』14, 9年, 癸亥六月條. "時都下處士趙聖期 即亨期之兄也 少以病廢公車 嘗杜門靜坐 究視經史 淹博融貫 其學專用於思索探玩 多自得之妙 而不肯踏襲前言 時人未之奇也 獨金昌協昌翕兄弟及林泳 目以巨儒 喜從之遊……雖不純於道 而亦近世人豪也."

전후해 불의의 사고로 허리를 심하게 다치는 바람에 평생 벼슬
에 나가지 않고 幽居의 삶을 살아간다. 그러다보니 思索을 위주
로 한 학문을 하게 되고, 교유한 인물도 그리 많지 않았다. 그 적
은 교유 인물 중 농·연을 들 수 있다. 농암이 졸수재를 처음 만
난 것은 자세히 알 수 없으나, 삼연은 그의 나이 24세 때 첫 대면
한다. 그후 삼연의 나이 31세 때는 그와 문학논쟁을 하기에 이르
는데, 이 둘은 도학가 대 순수문예를 지향하는 사람의 입장에서
교유를 지속한다. 논쟁은 졸수재가 농암의 아우인 포음과 동방
시인을 논함에 東岳 李安訥과 五山 車天輅를 大家로 지칭한데
대한 삼연의 반론으로부터 시작한다. 졸수재는 도학하는 입장이
기에 문학을 중요하게 생각하지 않았고, 삼연은 비록 문이 小技
일지라도 나름대로의 역할이 있다고 하는 견해를 가지고 있어
둘은 자연스러운 논쟁이 이루어질 수 있었다. 두 사람 모두 남에
게 쉽게 굽히지 않는 성격의 소유자들이었기에 논쟁은 다음해까
지 계속 이어진다. 이렇게 논쟁을 하던 중 졸수재는 이제 더 이
상 논쟁을 지속시키고 싶지 않았던지 농암에게 자신의 뜻을 지
지해 줄 것을 원하는 書信을 보낸다.21) 그러나 농암 자신도 어느
정도 순수 문예를 옹호하는 입장이었기에 다음과 같은 답을 써
서 졸수재에게 전달한다.

> 엇그제 보내주신 글을 잠깐 보니 잘못 생각하신 것이 매우 많기도
> 하고 매우 적기도 해 좁은 제 마음에 깊이 합하게 여겼습니다. (그러
> 나) 후에 보니 문득 그렇지도 않았습니다. 어찌 고명이 지적한 대로
> 虛景閑事는 많이 말하고 道理를 말한 것이 적음이 특히 병된다 하
> 겠습니까? 만약 그렇다면 제가 감히 알 바는 아닙니다.22)

---

21) 『拙修齋集』9, 答金仲和. "願辱賜半日之暫顧 使僕得面講所疑 而左右者
　　擇焉 若言無取而意無契 則便順斥而絶之 可也 亦不待執事之絶僕 而僕
　　亦無意願交於執事矣."
22) 『農巖集』12, 與趙成卿. "再昨 乍見來書 誤認太多爲太少 以爲深契於鄙

농암의 이 언급은 아우 삼연의 입장을 옹호하는 견해를 담고 있다. 글의 주 요점은 문학에서 허경한사를 많이 말하고 도리를 말하지 않음은 병폐가 아니다는 것이다. 이와 같이 농·연과 졸수재의 문학을 보는 관점에는 큰 차이가 있지만, 학문 태도에 있어서는 세 사람 모두 유사성을 보인다.

졸수재는 중국 북송의 邵雍을 매우 추앙하였다. 그리하여 자신의 집을 邵雍家로 자신을 소옹의 후신이라 이르는데, 특히 소옹의 觀物 態度를 닮으려고 했다. 소옹의 관물 태도는 '以理觀之', '以物觀物', '세계의 눈과 마음으로 대상을 인식한다'는 내용으로 요약할 수 있다.23) 즉, 理를 중시하는 태도를 지녔고, 物을 볼 때 자아를 배제한 상태에서 物로써 物을 보라는 것이다. 따라서 졸수재도 소옹의 관물 태도를 따라 理를 중요하게 생각하는데, 삼연에게도 이를 권면한다.24) 농·연이 人物性同論을 주장하게 되는 근거로 삼은 '人과 物은 理에 있어서는 같다'고 하는 입장과 학문에 있어 이치를 궁구히 하는 것 등은 졸수재가 理를 중시함과 무관치 않다고 생각한다. 즉, 비록 문학관의 차이는 있었지만, 학문의 지향점은 비슷했다고 할 수 있다. 특히 앞『숙종실록』의 졸수재와 관련된 기록 중 自得의 妙를 강조했다고 함은 농·연이 문학에서 지향했던 것과 유관하다. 또한 졸수재의 天機에 대한 논의가 농·연의 천기론으로 이어진다고 보는 시각25)도 있는

心矣 後看却未然 豈高明所指 特病其多道虛景閒事而說道理少耶 若然則 非僕之所敢知也."

23) 李俸珪,「邵雍哲學을 형성하는 道家的 사유와 儒家的 사유」, 서울대학교 대학원 철학과, 1989, pp.18~19.

24)『拙修齋集』 10, 與金子益書. "僕於此 不厭重複言之者 必欲三淵子之求 古於今探理於物 隨所遇之境而不宜等閑放過 亦必知今之理不異於古 人 之理不異於己 物之理不異於人……."

25) 李承洙,「17세기 말 天機論의 형성과 인식의 기반」,『韓國漢文學研究』 18, 1995, pp.307~338.

데, 이처럼 이 둘의 학문과 문학론 형성에 졸수재의 영향은 지대했다고 하겠다. 이러한 인연으로 인해 졸수재 사후 삼연은 그의 묘지명을 쓰는데, 거기에 '間世의 豪傑之才요 廣世의 眞儒'라고 하고서, 학문이 大海와 같다고 하여 극찬을 다한다. 그리고 농암도 평소 졸수재를 스승과 같이 모셨기 때문에 그의 사망 소식을 듣고는 슬픔을 감추지 못한다. 다음은 이를 말해준다.

> 成卿(조성기의 자)은 드디어 고인의 그 학문하는 것을 해쳤으니 비록 심히 바른 것은 아니다. 마땅히 요컨대 그 사색이 깊게 이르고 식견이 넓고 빼어나 그 窮格의 공에서 진실로 깊음을 얻은 바 비록 근래 선배에게 그것을 구하게 하더라도 또한 쉬이 얻지 못한다. 인륜을 애호하고 우도가 두텁고 순박하며 풍류는 넓게 펴며 자애를 베풀어 교훈하는데 게으르지 아니함에 이르러서는 더욱 사람으로 하여금 잊지 못하고 항상 생각케 하니 일찍이 슬프지 아니함이 없다.26)

졸수재의 학문을 儒家的인 입장에서 보자면, 이해못할 부분이 많기도 하지만, 사색과 식견이 통달하여 격을 궁구히 한 데에서 진실로 깊음을 얻었다고 하였다. 이렇듯 삼연은 평소 졸수재의 학문을 경외하였음을 알 수 있다. 그 근거는 삼연이 蘆江 趙明履에게 '졸수재가 계실 때 訓局軍·御營軍·大同法과 田稅法이 어떠한 것인지 배워두지 않음이 매번 한스럽다.'27)고 한데서 찾을 수 있다. 즉, 졸수재는 經世濟民과 관련된 것을 삼연에게 가르치려고 했는데, 그것을 배우지 못해 못내 아쉬워하고 있다. 졸수재가 강조한 군국이나 대동법·전세법 등을 名物度數之屬이라고

---

26) 『農巖集』13, 答林德涵庚午. "成卿遂作古人可傷渠所學 雖未甚正 當要其思索深至識見淹透 其於窮格之功 所得實深 雖求之近世先達 亦未易得 至於愛好人倫 敦尙友道 風流弘長 惠訓不倦 尤使人不可忘 每念之 未嘗不悼惜也."

27) 『三淵拾遺』31, 語錄. "先生曰 每恨拙修齋在時 未能學得 如訓局軍如何 御營軍如何 大同田稅法如何 此類皆當講究 而旣失少時 到今衰老 無由着力."

하는데, 범위를 넓혀 거기에 象數學까지 포함시키기도 한다.[28] 하지만, 삼연은 한 때 소옹의 상수학에 몰입하는데, 이는 졸수재의 소옹 섬김을 본받은 것으로 보인다.

농·연은 모두 遂菴 權尙夏와 우암으로부터 학문을 배우고 정관재에게서 구도의 뜻을 얻었지만, 독특한 학문 태도를 세우는 데는 졸수재의 영향이 우세했다고 하겠다.

둘째, 澹軒 李夏坤(1667~1724)과 槎川 李秉淵(1675~1735)과의 교유이다. 담헌은 문학가요 書畵評論家로 당대에 이름을 떨쳤고, 사천은 시인으로 알려진 인물이다. 이렇게 다른 분야에서 一家를 얻었음에도 불구하고 함께 다루는 이유는 이 둘 모두 사물을 묘사함에 '眞'과 '寫實性'을 강조하고 있기 때문이다. 이러한 특성이 이루어지기까지 농·연의 역할은 지대했다. 따라서 농·연과 담헌·사천의 교유를 살펴봄으로써 농·연 문학론의 실상에 대한 실마리를 제공받을 수 있을 것으로 생각한다.

담헌의 家系는 西人系에 속하는 慶州 李氏家로 연산군 시대에 士禍를 겪고 일시 침체하는 현상을 보인다. 그러나 선조 때 명신으로 손꼽히는 碧梧 李時發이 나오면서 다시 급상승하기 시작한다. 벽오의 다음 대에 華谷 李慶億은 좌의정에 오르고, 그 다음 대에 晦窩 李寅燁은 이조판서 대제학을 역임하는 등 명문 벌족으로 자리를 굳힌다. 이러한 가문의 내력으로 인해 담헌은 같은 黨色인 서인과 혼인을 맺는데, 노론의 한 사람인 玉吾齋 宋相琦가 그의 장인이다. 그런데 문제는 담헌 자신이 서인 중에서도 소론에 속해 있었다면, 장인인 옥오재는 노론의 강경파였다는 점이다. 이 때문에 담헌이 많은 갈등을 했을 것으로 짐작되는데, 이런 갈등을 씻기라도 하듯 그의 나이 21세에는 부친의 권유로 노론인 농암을 찾아가 그의 문하에 든다.[29] 이때부터 농·연과 담헌

---

28) 유봉학,『燕巖一派 北學思想 研究』, 一志社, 1995, p.85 참조.

과의 인연은 본격적으로 시작된다. 농암은 담헌의 문학적 재능을
인정하여 그에 대해 '西漢氣味'30)가 있다고 했는가 하면, '총명하
고 박달하여 무슨 일이든지 할 수 있다.'31)고 하여 극찬을 아끼
지 않는다. 이러한 인연으로 담헌은 훗날 스승으로 모셨던 농암
이 공격을 받게 되자 그를 변호하는 〈卞誣疏〉까지 올린다.

농·연과 담헌의 공통점은 벼슬에 뜻을 두기보다 산수간을 여
행하는 삶을 좋아했다는 것이다. 다음은 담헌의 산수 편력을 알
게 하는 글이다.

> 무릇 산수 관람하기를 좋아하는 자는 큰물과 높은 산 사이에 정신
> 이 엉켜 천지의 高厚함과 일월의 광명을 알지 못하고, 사슴과 고라
> 니가 앞에서 일어나도 눈 깜짝하지 않고, 번개 천둥이 뒤에서 우르릉
> 쾅해도 두려워하지 않는다. 무릇 폐부에 꽉 차 있는 것이 나무와 돌
> 이 아님이 없으며 입과 코로 들이마시고 내뿜는 것이 안개와 아지랑
> 이가 아님이 없다. 대저 이와 같이 한 연후에야 바야흐로 가히 산수
> 에 대한 취미를 깊이 얻었다고 이를 것이다.32)

산수를 유람할 때는 현상적으로 나타나는 외물에 마음을 빼앗
기지 말고, 순수한 자기 마음을 가지고 있어야 올바르게 즐길 수
있다는 말이다. 이렇듯 뚜렷한 산수관까지 지니고 있었던 담헌은
산수 흥취를 작품에 담아 많은 기행시를 남기는가 하면, 호남 지
방과 동해안 일대를 여행하고서 각각 〈南遊錄〉과 〈東遊錄〉 등의

---

29) 林熒澤의 「〈頭陀草〉 敍傳」, pp.2~3 참조. 또한 담헌의 생애와 교유 관
    계에 대해서는 李仙玉 논문(「澹軒 李夏坤의 繪畵觀」, 서울대학교 석
    사학위논문, 1987, pp.15~25)의 도움이 컸음을 밝힌다.
30) 『東溪集』 9, 澹軒哀辭. "農巖嘗稱其有西漢氣味 而稍務持者又入昌黎."
31) 『農巖集』 20, 答兪繼基. "倚載大 聰明博達 何事不可爲."
32) 『頭陀草』 16, 題沈叔平楓岳錄後. "夫善觀山水者 凝神於泓峥之間 而殆
    不知天地之高厚 日月之光明 麋鹿興于前而不瞬 雷霆鬪于後而一不懼 凡
    槎牙腑肺者 無非木石也 噓吸口臭者 無非烟嵐也 夫如是然後 方可謂之
    深得山水之趣也."

글을 저술한다. 이는 농·연이 산수를 답사하고서 산수와 관련된 시와 문 등을 제작한 것과 유사하다.

농·연과 담헌 모두 여행을 자주 하다보니 우연히 길 가던 도중 만나기도 했던 것 같다. 다음은 농암이 아들 숭겸에게 보낸 서신인데, 뜻밖에 담헌을 만난 반가움을 말하고 있다.

> 길 가던 중 갑자기 이하곤을 만나 같이 배를 타고 건너 서문밖에 이르렀다. 또 吳瑞를 만났는데, 이 모두는 기이한 일이다. 이생(이하곤)은 근래에 贅家에 계속 머무르니 네가 성에 들어간 후 자주 볼 수 있구나.33)

아들 숭겸과 담헌은 이미 안면이 있는 사이였다. 담헌이 처음 농암을 찾아가 학업을 쌓을 때 숭겸도 동문 수학했기 때문이다. 자기를 그렇게 따르던 제자를 우연히 길 가운데에서 만났으니 그 반가움은 컸을 것이다.

다음 사천은 韓山人으로 삼연의 門下에 든다.『英祖實錄』의 다음 기록은 그의 성격 뿐 아니라 從遊關係, 그리고 시의 특징을 알게 해준다.

> 병연의 자는 一原이요, 韓山人으로 호는 槎川이다. 성정이 넓고 어려서부터 삼연을 따라 놀았으며 賦詩 수만 수가 있다. 그 시는 遒健奇崛하여 때때로 옛에 핍진한 것이 있어 세상의 시학을 하는 자들이 많이 법칙으로 취했다.34)

사천은 농암가와 이웃해 살면서 삼연이 30대 젊은 나이에 洛誦樓에서 詩會를 여는 등 문학 활동을 열심히 하는 것을 보고 자

---

33)『農巖集』11, 與崇謙己卯. "路中 忽逢李夏坤 同舟而濟 到西門外 又遇吳瑞 此皆奇事 李生近當連住其贅家 汝於入城後可以數見矣."

34)『英祖實錄』74, 英祖 24年 5月 甲午條. "秉淵字一源 韓山人 號槎川 性情廣 少從金昌翕遊 賦詩數萬首 其詩遒健奇崛 往往有逼古者 世之爲詩學者 多取則焉."

연스럽게 따른다. 이렇게 하여 서로 인연을 맺는데, 사천 곁에는 항상 謙齋 鄭敾(1676~1759)이 따라 다녔다. 사천과 겸재는 같은 동네에 살면서 사천이 삼연에게 매료되어 종유할 때 또한 겸재도 농암가와 인연을 맺는다.[35]

겸재는 사대부가이면서도 畵壇의 세계에 뛰어들어 당시의 眞景山水畵風의 서막을 연 인물로 유명하다. 조선식 산수화를 개벽한 그의 진경산수화는 금강산, 서울과 근교, 한강 주변의 승경과 고적을 그린 작품들이 많으며, 그 외에 전국의 名所들이 고루 등장한다. 또한 당시 화단에 유행하기 시작한 披麻皴이나 米點 등 남종화법을 바탕으로 하였으며, 조선중기에 유행했던 浙派 화풍의 잔영도 엿보인다. 괴량감 넘치는 大斧劈皴 형태의 積墨岩皴法이 그 잔영이고, 거침없이 힘차게 내리그은 垂直皴法과 한 손과 두 붓자루를 쥐고 그리는 兩筆法은 진경의 정신적 표현[36]이라고 할 수 있겠다.

그러면 겸재가 언제부터 진경산수화풍에 관심을 가지게 되었을 것인가? 그의 집안도 농암가와 마찬가지로 기사년의 사화(1689)로 인해 거의 몰락하는 운명에 처하게 되는데 어려운 상황을 畵筆로써 달랜다. 당시 사대부로서 전문적 화가가 됨은 수치스러운 일이었으나 겸재는 그러한 것에 게의하지 않고 畵道修鍊에 정진하기 시작한다. 특히 그가 화도에 잠심할 생각을 하게된 동기로 삼연의 바로 밑 아우인 노가재 김창업의 영향을 전혀 배제할 수는 없다. 당시 노가재도 화도에 정통한 사대부 화가로 이름을 드날리고 있었기 때문이다.[37]

이렇게 농암가와 인연을 맺은 사천과 겸재도 담헌과 비슷한

---

35) 사천과 겸재의 인연에 대해서는 鄭玉子의 「槎川 李秉淵의 詩世界」, 『朝鮮後期 知性史』, 一志社, pp.159~180 참조.
36) 이태호, 『조선후기 회화의 사실정신』, 학고재, 1996, pp.44~45.
37) 崔完秀, 「謙齋 眞景山水畵考」, 『澗松文華』29, 1985, p.46 참조.

산수 취향을 지니고 있었다. 사천의 시 소재로 名所가 많이 등장하고,38) 겸재가 산수 화풍에 몰입하게 된 것 등은 이들이 산수에 대한 취향이 있었기에 가능했다고 생각한다. 여기서 중요한 것은 이들이 조선의 산수를 보고 어떻게 묘사했을 것인가 하는 점이다. 사천은 산수를 시로 담아내되 그것을 사실적으로 묘사하고, 겸재는 '眞景'이라 하여 산수 모양을 가장됨이 없이 그대로 그린다. 이는 모두 기교 위주의 擬古를 배제하고 각자 개성을 중시하며 내재된 진실을 강조하던 농·연의 영향이 있었기에 가능했다고 생각된다.

한가지 덧붙일 것은 겸재와 담헌과의 교유이다. 이 둘의 교유를 직접 주도한 이는 사천이다. 담헌과 사천은 일찌감치 농암가에 드나들었기 때문에 이미 친분이 있었으나, 사천의 소개 이전에는 담헌과 겸재는 서로 긴밀한 사이가 아니었던 것 같다. 그러나 담헌이 금강산 여행 도중 당시 金北 현감으로 있던 사천에게 들르는데, 사천은 이때 겸재의 畵卷을 보여준다. 이때부터 담헌과 겸재는 인연이 되어 담헌이 겸재의 그림에 題를 써주는등 친분이 두터운 사이로 변한다. 당시 담헌은 시인이자 그림을 보는 안식이 높아 그림을 평하는 이로도 유명했는데, 문학에서 '眞'을 강조했던 그였기에 겸재의 산수화풍을 보고서 어떤 방향으로 갈 것을 권유했을지 짐작이 간다.

이상 농·연과 담헌 그리고 사천 더 나아가 겸재와의 교유까지 살폈다. 당시 문학에서의 의고성을 반대하던 농·연은 그것을 서화에까지 넓혀 사실성을 강조하고, 담헌·사천·겸재 등은 자연스럽게 그것을 수용하여 개성있는 예술 세계를 형성했다고 하겠다.

세째, 柳下 洪世泰(1653~1725)와의 교유이다. 유하는 앞의 두 경우와는 달리 특별한 신분으로 농·연과 인연을 맺는다.

---

38) 鄭玉子, 전게서, p.161.

유하의 신분은 中人으로 직업은 譯官이었다. 이러한 신분 관계로 인하여 그를 알 수 있는 정확한 기록은 그리 많이 남아 있지는 않다. 하지만 이미 연구된 것을 바탕으로 하여 그의 생애를 엿보면, 字는 道長이고 貫鄕은 南陽으로 되어 있다.[39] 어려서부터 明敏하여 5세에 벌써 글을 지을 줄 알았다고 한다. 그럼에도 불구하고 출신 성분상 雜科(譯科)에 응시하여 합격하는데, 이때 나이 23세였다. 그 뒤 제술관으로 임명되기도 하는데, 이는 그의 문학적 재능이 뛰어났기에 가능한 것이었지 신분의 한계상 그 이상의 높은 관직까지는 오르지 못한다. 그 대신 시인으로서 세상에 이름을 날리기 시작하여 46세에는 王命으로 시를 짓는가 하면, 62세 때는 숙종의 御屛인 西湖十景에 題詩하는 임무를 맡는다.[40] 그러나 항상 가난한 삶을 살았는데, 그러한 자신의 처지를 여행으로 달랜다. 때문에 아마도 유하가 여행에서 만난 산수는 앞에서 보았던 양반 사대부들의 산수감과 다르지 않았을까 생각한다.

그러면 농·연은 양반 신분도 아닌 유하를 어떻게 만나게 되었을 것인가? 농·연은 사람을 사귐에 어떤 신분적인 틀보다 취향이 같으면 친해지는 성격의 소유자들이었다. 따라서 중인이지만 시문을 잘하는 유하였기에 바로 친해질 수 있었다. 즉, 양반 사대부 대 중인의 만남이 아니라 신분을 초월한 인간 대 인간의 만남, 아니면 문인 대 문인의 만남이었다고 할 수 있다. 특히 같은 동네에 살았다는 것이 이들을 하나로 묶는 계기가 되었을 것이다. 농암이 유하의 두 살 위여서 유하는 농암을 형처럼 따랐을 것이고, 삼연은 유하와 동갑내기여서 친구와 같이 지낸다. 그래

---

39) 유하의 생애에 대해서는 李相鎭, 「柳下 洪世泰研究」, 성균관대학교 석사학위논문, 1984, pp.24~38 참조.

40) 『柳下集』, 墓誌銘. "上命工畵西湖十景 下敎于國舅慶恩金公曰 其求能詩者 使製十詠以進慶恩公 遂屬公而製進."

서 삼연은 유하, 그리고 妙軒 李奎明과 함께 '忘形之交'를 맺는데,
유하의 다음 글은 그것을 말해준다.

> 나는 어려서 妙軒 이공을 따라 노닐었는데, 공의 집 북한산 아래
> 는 삼연 김공과 서로 가까웠다. 이때 삼연이 고시를 지어 노래 불렀
> 는데, 洛誦樓를 열고 많은 사람을 초대하였다. ……나는 兩公(삼연
> 과 묘헌)과 동년생으로 말이 서로 합치됨이 돌을 물에 던지듯이 맞
> 아 떨어져 忘形之交를 맺었다.[41]

삼연·유하·묘헌은 동갑내기로 절친한 사이였는데, 특히 삼
연이 낙송루를 짓고 시회를 여니 그것을 계기삼아 유대감을 형
성했던 것이다.

이렇듯 가까운 친분 관계를 지니고 있었기에 농·연은 유하의
신분적 한계를 항상 안타까워했다. 사대부 못지않은 학문을 연마
하고 시문에 뛰어났지만, 세상에 온전히 쓰이지 못함에 대한 안
타까움인 것이다. 그래서 삼연은 시에서 '천리마가 상심하자 붉
은 굽을 헛딛고 / 예장목이 울울하니 하얀 뿌리가 찢기운다.'[42]
고 했는가 하면, '밤은 차고 나의 술잔 깊으니 / 갈옷 입은 그대
여 힘을 내게'[43]라고 하여 유하에게 용기를 북돋운다.

농암의 다음 시도 유하의 처지를 생각하면서 지은 것으로 볼
수 있다.

> 그대 시를 보니 담이 산보다 커
> 몸 육척이라는 것 믿지 못하겠네
> 우리 땅 협소하여 제멋대로 글 쓰지 못해

---

41)『柳下集』10, 妙軒詩集跋. "余少時從妙軒李公遊 公家北山之下 與三淵
金公君相近 時三淵倡爲古詩 開洛誦樓以招諸子……余於兩公卽同年生
而一言道合如石投水 許以忘形之交."
42)『三淵集』2, 喜洪生世泰來宿與李瑞卿奎明對酒同賦. "……天驥側側朱
蹄跼, 豫章鬱鬱霜根裂……."
43)『三淵集』2, 洪世泰來過. "……夜寒我杯深, 慰子被褐身."

        오랑캐와 중국 땅에서 장하게 놀다 오게
        看君詩膽大於山   未信身軀六尺屛
        東土彈丸妨縱筆   故須夷夏壯游還[44]

    유하가 역관 직업이었기에 중국에 갈 기회가 있었을 것인데, 그 때 농암이 준 시이다. 유하의 몸이 비록 작지만 시의 기상은 산보다 더 높다고 했다. 제3구의 땅이 좁다는 것은 신분적인 제약이 심함을 말한다. 신분이 낮으면 아무리 글을 잘 짓는다 해도 인정해 주지 않음에 대한 비판이라고 하겠다. 농암은 유하에게 여항인의 시선집인 『海東遺珠』를 편찬하도록 권유하는데,[45] 이는 신분은 비록 낮지만 시문의 뛰어남을 인정했음을 말한다. 또한 농·연 모두 천기론을 펴면서 '몸이 영욕의 경계를 벗어나고, 마음과 일과 행위의 겉에서 놀아 虛明靜一하여 이목의 가리운 바가 없어야 천기를 얻을 수 있다.'[46]고 함이나, '淸하고 通한 기상이 있을 때 天眞의 촉발함이 있다.'[47]고 한 언급 등은 유하와 같은 신분 계층들에겐 고무적이었을 것이다. 따라서 이러한 논리의 연장선상에서 유하의 천기론은 시문을 지어야 하는 당위론까지 부여했다고 하겠다.

2. 明·淸 詩論의 受容

    농·연 시론이 전시대와 다른 독특한 모습을 지니고 있다고 해도 중국 시론과의 연계선상에서 이해해야 한다. 특히, 明末 三

---

44) 『農巖集』 4, 贈洪生世泰赴燕 其一.
45) 『柳下集』 6, 海東遺珠序. "農巖金相公嘗謂余曰 東詩之採輯 行世者多矣
    而閭巷之詩 獨厥焉 泯滅不傳 可惜 子其採之."
46) 『農巖集』 24, 霽月堂記.
47) 『三淵集』 23, 西浦集序.

袁 형제(袁宗道·袁宏道·袁中道)가 중심이 된 公安派의 문학 이론과 淸初 王士禎의 神韻說을 수용했다고 하겠다. 이렇게 보는 이유는 농·연의 시론 내용이 공안파의 것이나 왕사정의 것과 많은 점에서 닮아 있기 있기 때문이다.

공안파는 童心說을 주장한 李贄의 후학들로 性靈을 중요시하며 명 때 前後七子의 복고주의를 반대한다. 또한 사회의 모든 사물은 끊임없이 변화하는 것이므로 문학도 마땅히 사회의 변화에 따라 끊임없이 변화 발전해야 한다고 인식하여 전후칠자가 주장했던 '貴古賤今'에 대한 반대 입장을 나타낸다.

이러한 공안파의 문학 이론과의 관련성은 농암의 다음 글에서 찾을 수 있다.

> 세상에서 본조 시를 일컬어 선조 때보다 성한 것이 없다고 한다. 그러나 나는 시도가 쇠한 것은 실로 이로부터 시작되었다고 본다. 대개 선조 이전에 시를 짓는 자들은 모두 송시를 배웠다. 때문에 격조가 매우 雅馴치 못했고 음율이 혹 고르게 맞지도 않았다. 그러나 요컨대 또한 疎鹵하고 質實하고 沈厚하고 老健하여 바르게 윤택하게 하고 좋게 다듬지 아니 하였지만 각자 스스로 일가를 이루었다. 선조 때에 이르러 문사가 蔚興하여 學唐者가 점점 많아지고, 중국의 李·王의 시가 또한 점점 우리나라에 들어와 사람들이 비로소 모방하고 단련하니 이후로부터 軌道가 한결같고 음조는 비슷하지만 天質은 다시 존재하지 않았다. 때문에 선조 이전의 시를 읽으면 그 사람을 가히 볼 수 있으나 선조 이후의 시는 읽어도 그 사람을 볼 수 없으니, 이것이 시도가 성쇠한 나뉨이다.[48]

조선 초부터 선조 때까지의 詩風의 흐름을 바라보는 비평가들

---

48) 『農巖集』 34, 雜識. "世稱本朝詩 莫盛於穆廟之世 余謂詩道之衰 實自此始 盖穆廟以前爲詩者 大抵皆學宋 故格調多不雅馴 音律或未諧適 而要亦疎鹵質實 沈厚老健 不爲塗澤艶冶 而各自成其爲一家言 至穆廟之世 文士蔚興 學唐者寖多 中朝王李之詩 又稍稍東來 人始希慕倣效 鍛鍊精工 自是以後 軌轍如一 音調相似 而天質不復存矣 是以讀穆廟以前詩 則其人猶可見 而讀穆廟以後詩 其人殆不可見 此詩道盛衰之辨也."

의 태도를 비판한 것이다. 한국 한문학사에서는 선조조를 文運이
융성했다 하여 '穆陵盛際'라고 지칭한다. 이는 고려 말에서 조선
초에 이르기까지 성행했던 宋詩風이 중종·명종조를 기점으로
조금씩 변화를 보이다가 선조·광해조 때에 이르러 唐詩風이 시
단의 주흐름이 되어 많은 훌륭한 작가가 배출되었기 때문이다.
그래서 당시나 그 후의 비평가들은 이러한 시풍 변모 과정에 대
해 지대한 관심을 보였다. 그 대표적인 인물이 象村 申欽과 芝峰
李晬光, 그리고 西浦 金萬重이라고 하겠다. 농암은 위 글을 통해
이들의 견해49)를 반박하고 있다. 그리고 나서 송시풍이 성행했
던 선조 이전과 당시풍이 풍미했던 그 이후를 비교 설명한다.

　송시풍은 격조면에서 아름답지도, 그리고 음률도 맞지 않을 뿐
만 아니라 疎鹵質實하고 沈厚老健하여 塗澤艶冶하지는 않지만,
각자 남과 다른 개성을 지녔다고 한다. 그러나 선조를 기점으로
하여 중국 명의 전후칠자인 李攀龍·王世貞 등의 유풍이 유입되
어 많은 이들이 시를 창작할 때 모방하기에 바쁘게 되니 법도가
한결같이 같아질 뿐 아니라 음조가 비슷하여 자기만의 뚜렷한
자질을 드러내지 못했다고 적고 있다. 그렇기 때문에 선조 이전
시를 읽으면 그 지은 사람이 왜 어떤 의도로 시를 지었는지 알
수 있지만, 선조 이후의 시는 개성이 드러나지 않고 천편일률로
같으니 그 맛을 느낄 수 없다는 것이다. 농암의 시풍에 대한 견
해를 극적으로 보여주는 내용이면서 어떤 시를 가장 우위에 두
는지를 알 수 있게 하는 대목이다.

---

49) ①『象村集』, 晴窓軟談. "麗朝及我朝　皆尙東坡　故麗朝大比　至有三十三
　　東坡之語　近年以來　稍稍不喜　爲詩者　皆學唐人." ②『芝峰類說』9. "我
　　東詩人　二百年間　皆習一套　至近世崔慶昌白光勳　始學唐." ③『西浦漫
　　筆』下, "本朝詩體不啻四五變　國初承勝國之緖　純學東坡　以迄於宣靖
　　惟容齋稱大成焉　中間參以豫章　則翠軒之才　實三百年一人　又變而專功黃
　　陳　則湖蘇芝鼎足雄峙　又變而反正於唐　則崔白李其粹然者也."

  이러한 선조 이전과 이후의 시풍에 대한 비슷한 견해는 삼연에게서도 역시 찾아볼 수 있다. 그는 우리나라 시의 연원은 그리 오래되지 않아서 법으로 삼을 만한 것은 없으나, 거리껴야 할 것은 상세히 하고 모방하는데 익숙하여 그것이 오랫동안 병폐로 자리잡았다고 한다. 그리하여 선조 이전 시는 巧拙했으나 眞實했는데, 그 후에 아름답게 치장하고 겉모습만을 화려하게 꾸미는 데에 급급하니 옛것에 구속되어 그것에만 얽매이게 되었다[50]고 하면서 선조 이후의 시풍에 대해 개탄의 어조를 보인다.

  그런데 여기서 주목해야 될 것은 농·연은 결코 당시풍 전체를 모두 비판 대상으로 삼지 않았다는 점이다. 이는 위의 농암 글 '中朝王李之詩 又稍稍東來'라는 부분에서 알 수 있다. '王·李'는 중국 명 전후칠자인 왕세정과 이반룡을 이른다. 이들은 '文必秦漢 詩必盛唐'이라는 기치 아래 전시대 江西詩派[51]의 논리를 반박하면서 文은 先秦兩漢을, 그리고 詩는 盛唐을 모범으로 하여 본받을 것을 주장한다. 다분히 복고적이라고 할 수 있는데, 점차 조금씩 조선에 들어와 시단을 장악하기 시작한다. 그리하여 이에 호응하는 무리가 있게 되고 실제 작품 창작에도 당시풍의 영향을 받아 崔慶昌·白光勳·李達 등의 三唐 시인이 생기는가 하면, 이제는 적극 수용하는 입장으로 변한다. 그런데 이들 삼당

---

50) 『三淵集』 23, 何山集序. "我東爲詩淵源旣淺 無復憲章之可論 而獨其詳 於忌諱 狃於仍襲 實爲三百年痼弊 然而宣廟以前 雖有巧拙 猶爲各呈其 眞態 以後漸就都雅 則磨礱粉澤之日勝 而忌諱愈詳 仍襲愈熟 非古之爲 法而終爲法拘也."

51) 江西詩派는 중국에서 蘇軾의 시를 이으면서 가장 뚜렷한 宋詩的인 특질을 구현한 黃庭堅·陳師道 이하 일군의 시인들을 지칭한다. 강서시파는 結社를 가진 실체가 아니라 문학에 대한 뚜렷한 이론을 개진하여 개성있는 시를 썼던 인물들을 말한다. 이러한 시풍을 이어받아 學詩의 전범으로 삼았던 조선초기 시인들로는 挹翠軒 朴誾·容齋 李荇·湖陰 鄭士龍·蘇齋 盧守愼·芝川 黃廷彧 등이 있다. 李鍾默, 『海東江西詩派 研究』, 太學社, 1995.

시인들의 시에 대해 지봉이 '당에 가깝기는 하지만 시구를 지음
에 당인의 문자를 습용하여 天機에서 얻어 조화를 스스로 운용
한 공은 적은 듯하다.'[52]고 이른 데에서도 알 수 있듯이 당시 비
평가들도 晩唐風을 띤 삼당 시인의 시를 긍정적으로 평하진 않
았던 것 같다.

이렇듯 만당풍을 띤 삼당 시인의 시경향은 비판을 받으며, 뒤이
어 성당의 기치를 내세운 중국 명 전후칠자의 논리에 적극적으로
호응하는 성당풍의 시인들이 출현한다. 石洲 權韠이나 東岳 李安
訥·五山 車天輅 등이 이에 해당한다. 더 중요한 사항은 당시 주
요 문학 비평가였던 鶴山 許筠·芝峰 李睟光 등이 이때부터 활발
히 활동하기 시작했다는 점이다. 이들은 작품의 창작 뿐 아니라
비평의 기준도 전후칠자의 안목을 그대로 따르는 태도를 취한다.
가령, '시는 송에 이르러 망했다고 이른다. 망했다고 이름은 그 말
이 망했다는 것이 아니라 그 이치가 망했다는 것이다. 시의 이치
는 詳盡·婉曲한데 있는 것이 아니라 말은 다하여도 뜻은 계속되
는 데에 있다. ……송대의 자들이 적다고는 못하지만 모두 뜻을
다하고자 하여 用事에만 힘쓰고 또 險韻 窄押으로써 스스로 격을
헤치고 있다.'[53]고 한다든가 '당인이 시를 지음에 오로지 詩想과
興趣에 주로 하여 用事가 많지 않았다. 그러나 송인이 시를 지음
에 오로지 용사만을 존중하여 시상과 흥취는 적다.'[54]고 하는 등

---

52) 『芝峰類說』. "崔慶昌李達 一時能詩者也 其詩最近唐 而但作句多襲唐人
之文字 或截取全句而用之 令人讀之 有若讀唐人詩者 故驟以爲唐而喜之
然其得於天機自運造化之功 似少 若謂脫胎換骨 則恐未也."
53) 『惺所覆瓿藁』 4 文部一. "宋五家詩鈔序, 詩至於宋 可謂亡矣 所謂亡者
非其言之亡也 其理之亡也 詩之理不在於詳盡婉曲 而在於辭絶意續……
乘唐人之詩 往往近之矣 宋代作者 不爲不少 俱好盡意而務引事 且以險
韻窄押 自傷其格."
54) 『芝峰類說』 9, 文章部二. "唐人作詩 專主意興 故用事不多 宋人作詩 專
尙用事而意興則少."

의 당·송시의 비교 논리는 앞에서 보았던 전후칠자가 송의 강서 시파를 비판하면서 당으로의 복귀를 주장했던 것과 비슷하다. 따라서 비평 기준을 尊唐의 입장에서 '당인의 시'[55]라든지 '唐調가 아니다'[56]고 하여 당시풍을 띠면 좋은 시로 그렇지 않으면 좋지 못한 시로 褒貶하기에 이른다. 이러한 비평기준은 나중에 뒤이어 오는 비평가들에게 심대한 영향을 주었을 뿐만 아니라 당시를 본뜬 의고적인 시가 성행할 수 있는 계기를 만들어준다.

그러나 농·연의 관심은 단순히 전후칠자의 영향을 받아 당시풍의 작품을 창작하고, 그에 맞는 비평 기준을 정해 작품을 평가했다는 데 있지 않았다. 농암은 '사람들이 비로소 모방하고 단련하니 이후로부터 軌道가 한결같고 음조는 비슷하지만 天質은 존재하지 않았다.'[57]고 했다. 전후칠자의 영향 중 부정적인 면을 꼬집은 것이다. 처음 '문필진한 시필성당'의 구호를 내걸고 복고주의적인 문학을 하려고 했던 명 전후칠자는 당대인들의 많은 호응을 얻는다. 그러나 시간이 조금 지나면서 옛사람들의 창조 정신을 본받기보다는 그들의 어구나 형식을 뒤쫓게 되어 擬古主義에 빠진다. 때문에 이러한 의고성은 많은 이들의 비판 대상이 되지만, 결국 전후칠자의 힘은 오랫동안 지속되었다.

조선도 사정은 마찬가지였다. 처음 전후칠자의 영향을 받았을 때는 순수하게 고인의 작문 태도를 본받아 창작의 틀로 삼았는데, 당시를 닮지 않으면 배타시하는 비평의 풍조 때문에 고인의 어구를 본뜨는 데만 급급하는가 하면 실질은 닮지 않고 형식을 쫓는 풍조가 만연하게 된다. 즉, 명 전후칠자가 의고주의로 흐른

---

55) 『惺所覆瓿藁』 25, 說部四, 惺所詩話. "人謂子敏詩鈍而不揚者 非也 其在 成興 作詩曰……淸楚流麗 去唐人亥遠哉."
56) 『芝峰類說』 13, 文章部六 東詩. "鄭圃隱征婦詞曰……此詞結句佳 而起 句甚劣 非唐調矣."
57) 본 장 인용문 48) 참조.

것과 비슷한 길을 걷게 된 것이다.

그 대표 시인으로 東溟 鄭斗卿을 들 수 있다. 동명은 조선후기 많은 비평가들의 입에 오르내리며 포폄의 대상이 되는데,58) 그의 작품 경향은 다분히 의고적이었다. 즉, 모방을 중요시하며 天質을 지니지 않은 작품을 양산해 내니 농암은 다음과 같이 비판한다.

정두경은 晚·季唐에서 나와 능히 漢魏 古詩樂府를 아니 가히 법 삼을 만하다. 歌行 장편은 이백과 두보를 배웠고, 율절 근체시는 盛唐을 모방하여 晚唐과 蘇·黃의 작가군을 즐기지 않았으니 또한 위대하다. 그런데 그 재주는 기력을 갖추었으나 박은과 그 외의 다른 이들에게 미치지 아니하였다. 또한 일찍이 마음을 자세히 하여 독서를 하고 시도를 탐구하여 침잠 자득하여 스스로 넓히고 변화하는 것을 얻었으나 헛되이 한 때의 의기로 전인의 영향을 뒤쫓았다. 그러므로 그 시 비록 淸新豪俊하여 세속의 악착하고 용렬한 기가 없으나 그 정밀한 말과 미묘한 생각은 고인의 오묘함을 엿보기에는 부족하여 방자하게 달리고 겉만을 쫓아 또한 극히 시가의 변화를 이룰 수 없었다. 요컨대 그 취한 것이 능히 석주·동악을 뛰어넘어 그 위에 오르지는 못했다.59)

처음에는 동명의 長處인 歌行을 들어 찬사를 보내고 있다. 그러나 이에서 그치지 않고 뒤이어 읍취헌과 비교하는가 하면, 독

---

58) ① 『柏谷集』, 「終南叢志」, "近世東溟君平杰出一代 掃盡浮靡之習 其所著歌行 雄健俊逸 可方於盛唐諸子如俠客篇……此等作 求諸唐詩亦罕." ② 『壺谷集』, 「壺谷詩話」, "……而至若七言歌行 則勞羈李杜 我國前古所未有也……行文儷文亦奇健可畏." ③ 「小華詩評」, "鄭東溟斗卿氣吞四海 目無千古 文章山斗 一代巨手 擘秦漢盛唐之派 可謂達磨西來 獨闡禪敎."

59) 『農巖集』 34, 雜識. "鄭東溟出於晚季 能知有漢魏古詩樂府爲可法 歌行長篇 步驟李杜 律絶近體 摸擬盛唐 不肯以晚唐蘇黃作家計 亦偉矣 然其才具氣力 實不及挹翠諸公 又不曾細心讀書 深究詩道 沈潛自得 充拓變化 徒以一時意氣 追逐前人影響 故其詩雖淸新豪俊 無世俗齷齪庸腐之氣 然其精言妙思 不足以窺古人之奧 橫騖旁驅 又未能極詩家之變 要其所就 未能超石洲東岳而上之也."

서를 하여 스스로 변화를 시도하기는 했으나 전인을 영향받는데
치중하여 오묘함을 엿보기에는 부족하고 방자하게 달려 고인의
겉만 맴도는 꼴이 되었다고 한다. 때문에 농암은 심지어 '鈍賊'[60)
이라는 말까지도 서슴치 않는다.

 삼연도 '동명 같은 무리는 다만 고인의 시구에서 주워서 엮어
시를 만드니 그 시가 어떠한가? 그 시가 어떠한가?'[61)라고 하여
동명에 대한 농암의 시각과 동일함을 보이고 있다. 즉, 농·연이
비판 대상으로 삼았던 것이 의고인데, 동명은 그 전시대의 석주
나 동악을 뛰어넘지 못하고 오히려 옛사람의 겉만 본뜨는 작품
을 주로 생산했으니 당연히 비판 대상이 될 수 밖에 없었다.

 이상은 선조 이후 명 전후칠자의 유입으로 인한 의고주의에
대한 비판과 작가평에 대한 견해를 일별한 것이다. 이처럼 농·
연의 문학론은 前代나 當代의 시문단에 대한 철저한 비판에서
출발했다고 하겠다. 특히 농암의 경우 그 비판 어조가 강할 뿐만
아니라 문학과 관련된 많은 부분을 두루 비판하거나 수정해 갈
것을 강조한다. 이는 전시대나 당대의 보편적인 사조를 그대로
따르지 않고 무엇인가 다른 모습으로 변모되기를 바라는 마음이
있었기 때문이다. 이를 바탕으로 진정한 시 창작의 방법은 무엇
이며, 작가평은 단순히 어느 한 시풍을 따른 데에 두는 것보다
예술미를 기준으로 해야 한다는 논리를 전개시키게 된다.

 또한 농·연의 시론을 알기 위해서는 淸初 王士禎의 神韻說에
대한 이해가 필요하다. 왕사정은 漁洋山人으로 불리우는데, 청초
문단에서 명성이 높았던 문인으로 현실과 동떨어진 태도로 閑談

---

60) 『農巖集』 34, 雜識. "東溟詩所以易高於流俗者 以平生好讀馬史 又留意
　　古樂府 爲詩歌 喜用其語 此皆世人所不習 故驟見之 足以驚動耳目 而其
　　實殆古人所謂鈍賊 非竊狐白裘手也."
61) 『三淵集』 19, 答士敬別紙. "如東溟輩 只摘取故人詩句 綴輯爲詩 奚其詩
　　奚其詩."

하는 고매한 작품을 주로 창작한다. 이렇게 뚜렷한 작품 경향을 보였음에도 불구하고 그의 문학론인 신운설이 구체적으로 무엇을 말하는지는 분명하지 않다. 다만 康熙元年에 唐나라 律絕詩를 선집하여 『神韻集』을 만들어 그 자제들을 가르치는 가운데 '신운'이라는 말이 나오는데, 翁方綱은 그 의미를 다음과 같이 설명한다.

> 나는 일찍이 空同과 滄溟은 격조로써 시를 논하였다고 이르렀다. (그런데) 漁洋은 그 설을 변화시켜 '神韻'이라고 하였다. 신운은 '格調'의 다른 이름일 뿐이다.62)

이를 통해서 볼 때 신운은 격조의 별칭이라는 것을 알 수 있다. 또한 왕사정이 감히 李夢陽·何景明(明 前後七子)의 잘못을 말할 수 없고, 이·하에게 허물이 돌아갈까 두려워 이름을 바꾸어 '신운'이라 지칭했다는 것이다. 결국 왕사정은 신운설을 들어 시에서 風格·才調·法則의 세 가지를 구하고자 했다.

신운설의 구체적인 성격은 다음 왕사정이 이야기한 것에서 다소 얻을 수 있다.

> 유대근이 물어 말하기를 『唐賢三昧集』에 '羚羊掛角'이라 한 것은 곧 거문고 줄 밖에서 소리가 흐른다는 뜻인가 아닌가? 왕사정이 대답하기를 엄의경(창랑)이 이른바 거울 속의 꽃과 같고, 물 속의 달과 같고, 물 속에 소금 맛과 같고, 영양이 뿔을 걸친 듯하여 자취를 찾을 수 없다고 했으니 이는 모두 禪理로 시를 비유한 것이다. 內典에 이른바 앞에 가지도 아니하고 떠나지도 아니하고 달라붙지도 않고 벗지도 않는 것이며, 曹洞宗에서 이른바 '參活句'(삶에 참여하는 구)라고 함이 그것이다.63)

---

62) 翁方綱, 「石洲詩話」 6, "愚嘗謂空同滄溟 以格調論詩 而漁洋變其說曰神韻 神韻者 格調之別名耳."

63) 王士禎, 「師友詩傳續錄」, "劉大勤問曰 唐賢三昧集 羚羊掛角 云云 卽音流弦外之 旨否 王士禎答曰 嚴儀卿所謂 如鏡中花 如水中月 如水中鹽味 如羚羊掛角 無迹可求 皆是以禪理喩詩 內典所云 不卽不離 不黏不脫 曹

왕사정은 이상적인 시의 경지를 나름대로 터득하여 그것을 기준으로 盛唐詩를 골라 『唐賢三昧集』 3권을 엮는다. 三昧라는 말에서도 알 수 있듯이 왕사정은 시를 禪義와 관련시켜 이야기하는데, 특히 南宋 때 嚴羽의 이론을 빌어 설명하고 있다. 따라서 왕사정의 신운설은 엄우에게서 그 유래를 찾을 수도 있지만, 원래는 晩唐 때의 司空圖에게서 기원했다고 하겠다. 그의 「本傳」에 나온 내용을 통해 그 실마리를 구할 수 있다.

> 士禎은 자품이 이미 높고 학문이 극히 넓어서 그 형 士祿·士祜와 더불어 모두 시에 힘을 다하여 특히 신운으로 宗을 삼았다. 사공도가 말한 '시고 짠 것의 밖에 맛이 있다'는 것과 엄우가 말한 '영양이 뿔을 걸었을 때 그 자취를 찾을 수 없다.'고 함을 취하여 그 뜻을 밝혔다.[64]

사공도와 엄우의 문학론을 바탕으로 하여 '신운설'을 형성했음을 극명하게 보여준다.

사공도는 韻味說을 제기하여 '맛이 시고 짠 것의 밖에 있다.' (味在鹹酸之外)는 말을 한다. 이는 식초는 신맛만 있고 소금은 짠맛만 있어 매우 단조로운데, 맛을 잘 조절하는 사람은 시고 짠 맛 이외의 맛을 낼 수 있다는 말로 작품이 운미가 풍부하고 함축미가 있으면 독자는 감상 중에 매우 많은 언외의 맛을 느낄 수 있음을 뜻한다. 이러한 사공도의 견해는 강서시파에 이르러 '시를 배우는 것은 마치 仙을 배우는 것과 같다. 때론 骨이 스스로 바뀌는 데까지 이른다.'(學詩如學仙 時至骨自換)[65]고 하여 仙으로 시를 비유한다. 이는 '換骨奪胎'를 말한 것이기도 한데, '以仙

洞宗所云 參活句 是也."

64) 淸史, 「王士禎傳」, "士禎姿稟旣高 學問極博 與兄士祿士祜 竝致力於詩 獨以神韻爲宗 取司空圖所謂 味在酸鹹之外 嚴羽所謂 羚羊掛角 無迹可尋 標示旨趣."

65) 陳師道, 次韻答奏少章.

喩詩'(仙으로 시를 비유한 것)는 또한 禪으로 시를 비유하는 '以禪喩詩'의 禪宗 방법과 유사하다.

그리고 또 남송 초기의 呂本中은 시를 논하며 다음과 같이 이른다.

> 글을 지을 때는 반드시 깨닫는 곳에 들어가기를 요하게 된다. '悟入'은 반드시 공부한 속에서 나오는 것이지 요행으로 얻을 수는 없다. 老蘇의 문장과 魯直이 시를 할 때는 대개 이러한 이치를 다하였다.66)

여기에서 말한 '悟入'이란 곧 '禪悟'를 가리키는데, 蘇軾의 문장과 黃庭堅의 시가 이를 얻었다고 한다.

송대 禪詩의 대표자는 이미 들었던 엄우를 손꼽을 수 있다. 그 당시에는 禪으로 시를 논하는 이가 적지 않고, 悟入으로 시를 말하는 이도 또한 많았다. 그러나 깊이 들어가 體와 用을 얻은 이는 엄우를 능가하지 못했다. 그리고 그 정묘함을 따져보면 또한 '妙悟說'이 있는데, 그는 시를 논하면서 가장 먼저 '妙悟'를 들어서 그 宗旨를 구성하고, 詩辨으로부터 詩體·詩法·詩評·考證에 이르기까지 이것으로 깊이 분석하지 않음이 없었으며, 반복해서 자세하게 설명하고 '묘오'의 논을 천명하였다.67)

중국의 시에 관한 논평들이 송대의 강서시파로부터 격조설이 일기 시작하여 격조설의 모순을 교정하고자 신운설이 나와 묘오를 말하고 禪喩를 포함하는 시론이 발전하였다. 이 외에 儒家의 性情說까지 합해져 淸初에 우리나라로 유입하게 되었다. 그러므로 당시 조선 문인들이 여기에 관심을 두지 않을 수 없었고 자연스럽게 수용하게 되었던 것이다.

---

66) 呂本中, 「童蒙訓」, "作文必要悟入處 悟入必自工夫中來 非僥倖可得也 如老蘇之文 魯直之於詩 盖盡此理也."
67) 趙鍾業, 『中韓日詩話比較硏究』, 臺北 學海出版社, p.389.

제3장 詩論의 展開

1. 學詩論

시 비평가의 역할은 다양한데, 그중 하나가 시를 배우는 방법을 제시해 주는 것이다. 그러나 주지하다시피 선조조를 기점으로 한 시 비평가들은 대개 學唐이니 法唐이니 하여 唐詩를 모범으로 정하고 거기에서 벗어나면 좋지 못한 시로 간주하였다.

농·연의 學詩論은 이에 대한 반발에서 출발한다. 다음 농암의 언급은 이를 보여주는 내용이다.

> 시는 진실로 마땅히 唐을 배워야 하지만 또한 반드시 唐과 같을 필요는 없다. 唐人의 시는 性情을 興寄하는데 주로 하였지 故實을 議論함을 일삼지 않아 이것을 본받을 만하다. 그러나 唐人은 스스로 唐人이고 今人은 스스로 今人이다. 서로의 거리가 천백 년인데 그 聲音과 氣調를 하나도 다르지 않게 하고자 하니 이러한 이치는 반드시 없는 것이다.[1]

聲音과 氣調는 겉으로 드러나는 浮華함을 이른다. 시를 통한 의식 표출이지만, 이를 통해서 알 수 있는 것은 시가 반드시 당

---

1) 『農巖集』 34. 雜識. "詩固當學唐 亦不必似唐 唐人之詩 主於性情興寄 而不事故實議論 此其可法也 然唐人自唐人 今人自今人 相去千百載之間 而欲其聲音氣調無一不同 此理勢之所必無也."

시와 같을 필요는 없다는 생각이다. 다시 말해 今人은 금인 나름대로 독창성있는 글을 지어야 함을 말하였다. 唐人은 당인 나름대로 금인은 금인 나름대로 나타내야 하는 진솔함이 있을 것이기 때문이다.

그런데 이러한 농암의 학시론은 學古를 하지 말라고 하는 것과는 다르다. 즉, 그는 옛것을 익히되 성음과 면모의 겉치레보다 性情의 진실함과 學問의 실질을 구할 것을 주장한다. 또한 글과 글 사이에서 고인을 본받지 말고 반드시 그 규모의 큼과 기상의 온전함을 얻어서 넉넉히 놀아 뜻을 펴라고 자신의 견해를 피력한다.[2] 학시론을 통해 時代性과 내적인 質實함을 추구했다는 점을 들 수 있겠다.

한편, 삼연은 농암보다 시를 배우는 방법에 대해 체계적으로 전개시키는데, 이는 시에 대한 그의 진지한 태도에서 연유한다. 그는 조선시대 여타의 문인들과 마찬가지로 '시가의 사업을 小技로 보면서도 九敍의 쓰임과 六義의 심오함을 아무렇게나 탐구해서도 안되며, 거친 마음을 가지고 논해도 안된다.'[3]고 한다. 그리고 또한 도학과 시가는 본말에 있어 차이가 현격하지만, 그 각각의 道를 터득하는 방법은 같다고 이른다.

> 도학을 하는 것과 문학을 함은 대소 본말이 현격하다. 그러나 구하기를 반드시 軌範으로서 하고 그 들어간 경지가 심오한 데에 이르게 함은 마찬가지이다. 風雅 比興에 이르러서는 또한 그것은 문학의 정수를 이룬 것이다. 그 원류에는 正變과 淳澆가 있기 때문에 門路를 잘 살피지 않으면 안된다. 그리고 그 律呂에는 浮沈과 廉肉이 있

---

2) 『農巖集』 18, 答崔昌大壬申. "雖然 僕之爲此言 亦非以阻足下學古之志也 但欲足下 勿索古人於聲音面貌之外 而必求其性情之眞 問學之實 勿效古人於尺寸繩墨之間 而必得其規模之大 氣象之全 優游以抒其意."
3) 『三淵拾遺』 15, 與拙修齋趙公聖期 甲子. "夫詩歌之事 雖曰小技 原厥權興則九敍之 用六義之蘊 非可以輕心探求 亦不可以粗心論之也."

기 때문에 잔질해서 잘 헤아려야 한다. 朔方과 南方이 반걸음 사이
에서 나누어지고 뒤지고 앞서는 것이 터럭끝 사이에서 정해진다. 요
컨대, 학문과 사변 중에서 한가지라도 빠뜨려서는 안되나니, 강론하
기를 익숙하게 하지 않으면 또한 그 묘한 경지에 나아갈 수 없다.[4]

여기서는 시가라는 말 대신 문학이라는 말로 대체하여 쓰고
있다. 문학 속에 시가가 포함됨은 당연하다. 이 문학과 도학의 차
이는 분명하다. 그동안 도학이 문학의 상위 개념으로 생각되어
왔기 때문에 전자가 本이라면 후자는 末로 하찮게 생각해 왔던
것이 사실이다. 그런데 삼연은 심오한 데에 들어가 각각의 도를
터득하는 방법에 있어서는 문과 도 모두 같다고 하였다. 결코 시
가를 포함한 문학을 가볍게 보고 있지 않다는 증거이다. 그러면
서 도리어 시가와 관련된 것을 본격적으로 언급한다. 風雅와 比
興이 문학의 정수를 이루는가 하면, 正과 變, 그리고 순수함과 경
박함이 그 원류에서 차이가 나므로 처음 단계에서 반드시 살펴
야 함을 말한다. 이렇듯 시를 배우는 자가 어떠한 태도를 지니고
있어야 하는가를 조언한 후에 학문과 사변 모두 중요하니 강론
하기를 익숙하게 해야 한다고 강조한다. 사변은 도리를 생각하여
시비를 가린다는 말로 배움의 대상, 즉 학문의 범위에 도학은 물
론이고 문학까지도 포함시켜 강론하기를 열심히 할 때 심오한
경지에 나아갈 수 있다고 본 것이다. 또한, '문장은 도학에 대하
여 비록 精粗와 華實의 구분이 있으나, 開塞起伏의 이치로 헤아
려 보면 똑같다.'[5]고 하는 의식은 결코 시가가 가볍지 않다는 생

---

4) 『三淵集』23, 妙軒遺藁序. "爲道與爲文 大小本末之懸焉 而求之必以軌
   範 其造也 必臻奧極則同焉 至於風雅比興 又其爲文之精者也 以其源流
   之有正變淳澆也 門路不可不審 以其律呂之有浮沈廉肉也 斟酌不可不裁
   朔南分乎跬步 殿最定乎毫芒 要之學問思辨 缺一不可 講之不熟 亦未有
   能造其妙者也."
5) 『三淵拾遺』15, 與拙修齋趙公聖期 甲子. "文章之於道學 雖有精粗華實
   之分 揆以開塞起伏之理 均之無異."

각을 지니고 있었음을 보여주는 또 다른 내용이다. 때문에 시의
도를 세우려고 30년 동안 마음썼다는 말을 스스럼없이 하는가
하면,6) 의리는 중국 송의 정자나 주자 등에 의해, 그리고 문은
구양수·소식 등에 의해 미묘하고 지극한 경지에 들어가 유감없
이 되었는데, 詩學만이 수백 년 동안 텅비어 적막하다7)고 이르
며 애석한 마음을 드러내기도 한다.

이렇듯 도학을 하는 것과 마찬가지로 시가의 중요성도 함께
인식하고 있음을 알 수 있는데, 그러면 어떻게 시도를 터득해야
한다고 보았는가? 다음의 글이 이를 제시하고 있다.

> 시도를 깊이 연구하려면 거슬러 올라가 删詩後로부터 시작하여
> 三唐을 꿰뚫어 혼용하여 일가를 이룸에 진실로 성급하게 해서는 안
> 된다. 그러나 抄選하는 한가지 일은 마땅히 〈離騷〉와 『文選』 그리
> 고 『唐詩品彙』에 나아가서 뜻에 따라 절취하고, 무릇 神情이 화하고
> 뜻이 맞는 것은 혹 베끼고 혹 외우는 것이 좋다. 어찌 가히 한 사람
> 의 편견을 취해 결단하여 격식으로 삼겠는가? 없다면, 세간에 유행
> 하는 『古詩選』은 자못 정간하여 열람하기에 편리하니, 이를 익숙히
> 읽고 계속하여 『당시품휘』에 침잠하여 읊조린다면 원류가 훤해져서
> 외도에 빠질 걱정이 없게 된다.8)

먼저 시도를 깊이 연구하려면 『시경』의 删詩後부터 시작해 唐
詩를 꿰뚫어 일가를 이루어야 함을 말한다. 그러면서 또한 절대
성급하게 해서도 안됨을 강조한다. 그만큼 시를 신중하게 대해야
함을 보여주는 대목이다. 이어서 〈離騷〉와 아울러 『文選』·『唐詩

---

6) 『三淵集』 23, 觀復稿序. "余之迂疎 百無所解 獨於詩道 三十年用心矣."
7) 『三淵集』 36, 漫錄庚子. "宋時程朱之義理 歐蘇之文章 皆能入微造極 殆
　無餘憾 而獨其詩學寥寥數百年間 入人肝脾者 皆下劣."
8) 『三淵集』 19, 答朴泰觀. "示喩欲深究此道 沂自删後 貫乎三唐 而渾融成
　一家 誠不可草草爲也 然抄選一事 只宜就騷選品彙中隨意裁取 凡其神融
　意會者 或謄或誦 可矣 豈可取決於一人偏見 而定爲格式乎 無已則世所
　行古詩選者 頗精簡易覽 熟此而承以品彙 沈潛吟咀之 則源流洞然 不患
　淪於外道矣."

品彙』등에 나아가서 재량해 취하고 그 중에서 혹 神情을 융합하
는데 돕는 것이 있으면 외워도 좋다고 한다. 그리고 이에 멈추지
말고 두루두루 다른 것들도 섭렵하라고 권한다. 이렇게 시도를
연구하는 한가지 방법을 제시하고 나서 또 다른 방법으로『古詩
選』을 익숙히 읽고 계속하여『당시품휘』에 침잠하여 읊조린다면
시도의 원류가 터득될 것이라고 한다.

〈이소〉는『楚辭』의 대표작이다. 이는 屈原이 창시한 것으로
『시경』과는 사뭇 다르다. 즉,『시경』이 불특정 다수에 의해 지어
진 것이라면, 〈이소〉는 특정한 개인이 지은 것으로 내용도 개인
의 사상과 감정을 바탕으로 하였다는 특징이 있다. 삼연은『시
경』외에 〈이소〉까지 시도의 범위로 포함시켜 시학에 입문하는
사람이라면 어느 한편에 치우치지 말고 골고루 살펴야 함을 강
조하였다.

또한『문선』·『당시품휘』·『고시선』등의 시선집을 언급하고
있는데, 이는 특별한 이유가 있다고 생각한다. 먼저 이 시선집의
특징을 살핀 후에 삼연이 왜 시도를 터득하는 자료로 이를 특히
강조했을 것인가 하는 점을 고찰해 보겠다.

『문선』은 중국 梁나라 昭明太子 蕭統이 선집한 시문집이다. 그
는 이것을 선집할 때 경전이나 諸子의 철학 논문 또는 역사서와
같은 실용적인 것은 모두 빼고 耳目을 즐겁게 하는 優美하고 完
璧한 시와 문만을 뽑았다. 그러면서도 表現하려는 제재에 대하여
깊은 생각을 한 다음 그것을 아름다운 문장으로 표현하는 것, 곧
수사에만 힘쓰지 않고 내용이나 사상에도 무게가 있는 글을 선
별하는가 하면, 문학의 時代性도 소홀히 하지 않는다. 그리고 운
문을 詩·賦로 구분하여 앞머리에 놓고, 다음에 산문을 論·序·
詔·令·書·奏·哀·祭로 분류하였다는 특징9)이 있다.

---

9) 金學主,『中國文學槪論』, 新雅社, 1993, pp.471~472 참조.

　이러한 『문선』의 특징을 통해서 삼연이 왜 이를 시도를 터득하는 자료로 제시했는지 대강 짐작할 수 있다. 삼연은 심오한 경지에 다다르는 방법에 있어서는 도와 문 모두 같다는 인식을 가지고 있었지만, 시가를 포함한 순수 문학은 도학과는 다소 다르다는 생각을 지니고 있었다. 때문에 실용적인 것을 뺀 이목을 즐겁게 하는 시문만을 뽑은 『문선』을 권했다고 생각한다. 또한 『문선』이 문학의 수사뿐 아니라 내용까지 중요하게 여겼다는 데에 마음이 끌렸을 것이고, 특히 시와 문을 구분하여 분류함을 보는 것은 시학에 입문하려는 이들에게는 필요하다고 느꼈던 모양이다.

　다음 『당시품휘』는 중국 명의 高棅이 盛唐詩를 기준으로 하여 선집한 시선집이다. 고병은 당시 閩中十友[10] 중의 한 사람이었는데, 이들을 대표하여 중국 당 때의 시인 628명의 시 5,769수를 90권으로 묶어 『당시품휘』를 엮는다. 그는 당시를 시가상 初·盛·中·晚 4期로 구분한다. 그러면서 각각 品目을 정하는데 초당을 正始로, 성당을 正宗·大家·名家·羽翼 등으로, 그리고 중당을 接武로, 만당을 正變·餘響으로 분류한다. 그리고는 기타 傍流로서 異人·道士·佛僧·外國人·閨秀 등을 포함시킨다. 여기서 한가지 주목해야 할 것은 이들 민중십우가 주로 활동했던 福建省은 엄우의 출신지라는 점이다. 엄우는 성당시를 가장 이상적인 시의 경지로 보고 시대성과 무관하게 모방할 것을 강조했던 사람이다. 따라서 복건성 출신의 엄우가 성당시를 주장한 것과 민중십우 중의 고병이 『당시품휘』에서 성당을 가장 모범적인 시의 경지로 파악한 것등은 결코 우연의 일치가 아니다. 이는 엄우의

---

10) 閩中十友는 明 초기의 林鴻(1383년 전후)을 중심으로 한 高棅·鄭宗·王褒·唐泰·王恭·陳亮·王珨·林周元·林黃元 등을 말한다. 임홍은 盛唐詩를 가장 이상적인 것으로 생각하고 숭상했는데, 이에 동의한 9인이 임홍을 중심으로 모여들어 '민중십우'라고 지칭하게 되었다.(車柱環, 『中國詩論』, 서울대학교 출판부, 1989, p.256 참조)

이론을 고병이 받아 시를 선집했으며, 그후 명대 전후칠자등이 시필성당을 주장하게 되는 이론적인 틀을 제공해 주었을 것으로 보인다.

삼연이 『당시품휘』의 숙독을 주장함은 이러한 사실과 무관치 않다. 삼연도 마찬가지로 성당의 시, 그 중에서도 특히 두보의 시를 가장 이상적이고 모범적인 것으로 간주한다. 심지어는 30대 초반 졸수재와의 문학논쟁에서 두보 외에는 大家가 없다고까지 한다. 두보는 어떤 소재를 가지고도 좋은 시를 쓸 수 있고, 다른 시인이 갖추고 있는 낱낱의 특징을 그는 모두 가지고 있어 대가라 이를만 하다고 한다.11) 아마도 삼연은 『당시품휘』를 통해서 당시를 모두 섭렵할 것을 강조한 듯하다. 다시 말해 시도를 깊이 얻기 위해서는 고대 『시경』으로부터 시작해 당시를 섭렵하고, 관련된 시선집 등을 고루고루 소화해 낼 것을 주장했다고 하겠다.

그러면 삼연이 말하는 詩道란 무엇인가? 삼연은 시의 도로 '溫柔敦厚'를 말한다.

대저 시의 道가 됨은 한마디로 말한다면 溫柔敦厚입니다. 그리고 그것의 體는 優游諷諭일 따름입니다. 당초에 성인이 이것으로 백성에게 권면하도록 한 것은 한결같이 성정을 음영하고 도덕을 함창하여 이로써 善을 베풀고 사악함을 막는 도구로 삼기에 족했기 때문입니다. 그래서 그것을 익히는 데는 이미 전아한 법도가 있게 되었습니다. 곧 역력히 장구에는 일정한 격이 있고, 장연히 음조에는 절주가 있어 애연히 그 사이에서 유동하여 융용담담하게 되니 마치 바람이 물체를 움직이게 함과 같아 진실로 시의 妙用이 되는 것입니다.12)

---

11) 『三淵拾遺』15, 與拙修齋趙公聖期 甲子. "且如少陵之室 其包綜之該 于 何不有乎 納其葳蕤之園而沈宋色瘁 略其幽朔之野而高岑骨驚 引其淸冷 之源而王孟神喪 籠其蕭散之原而韋柳趣盡 窮其玄峭之窟而王常意索 合 而言之 則一家之範圍也 浸假而分之 雖至於鼠肝虫臂之微 皆足以成一圈 局 擅美而行遠 此之謂大家身分."

12) 『三淵拾遺』15, 與拙修齋趙公聖期 甲子. "夫詩之爲道 可一言以盡之 曰 溫柔敦厚 而其爲體 則優游諷諭而已矣 當初聖人之以是勸民者 一使足以

시의 도로 '溫柔敦厚'를 말하고, 그 체로써 '優游諷諭'를 말하고 있다. 시의 도가 '온유돈후'하여 성인은 그것을 백성들에게 권면했는데, 성정을 음영하고 도덕을 널리 퍼뜨리는 도구로 삼기에 알맞았기 때문이라고 한다. 그래서 시를 익히는 데는 일정한 법도와 격이 있는가 하면 음조에는 절주가 있어 마치 바람이 물체를 움직이듯 자연스럽게 흘러나오게 되는 것이라고 이른다.

'온유돈후'라는 말은 『禮記』 經解篇에서 詩敎로 언급한 것[13]으로 글자 그대로의 뜻을 풀이하자면 '성품이 따스하고 부드러우며 인정이 두텁다'는 의미이다. 이러한 연유로 儒家文學觀의 중심이 되어왔다. 그러나 이를 그저 표면적인 의미로만 받아들이게 되면 好惡을 가릴 줄 모르고 부드럽기만 한 마음을 일컫는다고 할 수 있다. 그러나 이면적인 뜻은 그렇지 않다. 시라면 모두 마음을 '온유돈후'하게 할 수 있는 것은 아니고, 여기서는 '思無邪'가 전제되어야 한다. 이는 성품을 따스하고 부드럽게 하며 인정을 두텁게 하자면, 진실된 내용이면서도 인정을 곡진하게 드러내어 사람의 마음을 감동시켜 바른 데로 이끄는 실속이 있어야 한다는 말과도 같다. 따라서 시를 창작하는데 있어서도 절도에 맞지 않게 감정을 억제하는 것을 위주로 한다거나 아예 시의 소재를 회피하고 제한하는 것은 '온유돈후'의 본 의미에 맞지 않다. 즉, '온유돈후'는 건전한 비판 정신을 상실해야 한다는 말이 아니기 때문이다.[14]

이렇듯 시의 도를 '온유돈후'로, 그 체를 '우유풍유'로 들었던 삼연은 중국 한나라의 매고·이릉·장형·채옹이라든가 위진시

吟詠情性 涵暢道德 于以爲陳善閉邪之具 隷而習之 旣有典常 則繹然章
句之有格 將然音調之有節 而藹然而流乎其間 融融澹澹 如風之動物者
實爲詩之妙用."
13) 『禮記』 經解篇. "孔子曰 入其國 其敎可知也 其爲人也 溫柔敦厚 詩敎也."
14) 鄭堯一, 『漢文學批評論』, 集文堂, 1994, pp.220~222.

대의 조식·유령·완적·육기, 그리고 당의 이백이나 두보 시 등을 보면 때에 따라 체는 비록 변화했지만, 도는 그대로 남아 있음을 알게 된다[15]고 한다. 다시 말해 그는 체는 시대적 상황이나 개인의 사정 여하에 따라 변모될 수 있는 것으로 인식했으며, 시가에서 궁극적으로 추구해야 할 것은 '온유돈후'한 도라고 주장하고 있다.

또한 '온유돈후'를 드러내기 위해서는 일정한 법도와 격, 절주 등이 필요한데, 이러한 것을 터득하기 위해서는 材藻가 축적되어야함도 강조한다. 그리고는 시에 있어 재조의 축적이 필요한 논리적 근거로 주자의 학시 방법을 든다. 이는 앞에서 말했던 시가의 도를 터득하기 위한 방법과 서로 연관성이 있다.

> 또 주자와 같은 큰 학자도 그가 작시의 방법을 남에게 권면해 줄 때 시경 삼백 편 외에 빈번히 楚辭·漢古風을 더 없는 준범으로 삼고 완적과 곽박의 깊고 고운 체계를 참작하며 도잠과 유종원의 蕭散한 경지로써 요령을 삼되, 오히려 그 변화한 것이 좋지 않게 되거나 법이 혹 폐하지나 않을까 걱정하였습니다. ……후대의 시를 배우는 자로서 그 門逕과 源流의 歸處를 찾고자 한다면 진실로 이것을 버리고 다른 것을 구할 수는 없습니다.[16]

주자와 같은 대학자도 학시의 방법을 남에게 말할 때『시경』과 아울러『초사』·한고풍 등 여러 체를 두루 섭렵할 것을 권했

---

15)『三淵拾遺』15, 與拙修齋趙公聖期 甲子. "自删後之還 衣被管篇之用日微 流連光景之習日滋 詩之爲體 蓋亦屢嬗矣 然而隨時善鳴 羽翼大雅之輩 亦且代有其人 若漢之枚李張蔡 魏晋之曹劉阮陸 唐之李杜 繩繩乎斐然可述 此其人雖循性任氣 各極其鼓舞縱橫之變 而終不敢離而遁之於溫柔敦厚之大法."

16)『三淵拾遺』15, 與拙修齋趙公聖期 甲子. "且以朱子之大而其勸人以作詩之法 三百篇外 輒以楚辭漢古 爲無上準範 參以阮郭之深婉 要以陶柳之蕭散 而猶恐其變之不善法之或廢也……後之學詩者 欲覓其門逕源流之歸 誠不可捨是而他求."

다고 한다. 그리고 또한 '竹林七賢'의 한 사람인 완적과 東普 때
의 사람인 곽박의 체계를 참작하고, 도연명과 당 때 산수 시인인
유종원 등의 경지를 요령삼았다고 적고 있다. 이렇게 많은 시인
들의 격식과 법 등을 주자가 수용했지만, 자기 나름대로 좋은 방
향으로 발전시키지 못할까 걱정했다는 말까지 덧붙인다. 이러한
주자의 학시 방법은 지금까지 살폈던 삼연의 학시 방법과 유사
성이 많다는 것을 알 수 있다. 주자가 말한 학시 대상은 시는 물
론이고 辭와 고시·당시 등인데, 삼연이 그것을 그대로 따르고
있기 때문이다.

그래서 재조가 축적되지 않은 상태에서 시를 짓게 되면 어떻
게 되는가 하는 점을 언급한다.

> 시는 聲響을 귀하게 여기나니 반드시 모름지기 材藻가 축적된 후
> 에야 바야흐로 그 훌륭함이 무리에서 뛰어난 시를 만들 수 있다. 그
> 렇게 하지 않고 단지 뜻이 원만하고 이치만 관통함을 위주로 하고
> 전혀 聲色이 유동함이 없게 한다면, 마침내는 문채를 드러내지 못하
> 고 묻혀 없어지게 된 데에 이르게 된다. ……반드시 바르게 체격을
> 크게 변화시켜 鎔鑄鍛鍊하여 십분 원숙하게 되기를 기다려야 하거
> 늘, 몇 개월의 시간으로는 감당해낼 수 없을 것 같아 그윽이 그대를
> 위하여 이를 걱정하노라.17)

시를 지을 수 있는 재조가 축적되었다는 것은 시와 문을 구별
할 줄 안다는 의미도 담겨 있다. 따라서 시의 재조가 아직 축적
되지 않은 상태에서는 뜻과 이치를 관통하게 하는 등 문의 성질
을 더 많이 띠어 시만이 가지고 있는 聲色의 자연스러운 움직임
이 없게 되니 문채는 나타나지 않고 영영 사라져 없어질 것이라
고 한다. 그러면서 이러한 시의 재조가 축적되기 위해서는 다른

---

17) 『三淵拾遺』 22, 答明行. "詩貴聲響 必須預儲材藻而後 方成其曄曄超群之詩
不然而只以意圓理貫爲主 全未有聲色流同 則終歸於埋沒不見采而已……必
待其頓變體格 鎔鍊到十分圓熟 則恐不可以數月了當 竊爲君憂之."

사람의 체격을 바르게, 그리고 나름대로 변화시켜 부단한 노력을
한 후에 원숙해지기를 기다려야 한다는 것이다. 원숙한 경지에
이름은 하루 아침에 되지 않고 많은 시간을 소비해야 함도 함께
말하고 있다. 그 만큼 시의 도를 터득하는 절차가 복잡하고 결코
가볍게 넘길 수 없는 것임을 강조했다고 하겠다.
  따라서 좋은 시를 짓기 위해서는 다음의 네 가지 요건이 갖추
어져야 한다고 말한다.

> 格을 정한 다음에 느낌을 기다려서 비속함을 막고, 생각을 精하게
> 한 다음 말을 내어서 평이함을 막는다. (그리고) 학식을 쌓은 다음
> 문조를 닦아 누추함을 막는다. 어떤 계기에 접촉하고 난 다음에 시구
> 를 이루어서 천착을 막는다.[18]

  定格·精思·積學·觸機 등을 善詩의 요건으로 들고 있는데,
이것들이 갖추어진 다음에 시적 감정이 일게 되면 비속함을 막
을 수 있고, 말을 내어도 평이함에서 벗어날 수 있다고 한다. 또
한 문조를 닦아 누추해지지 않으며, 어떤 순간적인 계기를 만나
시를 이루기 때문에 시의 특성이 아닌 천착은 하지 않는다고 이
른다. 그러면서 '재주와 함께 정감이 풍부하지 않으면 경물과 사
건을 충분히 활용하지 못한다. 웅혼하고 기이하며 푸릇푸릇한 근
교의 경치를 경험하고 조용히 움직여 깊이 완미함이 있어야
함'[19]도 피력한다. 즉, 시를 잘 짓기 위해서는 격을 바르게 세우
고 생각도 세세히 할 뿐 아니라 학문도 쌓고 어떤 계기를 만나게
되면 즉각적인 詩心이 나와야 함은 물론 재주와 정감이 풍부해
야 하는 등의 조건이 필요하다고 본 것이다.

---

18) 『三淵拾遺』 29, 漫錄. "定格而後俟感以禦卑 精思而後出辭以禦易 積學
   而後修藻以禦陋 觸機而後成句以禦鑿."
19) 『三淵拾遺』 29, 漫錄. "才情未裕 景事寡劑 驚於雄奇莽蒼之觀 而略於澹
   蕩 優柔之致."

지금까지 농·연의 학시 방법을 고찰해 보았다. 이중 삼연은 특히, 시가를 '小技'로 보면서도 결코 가벼운 것으로 여기지 않았다. 따라서 도학을 공부하듯 시가도 같은 방법으로 할 것을 권유한다. 그러면서 시가의 진정한 도는 '온유돈후'라고 한다. '온유돈후'는 성품을 따뜻하게 하며 인정을 두텁게 한다는 표면적인 의미를 지니는데, 사실 이면에는 진실하며 인정을 곡진하게 드러낸다는 뜻을 담고 있다. 삼연은 이러한 '온유돈후'한 시의 도를 세우는 데는 법식과 격, 절주 등이 필요하다고 했다. 이러한 것들이 온전하게 갖추어질 때 '온유돈후'한 시의 도는 발현될 수 있기 때문이다. 그런데 이러한 격이나 법식 등은 그저 얻어지는 것이 아니라 부단한 노력이 있을 때에만 가능하다고 보았다. 즉, 과거 훌륭한 시인들의 태도를 본받을 것을 권유하는데, 특히 주자의 학시 방법을 따를 것을 주장한다. 그럼으로써 삼연은 나름대로 정한 학시 방법의 논리적 근거를 얻고자 했을 것이다.

아무튼 삼연은 '온유돈후'한 시의 도를 얻기 위해서는 지금까지 내려왔던 법이나 격·절주 등을 익힐 것을 주장했는데, 중요한 것은 진정한 학시 방법의 제시가 여기에서 멈추지 않았다는 점이다.

① 시의 도 됨을 가히 본받지 않을 수 없으나 가히 법에 구속될 필요는 없다. 나는 일찍이 주자가 시를 논한 것을 들었는데, 그 風雅正變을 나눔에 절연히 지극한 답이 아님이 없었다. 그러나 혹자들의 물음에 대답해 이르기를 '關關雎鳩는 어떤 곳에서 왔는가?'라고 하였는데, 명쾌하구나 이 말이여! 가히 천년의 굳은 견해를 깨고서 족히 聲病의 活句로 삼을 만하다.

② 대저 시라는 것은 어떻게 짓는 것인가? 性靈에 바탕을 두고서 物象에 가탁하여 청색과 노란색으로 꾸미면 文이 되고, 宮商의 선율을 쓰면 律이 되니 가히 일정한 규칙이라고 할 것은 없고, 오로지 변하여 나아가는 것이다.[20]

①에서는 작시에 있어 짜여진 법이 없는 것은 아니지만 거기에 굳이 얽매일 필요가 없다는 것으로 논지를 폈다. ②에서는 작시의 방법을 구체적으로 들고 있는데, 성령에 바탕을 두고, 物의 象에 기탁하여 시를 짓는데 어떻게 해서 文이 되고 律이 되는가를 말하였다. 이에는 고정되어 있는 법은 있을 수 없고, 항상 변화할 수 있는 유동성을 지닌 것으로 보고자 하였다. 즉, 삼연은 시에는 일정하게 정해진 법이 있음도 인정하지만, 반드시 꼭 그러한 한정된 법에 구속될 필요가 없다고 본 것이다. 이 말의 의미는 그 규정된 법을 뛰어넘어 자기 나름대로 또 다른 작시의 세계를 터득해야 한다는 말과도 통한다. 이러한 견해를 지니고 있었기 때문에 선조이후 내내 당시풍을 정해놓고 모방하는 데만 익숙해져 있던 전시대나 당대 조선의 문단 상황을 비판했던 것이다. 그리고 또한 그러한 비판적 인식이 바탕이 되어 나름의 작시 원리를 펴고자 했다. 그만큼 삼연은 시가 예술적으로 어떻게 형상화되어야 하는가를 항상 고민했다고 하겠다.

이러한 삼연의 학시 방법은 사뭇 농암의 학문 태도와도 일맥상통하는 점이 있다. 농암은 무死한 아들 숭겸에게 보내는 편지 내용 속에 '학문에 뜻이 없다면 절망스럽다. 그렇지 않고 학문을 하려거든 本書를 읽고 舊套를 변화시키지 아니함을 늘 반성하라.'[21]고 한다. 이는 비록 옛것을 익히더라도 거기에만 머물지 말고 새로운 것을 위해 변화를 시도하는 부단한 노력이 필요함

---

20) ①『三淵集』23, 何山集序. "詩之爲道 不可無法 不可爲法所拘也 不佞
嘗聞 朱子之論詩矣 其於風雅正變之別 非不截然至答 或人之問則曰關關
雎鳩 出自何處 快哉斯言 可以破千古膠固之見 而足爲聲病家活句矣" ②
『三淵集』23, 何山集序. "夫詩何爲者也 原於性靈 假於物象 靑黃之錯爲
文 宮商之旋爲律 不可爲典要 惟變所適."
21)『農巖集』11, 與崇謙. "汝若無意於學 則吾固絶望 不然則宜深悔前非大
變舊套 所讀本書."

을 말한 것이다. 따라서 삼연은 이렇듯 시에는 법이 있지만 거기에 구속되어 헤어나오지 않으면 안된다는 생각을 지니고 있었기 때문에 '漢詩는 진실로 漢詩가 아니요, 唐詩도 진실로 唐詩가 아니었으니 이내 곧 스스로의 한시요 당시였다.'[22]고 하는 강변을 토한다. 이는 농암이 말한 '唐人은 스스로가 당인이요, 今人은 스스로가 금인으로 서로 떨어짐이 천여 년이나 되니 聲音과 氣調가 같지 않다.'[23]고 하는 말과 흡사함을 알 수 있다.

삼연은 시가의 도를 '온유돈후'로 보고, 이러한 것을 나타내기 위해서는 일정한 격과 법 등이 존재해야 한다고 보았다. 따라서 1차적 학시 대상은 『시경』이나 『초사』·『고시선』·『당시품휘』 등에 나오는 시라고 보고서 이를 열심히 익힐 것을 권한다. 그러면서 이것을 학시 대상으로 삼은 논리적 근거를 주자의 학시 방법에서 찾고 있다. 주자는 비록 전문적인 시인은 아니지만, 그가 시를 배우는 대상으로 삼은 것은 과거부터 오랫동안 내려온 시문선집이었다는 것이다. 그렇지만 주자는 이를 학시 대상으로 삼아 익히는 데만 그치지 않고, 그것에서 새로운 경지를 얻으려고 노력했다고 한다. 삼연은 학시 방법을 세움에 주자의 이러한 태도를 본받아 옛것을 법으로 삼되 나름대로 새로운 시세계를 펼치는 것, 이것이 올바른 학시의 방법이고 태도라고 한다. 이는 어떤 면에서 보면 시는 개성과 시대성을 지녀야 한다는 말과 통한다고 하겠다.

---

22) 『三淵集』 23, 觀復稿序. "所謂漢者非眞漢 唐者非眞唐 而乃自已之漢與唐也."
23) 본장 인용문 1) 참조.

2. 天機論

1) 天機의 槪念

농암은 먼저 천기의 의미를 人僞와 반대되는 '자연스러운 그 무엇'이라고 한다.

> 대저 마음의 느낌이란 형체가 없으나 그 소리의 이룸은 지극히 현저하고, 소리의 움직임에는 방위가 없으나 그 사람을 감동시킴은 지극히 깊다. 이것이 天機의 지극히 묘함이 되니 가히 인위적으로 하고자 해도 그렇게 되지 않는다.[24]

마음의 느낌과 소리의 움직임에는 형체와 방위가 없는 데도 소리를 이루고 사람을 감동시킴은 지극히 현저하고 깊다고 하였다. 형체와 방위는 인위적인 것을 의미한다. 이는 사람의 힘에 의해 되는 것이다. 그러나 그렇게 억지로 하지 않아도 마음을 감동시키고 소리를 이룸은 현저히 드러난다고 했다.

그런데 많은 세상 사람들이 자연의 이치를 대하고도 그와 더불지 못하는 이유는 바로 천기가 얕기 때문으로 그것을 없애기 위해서는 다음의 노력을 기울일 것을 권한다.

> 세리가 밖에서 유혹하면 志意가 나뉘고 嗜欲이 마음에서 불타오르면 시청이 어두우니, 이와 같은 자는 어지럽고 발란하여도 오히려 그 몸의 소재를 알지 못하니, 또 어찌 완물하는데 겨를하여 그 낙을 얻겠는가? 무릇 오직 몸이 영욕의 경계를 벗어나고, 마음이 일과 행위의 겉에서 놀아 虛明靜一하여 이목의 가리운 바가 없으면 그 사

---

24) 『農巖集』 21, 送最良兄宰歙谷序. "夫心之感也無形 而其成聲至著也 聲之動也無方 而其感人至深也 此天機之至妙而不可以僞爲也."

물에 있어 그 깊음을 볼 수 있으니, 우리들 마음이 진실로 민연히 천기와 더불어 만날 것이다.[25]

즉, 勢利와 嗜欲은 志意를 나누고 視聽을 어둡게 하는 요인으로 이들이 있게 되면 物을 한가로이 완상할 수 없다고 한다. 따라서 物을 완상한 후에야 사물의 이치를 알 수 있을텐데 세리와 기욕은 이치를 막는 장애 요소가 되는 것이다. 여기에서 벗어나려면 榮辱을 떨치고 虛明靜一하게 耳目을 가리지 말아야 한다고 이른다. 그럴 때에 진실로 천기와 만날 수 있기 때문이다.

이는 『莊子』 大宗師篇에 나온 '嗜欲이 깊은 자는 천기가 얕다'[26]는 말과 비슷한 것으로 조선후기 晉菴 李天輔와 藥山 吳光運의 위항문학을 옹호하는 내용과 흡사하다. 즉, 진암은 시는 천기라고 하고서 그것이 사람에 깃드는 데는 지위를 가리지 않아 物累에 담백한 사람만이 얻을 수 있다고 이른다. 또한 위항인은 궁하고 천하기 때문에 功名과 榮利가 밖을 건드리지 않고 속을 어지럽히지 않아 온전히 天을 얻을 수 있다고도 하였다.[27] 그리고 약산은 위항인은 科擧에 의한 마음의 累가 없어 天性을 온전히 할 수 있다[28]고 하면서, 위항문학이 다른 사대부 문학보다 뛰어날 수 있는 점과 위항 계층이 문학을 해야만 하는 당위성을 부여해 준다.

---

25) 『農巖集』 24, 霽月堂記. "勢利誘乎外 則志意分 嗜欲炎於中 則視聽昏 若是者 眩瞀勃亂 尙不知其身之所在 又何暇於玩物而得其樂哉 夫惟身超乎榮辱之境 心游乎事爲之表 虛明靜一 耳目無所蔽 則其於物也 有以觀其深 而吾之心 固泯然與天機會矣."
26) 『莊子』, 大宗師篇. "其嗜欲深者 其天機淺."
27) 『晉菴集』 6, 浣巖稿序. "夫詩者天機也 天機之富於人 未嘗擇其地 而澹於物累者能得之 委巷之士 惟其窮而賤焉."
28) 『昭代風謠』, 昭代風謠序. "惟我國閭井之人 限於國制 科擧無所累其心……要之乎全其天性 發之天機 咨嗟詠歎 不能自已者 實岐鎬江漢之遺也."

이런 입장에 대해 사대부 계층에 있으면서 위항인의 신분적 고착화를 꾀했다는 부정적인 시각도 있지만, 사대부의 전유물로만 여겼던 시를 위항인도 지을 수 있다고 하여 위항인 자신에게 용기를 갖게 한 것은 분명하다. 유하가 1712년 『海東遺珠』를 펴낸 이래, 1737년 高時彦의 『昭代風謠』 편찬, 그 후 60년마다 『風謠續選』·『風謠三選』 등이 출간되었음은 이를 증명한다. 특히, 유하는 『해동유주』를 편 직접적인 이유를 '우리나라의 시는 채집되어 세상에 행하게 된 것들이 많은데, 위항인들의 시만 빠져 있어 애석하니 한번 채집해 보라.'고 한 농암의 말을 빌미삼아 시작하게 되었다고 한다. 이러한 언급을 통해서 농암도 진암이나 약산과 같은 시각으로 위항인을 바라보았음을 알 수 있다. 때문에 당시 위항인들 중에서 시로 이름을 날리던 유하에게 위항인만으로 이루어진 시집을 편찬하도록 권유했던 것이다.

농암은 천기를 인위와 반대되는 기약하지 않아도 저절로 되는 그 무엇이라고 정의했다. 그리고 그것을 온전히 얻으려면 세리와 기욕에서 벗어나 사물의 깊은 곳을 보아야 한다고도 말하였다. 여기에서 깊은 곳이란 사물의 이치를 이른다고 볼 때, 뒤 作詩論에서 이야기할 觀物觀과 서로 맞닿아 있다고 하겠다.

이상 농암이 말한 천기의 개념을 간추려 보았다. 그는 천기는 인위적인 것을 배제한 자연스러움을 의미한다고 말한다. 이러한 천기는 영리나 기욕에 의해 잘 드러나지 않을 수도 있는데, 이럴 때는 이목의 가리운 바를 없애고 사물의 깊이를 볼 것을 권한다.

한편, 삼연은 천기 뿐 아니라 天眞·天籟·天爲 등의 용어를 사용한다. 특히, 시에서 그 용례를 어렵지 않게 찾을 수 있는데, 천진·천뢰·천위는 모두 천기와 꼭 맞는 의미는 아닐지라도 어느 정도는 근접하다고 생각되어 천기 논의의 범위에 포함시켰다.

삼연은 莊子의 철학 세계에 몰입하는가 하면, 人物性論에서도

同論의 입장에 서 있었고, 거기에 도가와 유가적 사유를 공유한 소옹의 영향을 지대하게 받는다. 따라서 이러한 복합적 요인들로 인해 삼연의 物을 보는 태도는 인위적인 시비 판단을 하지 않는 장자의 齊物論的인 경향이 짙다고 생각한다. 이러한 관물관에 대한 이해는 삼연 천기론을 이해하는 요체가 된다.

먼저 삼연은 天機와 天理를 구분한다. 다음은 그와 관련된 글이다.

> 物理는 뒤섞였으나 妙함을 칭함이 있고, 가려내어 그 옳음을 구함이 있다. 化育流行과 上下昭著와 같은 것을 말한다면 飛潛動植과 橫竪顚倒가 모두 그 안에 있으니, 비록 암수가 뒤엉켜 어지럽고, 강약이 서로 능멸하고, 범과 표범의 울부짖음과 뱀이 또아리를 틀고 있는 것 등은 모두를 천기라 일컬어도 옳다. 만약 반드시 極本窮源하여 그 純粹와 至善만을 취한다면 까마귀의 仁과 범의 慈와 벌의 義와 징경이의 分別은 곧 天理가 된다. 하나는 形氣를 기준으로 본 活意이고 하나는 性命으로 본 正理이다.[29]

物理에 妙함과 是가 있다고 함은 서로 대립적인 양항이 존재함을 의미하는데, 이는 삼라만상 모든 물이 가지고 있다고 한다. 그러면서 암수가 뒤엉켜 있는 것, 강한 것과 약한 것이 서로 싸우는 것, 사나운 짐승의 울부짖음, 그리고 뱀이 또아리를 트는 것 등 형기를 본 것을 들어 천기라고 한다. 즉, 이들의 모든 행동은 인위적이지 않고 자연스럽게 그대로 그냥 자기들이 하고 싶은대로 할 따름인 것이다. 따라서 삼연이 말한 천기는 자연의 다른 일컬음인 것으로 판단할 수 있다.

---

29) 『三淵集』 33, 日錄己亥. "物理有混倂而稱其妙者 有揀別而求其是者 如言 化育流行 上下昭著 則飛潛動植 橫竪顚倒 擧在其中 雖牝牡之交亂 强弱 之相凌 虎豹之咆哮 蛇蛟之結蟠 摠謂之天機可也 若必極本窮源 取其純 粹至善 則烏之仁虎之慈 蜂蟻之爲義 雎鳩之有別 方是天理 一則從形氣 上看活意也 一則從性命上 認正理也."

그러나 仁·義·慈·分別 등 도덕적인 내용과 관련된 것들은 천기가 아니라 천리라고 한다. 이들 덕목은 사람들에 의해서 정해져 뭇 짐승에게 적용한 것이지 자연 그대로의 것은 아니기 때문이다.

천기 개념에 대한 삼연의 견해는 다음 글을 통해서 명확히 드러난다.

> 춥고 따뜻함을 알고 배고프고 굶주림을 아는 것은 물과 사람이 같은 것이니 인심이라 하고, 시비를 가리고 선함을 좋아하고 악함을 싫어함은 사람이 물과 다른 것이니 도심이라고 한다. 嗜慾과 천기는 진실로 서로 앗는 것이 되니, 인심의 묘가 또한 어찌 천기가 아니겠는가?[30]

여기서는 천기와 천리 대신 인심와 도심으로 나누어 천기가 무슨 의미인지 말하고 있다. 즉, 寒暖를 알고 飢飽의 느낌을 갖는 것은 物이나 사람 모두 같다. 이를 바로 人心이라고 한다. 이는 누가 시켜서 되는 인위적인 것이 아니라 자연스러운 것이다.

또한, 사람만이 가진 시비를 가리고 선을 좋아하고 악을 미워함은 道心으로 정의한다. 그리고 『莊子』 大宗師篇의 '其嗜欲深者 其天機淺(기욕이 깊은 자는 천기가 얕다)'는 말을 인용하여 천기와 기욕은 대립적인 것으로 인심이 바로 천기가 된다고 이른다. 따라서 도심은 자연히 기욕이 되는 것이다. 기욕은 즐거워하고 좋아하고자 하는 욕심을 뜻한다. 즉, 기욕이 깊다는 말은 좋아하고 싫어함의 시비 판단을 인위적으로 한다는 의미이니 삼연이 말한 도심과 연결된다고 하겠다.[31]

---

30) 『三淵集』 33 日錄己亥. "知寒暖識飢飽 物之所以同乎人 卽人心也 是是非非 好善惡惡 人之所以別乎物 卽道心也 嗜慾天機 固爲相奪 而然人心之妙 亦豈非天機乎."

31) 다음 시는 인심·도심 두 가지가 수시로 나타나는데, 形氣를 감동시켜 울리는 천기가 잘못 나오는 것을 읊은 것이다. 人道心爲兩 隨時互發生 休將形氣感 誤作天機鳴(『三淵集』 5, 感懷示敬明 其七의 1·2句)

이상은 농·연이 논한 천기의 개념에 대해 살폈는데, 두 사람은 천기를 인위와 반대되는 뜻으로 파악하고 있으며, 특히 삼연은 천리라는 말과 서로 상대되는 의미로 보고 있음을 알 수 있다.

2) 天機의 詩論的 展開

그러면 시에서의 천기는 어떤 의미를 가지는가? 농암은 천기를 언급함에 性情도 함께 운운한다. 다음 글은 그러한 내용을 담고 있다.

① 나는 시를 이르기를 성정의 산물이라고 하였는데, 오로지 천기에 깊은 자만이 능할 수 있다. 작은 일에 구애되고 미혹되는 자가 다만 성병과 격율에 구구히 하며 가슴 속에서 뽑아내 아로새겨 공교롭게 드러내어 스스로를 시인이라고 하니 이들에게 어찌 참된 詩가 있겠는가?

② 시라는 것은 성정의 발함이며 천기가 움직이는 것이다. 당인의 시는 이것을 얻었다. 때문에 初·盛·中·晚唐을 논할 것 없이 대저 모두 자연에 가깝다. 지금은 이것을 알지 못하여 오로지 聲色을 모상하고 氣格을 힘써서 고인을 추종하니, 곧 그 聲音과 面貌는 비록 혹 방불할지라도 神情과 興會는 도무지 서로 같지 않으니 이것이 明人들의 실수이다.32)

①에서는 '시는 성정의 산물'이라고 했고, ②에서는 '시는 성정의 발함'이라고 말하였다. 거기에 천기가 깊거나 잘 움직이는 정도에 따라 좋은 시가 되기도 하고 그렇지 못한 시가 되기도 한다는 논리이다.

---

32) ① 『農巖集』 25, 松潭集跋. "余謂詩者 性情之物也 惟深於天機者能之 苟以齷齪顛冥之夫 而徒區區於聲病格律 搯擢胃腎 雕鏤見工而自命以詩人 此豈復有眞詩也哉." ② 『農巖集』 34, 雜識. "詩者 性情之發而天機之動也 唐人詩 有得於此 故無論初盛中晚 大抵皆近自然 今不知此 而專欲摸象聲色 黽勉氣格 以追踵古人 則其聲音面貌 雖或髣髴 而神情興會 都不相似 此明人之失也."

그러면 성정과 천기는 무슨 관련이 있는가? 왜, 농암은 詩者性情之物, 詩者性情之發이라 하지 않고 거기에 다시 천기를 덧붙였을까?

조선시대 한시론을 보면 '詩發於性情', '詩性情也', '詩本於性情'이라고 언급한 것이 많음은 주지의 사실이다. 이러한 연유로 '性情論'이라는 용어를 자연스럽게 사용하게 되었다. 그래서 이를 '載道論' 아니면 '敎化論'과 같은 개념으로 파악하는가 하면, '性情之正'을 의미하여 '情'은 배제한 '性'만을 뜻하는 것이라고도 하였다.33) 또한 조선후기에 나온 천기론은 중기 성정론의 반론에서 나온 것이라는 의견도 있었다.34)

그러나 詩發於性情등의 언급은 시가 만들어지는 과정을 말한 것이지, 시가 무엇을 위해 어떤 역할을 함과는 무관한 듯하다. 즉, 시가 만들어지는 과정을 말한 것일 뿐 거기에는 원래 교화적이거나 재도적인 뜻이 담겨져 있지 않다는 의미이다. 그리고 또 만약 성정론의 반론으로 천기론이 형성되었다면, 농암이 말한 위의 두 인용문은 어떻게 이해해야 하는가? 성정과 천기가 서로 상반된다면, 반대되는 의미를 함께 사용했을리는 만무하기 때문이다.

다시 앞 인용 부분의 내용을 검토해 보면, ①에서 시는 性情의 산물이고 천리에 깊은 자만이 능할 수 있다고 하면서 작은 일에 구애되고 미혹된 자가 聲病과 格律에만 얽매이고 공교롭게 드러내어 시인이라 한다고 이른다. ②에서는 시는 성정의 발함이고 천기가 움직인 것이라고 하고서, 初·盛·中·晩唐의 모든 시는 이를 얻어 자연에 가깝다고 하였다. 그러나 지금 사람들은 이것을 잘 알지 못하기 때문에 겉모양만 추종하며 닮으려고 하니, 神

---

33) 趙東一, 『韓國文學通史』 3, 知識産業社, 1984, p.125.
　　　李敏弘, 『士林派文學硏究』, 螢雪出版社, 1985.
34) 趙東一, 전게서, p.127.

情과 興會가 같지 않게 되었다는 것이다.

이렇게 보았을 때 성정과 천기는 서로 분리할 수 없다고 생각된다. 엄밀히 따지자면, 성정은 시를 짓는 과정을 의미한다면, 천기는 그것(시)을 어떻게 드러내야 하는가와 관련된다고 하겠다. 즉 '시는 성정이다'는 것은 시적 발화의 발화 근원 및 과정의 한 단계에 초점을 둔 것이며, '시는 천기이다'는 말은 발화의 진행 방식에 초점을 둔 언급일 뿐[35]이지 서로 상반되는 의미가 아니다. 다시 말하자면, 성정으로만 시가 이루어진다고 본 것이 아니라 방법적인 의미를 담고 있는 천기가 필요하다는 논리이다. 이를 갖춘 唐詩는 모두 자연에 가깝다고 했다. 자연에 가깝다는 말은 인공적인 언어조탁·모방·답습 등을 배제했을 때 이루어지는 것으로 이해할 수 있다. 이것을 농암은 神情과 興會라는 말로 바꾸어 사용하고 있다. 그러면 신정과 홍회는 어떤 의미인가? 이에 대해 '시인이 객관 경물을 바라볼 때 자연스럽게 일어나는 미적 감홍의 고양된 순간'[36]이라고 한다거나 '物象을 통하여 인간의 오묘한 감정이 형용할 수 없는 경지에서 누릴 수 있는 詩興'[37]이라고 하는가 하면, 그리고 '어떤 의도를 가지고 작위적으로 쓰여지지 않은 시, 興이 모여지고 뜻이 이른 뒤에 무심히 發하여진 것이다.'[38]고 말한 견해들이 있다. 이는 신정과 홍회는 인간의 내면과 관련된 것으로 작위성이 없는 자연스러움을 그 요건으로 한다는 말과 같다. 즉, 신정이나 홍회는 감정이 있는 인간이면 누구나 가질 수 있고 나타낼 수 있으며 억지로 하려고 해

---

35) 金惠淑, 「韓國漢詩論에 있어서 天機에 대한 考察(2)」, 『韓國漢詩研究』, 韓國漢詩學會, 太學社, 1995, p.321.

36) 鄭雨峰, 전게 논문, p.205.

37) 蔡奐鍾, 전게 논문, p.148.

38) 任侑炅, 「18세기 天機論의 특징」, 『韓國漢文學研究』 19, 韓國漢文學會, 1996, p.243.

서 되는 것도 아니고, 각 사람마다 같게 나타날 수도 없다는 의
미로 풀이된다. 바로 개성적이라는 것이다.

이러한 자연스러움이 眞詩의 조건됨은 그 당시 자주 散見되는
데, 유하의 다음 글은 이와 관련되는 내용이다.

> 대개 고귀한 사람들이 위에서 한번 唱을 하면 가난한 선비들은
> 아래에서 고무되어 노래와 시를 지어서 스스로 읊는 것이 비록 그
> 학식이 넓지 못하고 자료(시의 재료)를 취하는 것이 원대하지 못하
> 나 天에서 얻은 까닭에 저절로 뛰어나고 맑으며 풍조가 唐에 가까워
> 진다. 대저 그 경치를 읊은 것의 맑고 막히지 않음은 봄의 새소리이
> 고, 서정의 비절함은 가을의 벌레 소리와도 같구나. 느끼어 울리게
> 하는 것은 천기 중에 자연 유출되지 않음이 없은 즉, 이러한 것이 이
> 른바 眞詩이다.[39]

위항 문학이 眞詩일 수 밖에 없는 이유를 설명하고 있다. 즉,
유하는 시를 잘 창작함은 배움이 많고 시의 재료가 풍부하다는
것과 무관하다는 논리로 위항인들의 시를 정당화시키는데, 결정
적으로 天에서 얻었기 때문에 가능하다고 본다. 天을 자연의 의
미로 받아들일 때 인위적으로 하지 않으려 해도 자연스러움이
유출되어 참다운 시가 되었다는 말이다. 이는 '시에 의도를 두지
않고 지어진 것이 천하의 眞詩이다.'[40]고 한 진암의 말과 서로
통한다고 하겠다.

이상은 농암이 말한 천기의 시론적 의미를 고찰한 것이다. 그
는 천기는 자연스러움의 의미를 담고 있으면서 성정과 반대되는
개념이 아닌 어떻게 표현하느냐의 문제로 神情과 興會가 매개되

---

39) 『柳下集』9, 海東遺珠序. "盖自薦紳大夫 一倡于上 而草茅衣褐之士 鼓
舞於下 作爲歌詩以自鳴 雖其爲學不博 取資不遠 而其所得於天者 故自
超絶 瀏瀏乎風調近唐 若夫寫景之淸圓者 其春鳥乎 而抒情之悲切者 其
秋虫乎 惟其所以爲感而鳴之者 無非天機中自然流出 則此所謂眞詩也."
40) 『晉菴集』7, 題默窩詩後. "無意於詩 而詩作者 天下之眞詩也."

어 眞詩를 만들 수 있다고 하였다.

그런데 농암은 반드시 實景物에서만 천기의 묘와 성정의 참다움을 볼 수 있다고 하지는 않는다.

> 시가의 도와 문장이 다른 것은 진정 虛景閒事를 많이 이야기하는 것이니, 고인의 묘가 도리어 여기에 많이 있습니다. 대개 비록 허경한사라고는 말하지만 天機의 활발한 묘와 우리들의 性情之眞은 실로 그 사이에 있으니, 사람들로 하여금 그것을 읽게 하면 구가음풍하고 감발흥기하여 말과 생각의 밖에 얻을 것입니다. 이것이 그 묘이니, 어찌 사리를 펼쳐놓고 고실을 늘어놓은 것으로 시를 짓는 자들이 능히 미칠 바이겠습니까? 그런 즉 지금의 시를 논하는 자들이 고인의 허경한사의 묘를 얻지 못한 것을 아프게 여겨야지, 허경한사가 병된다고 여기는 것은 부당한 것입니다.[41]

이 글은 동생 삼연과 졸수재와의 문학논쟁에 끼어들어 삼연의 문학에 대한 견해를 옹호하는 입장에서 나왔던 것이다.

시가와 문장의 차이에 대해 언급하기를, 시가는 虛景閒事를 많이 이야기할 수 있으나, 문장은 주로 사리를 펼쳐 놓거나 고실을 늘어놓는다고 한다. 이런 차이 때문에 시에서 천기의 묘와 성정의 진실됨을 구할 수 있고, 읽는 이는 감정이 활발하게 일어 말 밖에서 노닐 것이라고 한다. 이처럼 독자의 감정 상태까지 고려했음은 시를 성정을 도야하고 효용을 얻는 것과는 다른 별개의 것으로 생각했음을 의미한다. 따라서 이러한 농암의 시가를 보는 태도에 대해 '表現論的인 관점을 지니고 있음을 다시 한번 명백히 보여준다.'[42]고 한 견해에 어느 정도 동의하는 바이다.

---

41) 『農巖集』 12, 與趙成卿乙丑. "詩歌之道 與文章異者 正以其多道虛景多道閒事 而古人之妙 却多在此 盖雖曰虛景閒事 而天機活潑之妙 吾人性情之眞 實寓於其間 使人讀之 足以謳歌吟諷 感發興起 而得之於言意之表 此其妙 豈敷陳事理 排比故實 以爲詩者之所能及耶 然則今之論爲詩者 病不得古人虛閒之妙而已 不當槪以虛閒爲病也."
42) 張源哲, 전게 논문, p.50.

또한 농암은 졸수재가 시에서의 도리를 강조한 것에 대해 허경한사의 묘를 얻어야지 시의 참맛을 느낄 수 있다고 했다. 허경한사와 관련하여 다음의 시 한 수를 인용하겠다.

> 소옹의 선천도와
> 염옹의 태극권엔
> 음양이 서로 뿌리와 싹처럼
> 조화가 은밀히 옮겨 있네
> 예전엔 이 고서를 보면서
> 이 뜻 살폈으나 오히려 얕았는데
> 매화나무 아래 돌아가니
> 천기가 나타남을 만나는구나
> 邵氏先天圖　　濂翁太極圈
> 陰陽互根芽　　造化密移轉
> 宿昔玩陳編　　此意看猶淺
> 歸來梅樹下　　邂逅天機顯[43]

이 시는 중국 西湖 孤山에 은거하며 매화로 처를 삼고 학을 아들로 삼아 梅妻鶴子라는 별명을 가진 林逋의 작품 〈山林小梅〉 중 제3구 '疎影橫斜水淸淺(성긴 그림자는 얕고 맑은 물위에 비끼고)'이라는 부분을 원용하여 제목으로 삼은 것이다. 그 의미를 풀이하자면, 소옹의 '先天圖'와 주렴계의 '太極圈'에는 우주 만물의 이치인 음양이 있어 서로 조화를 이루고 있다고 한다. 이 조화를 예전에는 미처 깊이 있게 알지 못했는데, 매화나무 아래에서 비로소 천기를 만났다고 이르렀다. 여기서 梅樹는 실제로 존재하는 것이 아닌 虛景이다. 그럼에도 농암은 이 시에서 천기를 만났다고 했다. 어떻게 그것이 가능한가?

　『詩經』의 〈標有梅〉 이후 매화는 시의 소재로써 다양하게 쓰였다. 중국의 唐 때 宋璟의 〈梅花賦〉로부터 시작해 宋 때의 林逋·

---

43)『農巖集』5, 賦梅用疎影橫斜水淸淺爲韻 其七.

蘇軾·陸遊·朱熹 등이 매화시를 썼고, 우리나라의 경우 고려의 李奎報로부터 시작해 조선의 成三問·金時習·徐居正·李滉 등 많은 시인 묵객들이 매화를 그리거나 애찬하였다.44) 농암도 매화를 소재로 하여 쓴 시가 몇 편 있는데, 그 중 하나가 위의 시이다. 매화나무 아래에서 천기를 만났다는 것은 어떤 이치를 깨달았다는 의미도 될 수 있고, 지금까지 논의했던 천기의 의미를 되살려 자연스럽게 화합한다는 뜻으로도 받아들일 수 있다. 그러나 여기서는 이러한 천기의 의미를 따지기에 앞서 주목해야 될 부분은 허경인 매화나무로 인해 천기가 나타날 수 있다는 곳이다. 매화나무의 역할이 중요한데, 허경임에도 자아인 농암 자신과 서로 화합하는 모습을 보여주고 있기 때문이다. 즉, 자아인 농암과 세계인 매화나무가 서로 화합하여 자아는 세계를 통해 그 오묘한 자연의 이치인 음양의 조화로움을 느끼고 있다. 따라서 여기서 천기를 만났다고 함은 허경인 매화라는 물상을 통해서 이치를 자연스럽게 터득했다는 의미로 해석할 수 있겠다.

한편, 삼연은 인심이 인욕이 되어 본연과 천리를 져버리면 천기가 잘 울려나오지 못한다고 하며, 그 천기를 회복하는 방법을 제시하고, 어떤 방법으로 文辭가 형성되는가 하는 문제까지 언급한다.

> 이제 부귀에 처해 있어도 부귀에 얽매이지 않고, 患難을 행하여도 환란에 막힌 것을 하지 않아 그 가득차지 않은 것을 충만하게 하고 그 함께 가는 데에 유유하게 하여 이로써 그 몸을 마침에 累가 됨이 없으니 어찌 천지의 淸하고 通한 기를 얻지 아니하였겠는가? 만약 그러하다면, 그 성령의 쌓임이 반드시 그 영롱한 구멍을 뚫게 되어 物과 더불어 간격이 없어지고 발하여 문사를 하는데, 또한 장차 天眞을 움직여 촉발함이 있어 工을 기약하지 않아도 스스로 공교롭게 될 것이다. 대저 공교로움을 기약하지 않아도 스스로 공교롭다고 함은 청하고 통한 것이 묘하게 된 것으로 문장에 있어서는 특히 가히

---

44) 洪瑀欽, 『漢詩論』, 영남대학교 출판부, 1991, pp.97~116.

귀중하다고 할 만하다.[45]

西浦 金萬重의 문집 序의 내용이다. 요점은 서포가 부귀에 있
거나 어려움을 당해도 거기에 얽매이거나 휩쓸리지 않아 유유히
累가 됨이 없이 사니 淸과 通함을 얻었다는 것이다. 이러하니 性
靈이 쌓여 物과 더불 때는 我와 별로 차이가 나지 않고 글을 지
을 때도 天眞함이 자연스럽게 나와 공교로움을 기약하지 않아도
공교롭게 되었다고 한다. 문을 지을 때 이러한 것이 가장 중요하
다는 말이다.

청과 통은 '맑게 통한다'는 뜻이다. 이는 道眼으로 본다는
것[46]과 상통하는 의미로 생각할 수도 있는데, 앞에서 들었던 농
암의 말인 천기를 얻고 시를 짓는다는 것과 흡사함을 알 수 있
다. 농암은 '몸이 영욕의 경계를 벗어나고 마음이 일과 행위의 겉
에서 놀아 허명정일하여 이목의 가리운 바가 없어야 천기와 더
불어 만날 것이다.'라고 하였다. 그리고 또한 천기를 얻게 되면
신정과 흥회가 그를 도와 좋은 시를 이룬다고도 말하였다. 이것
은 인위적으로 할 수 있는 것이 아니라 영욕의 경계를 벗어나 이
목의 가리운 바를 제거한 후에야 가능하다는 논리이다.

그리고 '물과 더불어 간격이 없다.'고 함은 물아가 일치되는 忘
我의 세계를 일컫는다. 이럴 때 글을 짓게 되면 천진이 자연스럽
게 촉발된다는 것이다. 천진은 천기와 다름 아니다. 따라서 위의
글을 뒤이어 '천기의 드러냄은 진실로 모임이 있어야 하니 일을
할 때도 이에 이를 수 있다면 가히 근심함이 없을 것이다.'[47]라고

---

45) 『三淵集』 23, 西浦集序. "今有處乎富貴而不爲富貴所囿 行乎患難而不爲
　　患難所窒 沖乎其不盈 悠乎其與逝 以此終其身而無累焉 則豈非得天地淸
　　通之氣者乎 若然者其性靈所蘊 必其玲瓏穿穴 與物靡隔 而其發爲文辭
　　亦將有動觸天眞 不期工而自工者矣 夫不期工而自工 斯淸通之所以爲妙
　　而在文章 特可貴重."
46) 감산 지음·오진탁 옮김, 『감산의 장자 풀이』, 서광사, 1990, p.71.

말하였다. 여기서의 '모임'은 물론 청과 통한 기상의 모임이다.

그러면 청하고 통한 기상은 어떤 상황에서 형성되는가? 다음 시는 아가 물의 청하고 통한 기상을 만나 천기에 가까운 시를 만드는 과정을 말해주고 있다.

> 한 세상이 이루어지는데 뭇 묘함이 관여하는데
> 작은 화분 친절히도 봄 왔음을 알리네
> 뿌리는 떠서 차고 따뜻한 곳 밀추어 위로 옮기니
> 향이 眞情 妙合한 가운데 나오네
> 詩思 어찌 힘써 나아감을 용납하겠나?
> 천기 일찍이 人煙에 향하지 않았네
> 모두 장차 마음이 꽃 속에서 돌고
> 꽃밖엔 유유히 만사가 한가롭네
> 一閣眞成衆妙關　小盆親切驗春還
> 根浮冷煖推移上　香出眞精妙合間
> 詩思詎宜容力就　天機曾不向人煙
> 都將肺腑輪花內　花外悠悠萬事閒[48]

이 시에서의 物은 매화이다. 삼연은 물을 중요시하는 태도로 인하여 風花雲月을 소재로 한 시가 많은데, 그 중의 한 작품이다.

작은 매화 화분에서 계절이 바뀌었음을 알 수 있다는 것과 그 향이 묘한 가운데 나온다고 하여 신비스러운 분위기를 자아내고 있다. 이때 이미 아는 물인 매화에 몰입하여 망아의 상태일 수도 있다. 그리하여 시 지을 생각이 불현듯 이니 어찌 시 짓는 것이 취하려고 해서 취해지겠는가라고 한다. 청하고 통한 기운이 돌고 물에 의해 자신을 잃어 자연스러운 감정이 유출되었을 때 좋은 시가 될 수 있다는 말과도 같다.

이외에도 삼연에게는 청하고 통한 가운데 천기가 형성된다고 하는 내용을 담은 시가 많은데, 특히 매화를 소재로 한 시가 눈

---

47) 『三淵集』 23, 西浦集序. "天機之發 固有所會而能事至此 亦可以無憾矣."
48) 『三淵集』 6, 與仲氏同賞梅愛其一花孤明丁丑 其二.

에 띤다.49) 여기서의 매화는 實景이 아닌 虛景일 가능성이 높다. 즉, 농암은 허경한사도 천기를 발하게 할 수 있다고 했는데, 삼연도 이를 강조하였다.

여기서 잠시 삼연의 매화에 대한 관심도가 어느 정도인지 살펴보자. 먼저 그는 매화를 보는 방식을 다섯 가지로 나눈다. 첫째, 천기가 밖으로 드러나는 것을 완상하여 가지마다 태극이라 여기면서 즐기는 자가 있으니 주렴계나 소강절이 이에 속하고, 둘째 외로운 표상과 차가운 운취를 취하여 지기로 의탁하면서 즐기는 자가 있으니 중국 송 때의 임포와 같은 이가 이런 종류에 해당한다고 이른다. 그리고 세째 매화의 참다운 색태를 감상하고 깨끗한 향기를 거두어서 시의 홍취를 펴도록 돋구며 즐기는 자는 사인·묵객들이며, 네째 어여쁜 궁인들을 가까이 두고서 풍류를 이기지 못해 금장막을 걷고 술을 익혀 먹으면서 즐기는 자가 있으니 公子·王孫의 무리들이고, 마지막 다섯 번째는 눈 속에도 봄이 온 것 같다고 여기고 잎도 없이 꽃이 핀 것이 기이하다고 생각하는 자들은 속인의 안목에 속한다50)고 한다.

첫 번째 부류는 매화 가지에서 어떤 이치를 얻으려는 자들이고, 두 번째 유형은 매화로 처를 삼고 학을 아들로 여겼다(梅妻鶴子)고 하는 임포와 같은 隱子型이 포함되고, 세 번째는 매화를 소재로 취하여 홍이 나면 시를 쓰는 이들이 해당되며, 네 번째는 귀족적인 무리를, 그리고 마지막 다섯 번째는 능한춘신으로 매화를 보는 이들이 속한다고 하겠다. 이렇게 세세히 정리한 것을 통

---

49) 그 대표적인 경우로 松柏堂詠梅 又賦 其十四(『三淵集』 6)와 四友堂留宿 示主人仲裕(『三淵集』 6) 등이 있다.

50) 『三淵集』 36, 漫錄. "看梅花有許多般 有玩其天機呈露 箇箇太極而樂者 周邵諸賢是也 有取夫孤標冷韻 託爲知己而樂者 林逋輩是也 有賞眞色挹淸芬 助發詩興而樂者 詞人墨客是也 有親近國艶 不耐風流 褰金帳酌羔酒而樂者 公子王孫是也 有以雪中能春 無葉有花爲可異者 凡夫俗見是也."

해서 매화에 대한 관심 정도가 지대했음을 가히 짐작할 수 있다.

그러면 삼연의 시 속에 나오는 매화는 어떤 성격을 지니고 있는가? 단적으로 말하자면, 어떤 시비를 가린다거나 好惡을 드러내주지 않는다. 이는 我와 더불어 일치가 되어 위의 시 4구에서와 같이 '모두 장차 마음이 꽃 속에서 돌고 / 꽃 밖에는 유유히 만사가 한가롭다.'고 한 것에서 알 수 있다.

물아의 일치와 망아의 상태에서는 시비를 가리지 않는다. 시비를 가리지 않는 태도는 장자의 제물론적인 것과 관련이 깊은데, 다음은 이러한 것을 말해주는 대표적인 작품이다.

> 물고기 나랑 즐거움 같이 하지만
> 개구리 미움 받기 쉽지
> 좋아하고 싫어하는 것 오히려 번거롭다
> 천기 제 잘난대로 내버려 두는걸
> 魚是吾同樂　哇於物可憎
> 欣厭猶多事　天機任各能[51]

물고기는 나와 같은 즐거움을 가지고 있어 개구리보다 좋아할 수도 있는 물에 해당한다. 그러나 좋아하고 그렇지 않다고 말하는 그 자체가 번거롭다는 것이다. 호오와 시비를 가리기에 앞서 자연 그 자체대로 보라는 말이다. 이것이 삼연의 觀物 태도이면서 천기론의 요체라고 하겠다.

삼연은 천기와 천리를 구분하고서 자연스럽게 움직이는 것과 인과 물이 생리적으로 같은 것을 천기라고 하였다. 또한 그러한

---

51) 『三淵集』 15, 葛驛雜詠 其六十二. 이와 비슷한 시로 계곡의 〈蛙鳴賦〉라는 작품이 있는데, 齊物論的 시 의식을 보여주는 부분은 '芒蕩大包 萬類竝生, 稟形受氣 天機自鳴, 各率其性而宣其情, 非以供乎吾人之淰聆' 이다. 또한 유하도 유사한 시를 남겼는데, '野田鶉莫恨爾身微 得免爪攫充朝飢 乃知大小各有用 萬物皆天機'(『柳下集』 4, 野田鶉行의 일부분)의 시 내용이 제물론적 사고를 보여준다.

천기를 얻기 위해서는 청하고 통한 기운을 가져야 한다고도 말하였다. 그래서 그것을 얻게 되면 물에 아가 자연스럽게 흡수되어 글을 지음에 천진을 드러내고 공교롭게 하지 않아도 공교로와진다고 언급한다. 이는 거의 같은 시대의 문인인 月谷 吳瑗의 作詩 방법과 상통한다. 월곡은 '바야흐로 興이 모아지고 意가 이르러 그 無心이 발하여진 것은 일찍이 마음을 지니도록 해본 적이 없으며, 마음이 있어 이루어진 것은 반드시 無心하고자 애쓰지도 않았다.'[52]고 하였다. 이는 흥이 생기면 뜻이 이르러 그것에 억지로 인위적인 방법을 가하지 않아도 시가 된다는 말이다.

또한 谿谷 張維은 天機自鳴하면 물아가 일치되고, 그 다음 無極子之巧의 시가 이루어진다[53]고 했다. 이렇다고 했을 때 삼연 천기론은 계곡에게서 영향받아 형성되었다고 해도 과언이 아닐 것이다.

그리고 삼연은 천기를 『시경』과 연관지어 다음과 같이 서술한다.

> 程朱의 설은 모두 "그 말이 정당하기 때문에 雅는 風보다 낫다"고 했다. 그러나 (풍은) '天眞'이 드러나서 안배를 용납하지 않았으니, 街童이나 巷女의 口氣에서 나온 것이 많다고 생각한다. 저 노성한 사대부들의 붓에 먹물을 적시고 기초할 때 어떤 경우에는 여러 차례 字句를 고쳐 쓰게 된다. 그러면 비록 말은 정당하게 되나 조금 '天機'와 간격이 있게 될 것이다. 이렇기 때문에 동요는 터무니없는 것이기는 하나 대개 영험함이 많으니 귀신처럼 와서(영감이 내려)안배를 하지 않았기 때문이다. 풍과 아 사이에 虛實詳略으로 중간쯤 되는 것이 '小雅'이다. 그 절주가 점점 변한 것이 묘하고도 묘하니, 예컨대 "꾀꼬리가 날아서 관목에 모여드네 그 울음 꾀꼴 꾀꼴"하고 말하고 그칠 뿐, 다시 말을 덧붙이지 않았기 때문에 '풍'이 되는 것이요, "울음소리가 화기로운지라 그 벗을 구하는 소리로다"하고 또 "하물며 이 사람에 있어서랴. 벗을 구하지 않으리요"하고 거듭 말하면, 바로 말이 너무 상세해져서 '아'가 되지 않을 수 없다.[54]

---

52) 『月谷集』 9, 題詩稿後. "方其興會意到 其無心而發者 未嘗使之有心也 有心而成者 不必欲其無心也."

53) 鄭然峰, 「張維의 文學思想」, 『韓國文學思想史』, 啓明文化社, 1991, p.470 참조.

글자를 다듬어 쓴 사대부들의 시는 『시경』의 雅에, 그리고 어린 애들의 꾸밈없는 노래와 같은 것을 風의 부류에 넣어 아보다 풍이 천기를 더 많이 얻었다고 밝힌다. 그리고서 삼연 나름대로 풍과 아의 차이를 구별한다. 즉, 풍은 어떤 시가 이루어지고 나서 거기에 아무런 해석을 가하지 않은 것이고, 아는 시에 작위적인 해석을 가해 시의 의미를 풀이하는 것이라고 한다. 삼연은 어떤 실상을 두고 작위적인 시비와 호오를 가리지 말 것을 강조했는데, 시 해석에서도 같은 논리를 적용하여 풍과 아를 구분하고 있다.

아무런 안배도 하지 않은 어린애들의 노래가 천기를 담고 있다는 것은 서포의 '일반 백성들이 사는 거리에서 나무하는 아이나 물 긷는 아낙네가 咿啞하면서 서로 화답하는 노래는 비록 천박하다고 하지만, 만약 진실과 거짓을 따진다면, 참으로 學士·大夫의 이른바 詩니 賦니 하는 것들과 서로 논할 바가 아니다.'[55]고 한 말과 유사하다.

여항간의 樵童汲婦가 부른 노래는 민요로 보는 것이 옳을 것이다. 민요는 어떤 가식을 가하지 않은 자연스럽게 감정이 유출되어 나오는 노래이다. 이러한 노래를 서포는 지식을 갖추고 책상머리에서 지은 시보다도 더 높이 평가한다. 서포가 이런 의식

---

54) 『三淵集』 35, 日錄. "程朱之說 皆云雅勝乎風 以其語皆正當 而竊謂天眞呈露 不容安排 多在於街童巷女之口氣 若老成士大夫濡毫起草 容或有累次點竄 則命辭雖當 而稍與天機有間矣 以是之故 童謠沒巴鼻者 概多靈驗 以其神來而不安排也 風與大雅之間 虛實詳略之居中者爲小雅 其爲節拍之漸變也 妙妙 如黃鳥于飛 集于灌木 其鳴嗜嗜 只以是了之 更不道破 故爲風 嚶其鳴矣 求其友聲 又申說矧伊人矣 不求友生 則言之太詳 不得不爲雅."

55) 『西浦集』, 西浦漫筆. "閭巷間 樵童汲婦 咿呀而相和者 雖曰鄙俚 若論眞贋 固不可與學士大夫所謂詩賦者 同日而論." 서포의 이와 같은 논리는 湛軒 洪大容의 〈大東風謠序〉에서도 읽어낼 수 있다. "惟其信口成腔 而言出衷曲 不容安排 而天眞呈露 則樵歌農謳 亦出於自然者 反復勝於士大夫之點竄敲推 言則古昔 而適足以斲喪其天機也."

을 가지고 있었기 때문에 삼연은 앞 〈西浦集序〉에서 그를 가리켜 淸하고 通하여 부귀나 환란에 얽매이거나 막히지 않았다고 본 것이다. 그래서 餘事나 末藝인 시가 서포의 가슴 속에서 자연스럽게 나올 수 있었다고 한다.

> 대개 公(김만중)이 입신양명한 까닭은 本부터 末까지 오직 淸하고 通을 한결같이 했기 때문이다. 그렇기 때문에 富貴에 있어서나 患難에 있어서나 그 부귀와 환란을 굴릴 수 있었지만 부귀와 환란에 의해 옮겨지진 않았다. 그 대략이 이와 같으니 비록 餘事나 末藝라도 어찌 그 개인의 가슴 속에서 유출되지 않음이 있겠는가?56)

이는 비록 시의 가치를 餘事나 末藝로 보고 있지만, 흉중에서 나왔기 때문에 중요한 것일 수 있다는 의미로 풀이할 수도 있다.

이상 삼연의 천기가 시론에서 어떻게 전개되고 있는가를 검토하였다. 그는 청하고 통한 것이 모여 천기를 이룬다고 했는가 하면, 고전적 『시경』 논리에 천기를 대입시키기도 하였다.

그런데 『시경』의 풍이 동요나 민요적 성격을 띠고 있다는 견해는 삼연의 독단적인 것이 아니다. 이는 『시경』 풍에 대한 견해를 적은 문인들에게서 어렵지 않게 발견할 수 있다. 특히, 여항인들은 앞에서 이미 말했던 『장자』 대종사편의 '其嗜欲探者 其天機淺'의 천기 개념을 써서 자신들의 시가 사대부가 지은 것보다 眞情을 담고 있다고 본다. 그러면서 시는 신분의 귀천을 담지 않았다고 하는데, 『시경』에 있는 시를 인용하여 그것을 설명한다. 이와 관련하여 유하의 〈海東遺珠序〉 한 부분을 보자.

> 대저 사람이 천지의 가운데를 얻어 태어나 그 정이 느껴져 말로 발하여지면 시가 되는 것은 귀천없이 한가지이다. 이런 이유로 시 삼

---

56) 『三淵集』 23, 西浦集序. "槪公所以安身立命者 自本至末 惟一淸通而已 故在富貴在患難 能轉其富貴患難 而不爲富貴患難所轉 其大者如此 則雖 餘事末藝 何莫非此箇胸中流出耶."

백 편은 里巷에서 나와 가요로 지어진 것이 많아 우리 夫子께서 그
것을 취하셨다. 즉, 〈兎罝〉와 〈汝墳〉 등의 국풍시와 〈淸廟〉·〈生民〉
편을 풍아에 나란히 나열한 것이다.57)

〈兎罝〉·〈汝墳〉 등은 국풍시로 여항인 자기 자신들의 시와 동
류이고, 〈淸廟〉·〈生民〉 등은 아송시로 학식을 쌓은 사대부 계층
들이 지은 것과 같다고 보는 입장이다. 그런데 공자는 刪詩할 때
국풍시라고 해서 뺀 것이 아니라 『시경』에 아송과 함께 올려놓
으니, 자신들이 지은 시도 사대부들이 지은 것과 마찬가지로 가
치가 있다고 한 것이다.

삼연과 유하는 동년배로 忘形之交까지 맺어 절친했음은 이미
언급했다. 유하 뿐 아니라 당시 삼연을 따르던 여항인들이 많았
는데, 청하고 통한 기운이 모아지면 천기의 묘함이 이루어진다고
하는 삼연의 생각이 은연중 여항인들에게 영향미쳤을 것으로 생
각한다. 그리고 또한 삼연이 말한 '『시경』의 풍에서도 천기를 찾
을 수 있다'는 것에 고무되어 여항인 자신들도 시를 선집하는데
정신적인 도움을 받았을 것으로 여겨진다. 따라서 삼연 천기론은
이렇듯 시 창작 계층의 폭을 확대시켰다는 데에서 그 일차적 의
의를 찾을 수 있겠다.

---

57) 『柳下集』 6, 海東遺珠序. "夫人得天地之中以生 而其情之感而發於言者
    爲詩 則無貴賤一也 是故三百篇 多出於里巷歌謠之作 而吾夫子取之 卽
    兎罝汝墳之什與淸廟生民之篇 竝列之風雅……."

3. 作詩論

1) 觀物觀[58]

물을 어떻게 보느냐 하는 것은 인식론과 관련된 문제로 儒家
의 格物하여 致知한다는 것이 그 한 경우이다. 격물치지는『大學
』에 나오는 말로 이에 대한 주자의 주를 보면 '格은 至의 뜻이요,
物은 事와 같다. 사물의 이치를 궁구하여 그 極處에 이르지 않음
이 없고자 함이다.'[59]라고 하였고, 또 '致는 미루어 極에까지 이
름이요, 知는 識과 같다. 나의 지식을 극치에까지 미루어 그 아는
바를 다하지 않음이 없고자 함이다.'[60]라고 했다. 이의 뜻은 치
지하려면 먼저 격물해야 한다는 의미로 격물이 있은 연후에야
비로소 치지할 수 있다는 것으로 해석할 수 있다. 인간 세계의

---

58) 조선후기(특히 18세기)에 접어들면서부터 物에 대한 관심이 어느 정
  도였는지는 철학논쟁을 통해서도 알 수 있다. 이를 보통 人物性同異論
  爭 아니면 湖洛論爭이라 지칭하는데, 논쟁은『中庸』首章과『孟子』
  告子 上篇에 있는 朱子 註의 배치된 점에서 출발한다. 농・연은 주로
  人・物이 性에 있어 같다는 人物性同論(洛論)을 주장하는데, 이러한
  철학적 기반이 있었기 때문에 물을 어떻게 인식해야 하는가?의 문제
  를 깊이 있게 다루었을 것으로 보인다. 다음은 인물성동론의 내용이
  담겨있는 글이다.『農巖集』15, 與權有道尙游論思辨錄辨癸未. "天命之
  謂性率性之謂道(以下中庸), 性者萬物之一源 非人之所獨得也 故章句解
  天命之性 必兼人物而言 今某只言授與於人而遺却物字 是天命之性人獨
  有之而物不得與也 是全不識性命之理矣."『三淵集』35, 漫錄. "天命之
  爲性 天之爲稱有崇高意有浩大意 蓋大形殼而包道理者能産萬物于中 則
  大也 能降命令于下 則崇也 若以此天字 只言道理而已 則父母眞宰之意
  隱矣 語類諸說不一 在人細揀也 如云天命之性 是專言理 若云兼言氣 則
  便說率性之謂道 不去此與章句之訓 性則理也."
59)『大學』朱子 註. "格致也 物猶事也 窮至事物之理 欲其極處 無不到也."
60)『大學』朱子 註. "致推極也 知猶識也 推極吾之知識 欲其所知 無不盡也."

사물이 究明되어 거기에 내재하는 이치가 터득됨으로서 인간의
지적인 계발을 크게 이루어나갈 수 있게 되는데, 그런 바탕이 마
련된 뒤에야 인간은 자기의 意念을 조명하여 善·惡·邪·正의
윤리적 가치에 대한 명석한 통찰이 가능하다는 말이다.[61] 이러
한 격물치지의 성격을 볼 때 인식론의 범주에서 출발은 했지만,
선악의 도덕적 판단을 중시하는 도덕론으로 변모했음을 알 수
있다. 도덕론과 관련된 격물에 반해 순수 인식론이라 할 수 있는
觀物이 있다. 이는 觀照의 의미를 지니면서 중국 북송 때 邵雍이
즐겨했던 인식 방법으로 알려져 있다. 소옹은 『皇極經世』〈觀物
內篇〉에서 物은 궁극적으로 理致로 볼 것을 주장한다.

> 무릇 대상을 인식한다(觀物)는 것은 눈으로 인식함이 아니다. 눈
> 으로 인식함이 아니고 마음(心)으로 인식함이다. 마음으로 인식함이
> 아니라 理致로 인식함이다. 천하의 물은 理를 가지고 있지 않음이
> 없고, 性을 지니고 있지 않음이 없으며, 命을 지니고 있지 않음이 없
> 다. 理라고 이르는 것은 궁구히 한 이후에 아는 것이고, 性이라고 이
> 르는 것은 완전히 발현함으로서 알 수 있다. 命이라는 것은 거기에
> 이른 뒤에 알 수 있다. 이 세 가지는 세계에 있어 참된 지식이다.[62]

이의 해석에는 여러 설[63]이 있어 한마디로 단정지을 수는 없지
만, 인식에 있어 주관성을 배제하면 물아가 일체할 수 있다는 의미
로 풀이된다. 이러기 위해서는 아로 물을 보지말고 물의 입장에서
物을 보라고 한다. 그 근거는 다음의 구체적인 언급 때문이다.

> 성인이 모든 대상의 實情을 한결같이 파악할 수 있는 것은 反觀
> 할 수 있기 때문이다. 反觀한다고 함은 아로써 물을 인식하는 것이

---

61) 車相轅 역해, 『大學·中庸』, 한국교육출판공사, 1986, p.51.
62) 『皇極經世』 6 觀物. "夫所以觀物者 非以目觀之也 非觀之以目 以觀之
   以心也 非觀之以心 以觀之以理也 天下之物 莫不有命焉 所以謂之理者
   窮之而後可知也所以謂之命者 至之而後可知也 此三者天下之眞知也."
63) 李俸珪, 전게 논문, p.19.

> 아니다. 아로써 물을 인식하지 않는다는 것은 물로써 물을 인식함
> (以物觀物)을 가리킨다. 이미 물로써 물을 인식하는 데 또한 어찌
> 간극이 있겠는가?[64]

물로써 물을 본다고 함은 물 속에 이미 세계를 궁극적으로 포괄할 수 있는 이치가 내재되어 있음을 인정하는 것이다. 이를 통해서 볼 때 소옹은 우주론뿐 아니라 관물 태도에서도 도가적인 태도를 취하고 있음을 알 수 있다.

『莊子』〈齊物論〉을 보면 장자가 세계의 모든 물을 어떤 입장에서 파악하고 있는지를 알 수 있다. 한마디로 말하자면 理의 입장에서 세계의 모든 물은 道를 가지고 있다고 본다. 그것을 명백히 하기 위하여 작은 풀줄기와 큰 기둥, 문둥병 환자와 西施를 대조해 보이면서 이것이 비록 해괴망측한 대조일런지는 모르지만, 만약 그렇게 본다면 理象에 사로잡혀 있기 때문이지, 참된 도의 입장에서는 그 구별은 사라져서 다같이 하나가 된다고 한다.[65] 장자는 이것을 '사물은 저것 아닌 것이 없으며 옳지 않은 것이 없다.'[66]는 간단한 말로 일축하고 있다. 즉, 도의 관점에서 보자면 물과 아는 서로 일체를 이루고 있기 때문에 조화로울 수밖에 없는 것이다.

이상 소옹의 관물 태도를 살폈는데, 농·연의 물에 대한 인식 태도와 서로 통함을 알 수 있다.

먼저 농암의 물에 대한 인식 태도를 단적으로 알 수 있는 글로 〈三一亭記〉라는 樓亭記文이 있다. 삼일정은 백부의 亭子로 다른 누정기문과는 달리 농암 자신의 철학이 담겨 있어 세계관까지

---

64) 『皇極經世』 6, 觀物. "聖人之所以能一萬物之情者 謂其能反觀也 所以謂
   之反觀者 不以我觀物也 不以我觀物者 以物觀物之謂也 旣能以物觀物
   又安有於其間哉."
65) 李鍾殷, 『韓國詩歌上의 道敎思想 硏究』, 보성문화사, 1987, p.25.
66) 『莊子』, 齊物論, "物無非彼 物無非是."

파악할 수 있는 대표적인 문이라고 하겠다.

〈삼일정기〉의 내용은, 크게 세 부분으로 나눌 수 있다. 서두에서는 왜 삼일정이라 명명했는가 하는 取名 동기와 그 내력을 서술하고 있고, 가장 핵심적인 내용을 담고 있는 본론에서는 물을 어떻게 보는 것이 타당한가 하는 인식 태도에 대해서 언급했으며, 결론에서는 본론에서의 자기 주장과 삼일정이라는 취명이 합치되었음을 말하고 있다.67)

이러한 사항을 구체적으로 살피면, 서에서 삼일정이라고 하는 정자 이름은 '세 기둥에 한 대마루로 되어 있기 때문'에 얻은 것이라는 취명 이유의 근거를 제시한다. 이는 '三才一理의 뜻을 취한 것'으로 의도적으로 삼재일리를 보이기 위해서 지었는가? 아니면 지어놓고 보니 이러한 象이 되었는가 하는 반문으로 삼재일리의 뜻을 취한 이유를 서술하고 있다.

백부가 정자를 세우는 데 세 기둥밖에 세울 수 없어 그렇게 해놓고 보니 상이 그렇게 되었고, 이름을 붙여놓고 보니 그러한 뜻(三才一理)이 되었으니 자연적으로 그렇게 되었을 따름이라고 한다. 여기까지가 序의 내용이다. 인위적인 장치가 아니라 만들어놓고 보니 자연스럽게 삼재일리와 같은 오묘한 뜻을 가지게 되어 삼일정이라는 이름을 취했다는 것이다. 그러면서 본론 서두에 '그 어느 것이나 자연의 상을 갖지 않는 것은 하나도 없다.'는 말로 물을 어떻게 인식해야 옳은가 하는 문제를 구체적으로 제시한다.

대개 물을 잘 보는 사람들은 물을 물로써 보는 것이 아니라 상으

---

67) 〈三一亭記〉의 내용은 다음과 같이 분석할 수 있다. 序:亭在谷雲之華陰洞～是亦自然而已矣. 本:凡物於天地間者～譬之庖丁眼中無復有全牛焉. 結:今是亭也～非是亭之實也. 이에 대한 구체적인 사항은 蔡奐鍾의 전게 논문 pp.113～114 참조.

로써 물을 보며, 상으로써 상을 보는 것이 아니라 이치로써 상을 본
다. 상으로써 상을 보면 물에 지극한 상 아닌 것이 없고, 이치로 상
을 보게 되면 상에 지극한 이치 아닌 것이 없다. 비유하건대 庖丁의
눈에 다시 완전한 소가 없다는 것이다.68)

이는 앞에서 보았던 소옹의 관물 태도와 상통함을 알 수 있다.
단지 다른 점이 있다면 소옹은 眼 → 心 → 理로 옮겨가며 궁극
적 이치로써 물을 대할 것을 말했음에 반해, 농암은 物 → 象 →
理의 단계로 관물할 것을 제시했다. 여기서 한가지 덧붙일 것은
소옹이 말한 '以物觀物'과 농암의 '以物觀物'은 다소 다른 의미
를 지니고 있다는 점이다. 전자는 모든 만물에는 도가 내재해 있
다고 보고서 反觀할 것을 말했다면, 후자는 단지 현상적으로 드
러나는 물로써 물을 본다는 의미로, 소옹의 눈(眼)으로 본다는
것과 같은 단계로 받아들일 수 있겠다. 농암이 말한 '象'이란 心
象의 뜻으로 소옹이 말한 '마음(心)으로 본다'는 의미와 유사하
다. 따라서 어떤 사물이든지 의미를 부여하고 이치를 따지면 이
치 아닌 것이 없다고 하였다.
  그런데 농암은 이러한 이물관물의 태도는 단시간 내에 이루어
질 수 없다는 입장을 지니고 있었다. 이는 『장자』〈養生主〉에 나
오는 庖丁의 비유69)를 전거삼은 데에서 알 수 있는데, 처음에는

---

68) 『農巖集』 24, 三一亭記. "盖善觀物者 不以物觀物 而以象觀物 不以象觀
   象 而以理觀象 以象觀物 則無物而非至象也 以理觀象 則無象而非至理
   也 譬之 庖丁眼中 無復有全牛焉."
69) 『莊子』 제3편 〈養生主〉를 보면 庖丁의 비유가 나온다. 한 번은 포정이
   文惠君(梁惠王)을 위해 소를 잡은 일이 있었다. 문혜군은 그 소 잡는
   모습을 보고 감탄하면서 어떻게 그렇게 훌륭한 기술을 익혔느냐고 한
   다. 이에 대해 포정은 이르기를 道를 소 잡는데 응용했을 따름이라고
   한다. 그러면서 '제가 처음 소를 잡을 때에는 보이는 것은 소밖에 없었
   습니다. 그러나 3년이 지나자 소의 모습이 온전히 그대로 보이지 않았
   습니다. 지금에 이르러서는 소를 마음으로 만나지 눈으로 보지 않습니
   다. 눈의 감각 기능을 멈추고 마음의 눈을 손을 따라 놀립니다. 천리를

눈으로 물을 보는데 그치다가 점차 도가 닦여지고 세상 이치를 터득하다 보면 물로써 관물할 수 있는 단계에까지 올라갈 수 있다고 한다. 즉, 理로써 관물하기 위해서는 부단한 노력이 있어야 함을 말했다고 하겠다.

결문에서는 현상적으로 드러나는 세 기둥과 한마루의 모양 생김은 산중의 목동이나 나무꾼들이 모두 지목하여 말하는 것이지만, 백부는 홀로 理象의 묘로 이해했다고 한다. 산중의 목동이나 나무꾼은 아직 물의 이치를 터득하기 전의 부류라면, 백부는 이치를 터득한 사람인 것이다. 그리고서 다시 한번 '뒷날 이 정자를 오르는 자가 이 法象을 살펴보고, 대개 三才·一理의 상을 취했다 하면 옳커니와 만약에 꼭 그러한 상에 맞추어서 지었다고 말한다면 이 정자의 사실은 아니다.'[70]라고 하면서 글을 끝맺는다.

이러한 농암의 관물 태도는 자연스럽게 작시의 방법적인 면에 수용되어 내적 본질을 추구하는데 응용되었을 것으로 생각된다.

한편, 삼연의 물에 대한 인식 태도를 알 수 있는 글은 농암에 비해 체계적이지 못하다. 따라서 散見되는 것에서 물에 대한 인식 태도를 알아내야 하는데, 다음 글은 이와 관련되어 있다. 특이한 사항은 물에 대한 인식이 주로 자연경물에 한정되어 있다는 점이다. 이는 그의 깊은 산수 취향과 무관치 않을 것으로 짐작된다.

> ① 초목과 온갖 꽃은 아침에 피었다 저녁에 지지 않음이 없다. 陰陽屈伸의 묘함은 바로 이 꽃이 피고 지는 것을 보고 취한 것이다.

따라 큰 틈새를 열어제치고 빈 곳을 쳐 나갑니다.' (始臣之解牛之時 所見無非牛者 三年之後 未嘗見全牛也 方今之時 臣以神遇 而不以目視 官知止而神欲行 依乎天理 批大郤 導大窾)라고 말한다. 감산 지음·오진탁 옮김, 전게서, pp.113~115.

70) 『農巖集』24, 三一亭記. "後有登是亭者 觀於其法象 苟亦曰盖取乎則可也 如必曰 象之而後爲 則非是亭之實也."

② '逝者如斯'는 『莊子』에서 또한 '逝字'로 조화 유행의 묘로 삼았으니, 마치 '素逝'라고 이르고 안연히 '體逝'라 이르는 것 같음이 이것이다. 무릇 物이 가히 조화 유행에 비유되는 것이 내가 흐르는 것과 같음이 없으니 때문에 孔子가 이러한 감탄사를 냈던 것이다.

③ 흐르는 시냇물이 심히 귀를 시끄럽게 하여 그것이 싫어 없애려고 하면 더욱 더 시끄러움을 느끼고 아름다운 소리로 생각하면 그것과 하나가 되어 그 시끄러움을 느끼지 못한다. ……대개 막고자 하면 대립하고 같고자 하면 渾淪되는 이유가 여기에 있다.[71]

①에서는 초목과 꽃에서도 이치를 얻을 수 있음을 말하였고, ②는 『論語』에 나오는 말을 인용하여 『莊子』에서도 마찬가지로 만물의 자연스러운 유전이 있음을 언급하여 유가와 도가의 공통점을 제시했다. 그리고 ③에서는 흐르는 시냇물을 예로 들어 그것과 자연스럽게 합일되면 외물에 이끌리어 시끄러움을 느끼지 못하지만, 인위적인 힘을 가해 그것을 억지로 막고자 하면 대립하여 시끄러움을 느끼게 된다고 한다. 초목이나 꽃·계곡과 같은 것에서 이치를 터득할 수 있다고 함은 하찮은 물도 道를 담고 있다는 인식의 출발이다.

삼연은 이처럼 물과 아의 간격을 두지 않는 태도를 견지한다. 즉, 주체인 아와 객체인 물은 서로 격차가 없는 동등한 입장에 있는 것이다. 따라서 물과 아는 언제든지 융합할 수 있다. 삼연이 젊어서 장자의 철학 세계에 몰입하는 등 도가적인 성향을 많이 띠었는데, 그의 관물관에서도 도가적인 성향은 엿보인다. 이러한 물아일치의 태도는 작시상에서 정과 경이 간격없이 잘

---

71) ① 『三淵集』 33, 日錄己亥. "草木百花 莫不朝敷而暮斂 陰陽屈伸之妙 政好就此看 開落終始." ② 『三淵集』 33, 日錄己亥. "逝者如斯 莊子書中 亦以逝字爲造化流行之妙 如曰素逝 曰晏然體逝是也 凡物可比於造化流行者 莫如川流 故孔子發斯嘆也." ③ 『三淵集』 33, 日錄己亥. "溪流甚聒耳 惡之而欲其微則愈覺聒聒 以爲佳聲而與之脗合 則未覺其喧鬧……蓋阻則抵敵 同則渾淪故也."

융합할 때 가장 이상적인 시가 창작된다는 논리와 맞닿아 있다.

2) 詩의 形象化

(1) 形象化의 過程

모든 예술의 창작은 心을 가진 자아와 物이 내재된 세계의 접촉이 있을 때 가능하다. 특히, 실질적으로 눈에 보이는 實景에서만 창작되는 것은 아니고, 虛景에서도 얼마든지 가능하다.

예술의 한 영역인 문학도 마찬가지 방법으로 창작하고 형상화된다. '形象'은 '形'과 '象'의 복합어로 문학 작품이 생산되려면 단순히 心이 物을 만나는 데에서만 그치는 것이 아니라 거기에는 반드시 心의 역동적인 象이 있어야 하기 때문에 나온 용어이다. 이렇게 하여 문학 작품, 특히 문과 다른 시가 창작되는 과정을 나름대로 간단히 정리하자면, 어떤 개체가 가지고 있는 心이 物이라는 외계를 만나 象(image)이 그려져 이것이 말이나 글로 표현된 것이라고 하겠다.

그런데, 여기에 든 心과 物은 다른 용어로 바꾸어 自我와 世界,72) 內와 外로 지칭할 수도 있다.73) 그리고 情과 物, 情과 景, 意와 境으로도 대칭이 가능하다.74) 이들은 의미에 있어 다소 조금씩 차이는 보이지만, 어떤 한 문학 작품의 생성은 내적인 것과 외적인 것과의 만남이 있을 때 이루어진다는 점에서 모두 동일하다.

농암은 이중 景과 情의 만남에 의해서 시가 창작된다고 한다.

> 대개 이른바 景物을 묘사하고 事情을 논설하는 것이 시의 쓰임이다. 이 두 가지는 시 삼백 편에서 또한 가히 볼 것이다. 그러나 벌레,

---

72) 趙東一, 『韓國小說의 理論』, 知識産業社. 1977. p.103.
73) 李敏弘, 『朝鮮中期 詩歌의 理念과 美意識』, 성균관대학교 출판부, 1993. p.94.
74) 尹浩鎭, 『漢詩의 意味構造』, 法仁文化社, 1996. p.27.

물고기, 새, 짐승, 풀, 나무의 모습과 바람, 비, 해, 달, 눈, 서리, 추위, 더위의 변화를 말하는 것은 단지 경물에 탐닉하는데 그치는 것이 아니다. 요컨대 興을 일으키어 가탁, 비유하여 기쁨, 유쾌함, 원망, 괴로움, 울분, 슬픔, 즐거움 등의 감정을 표현하는 것이니 처음부터 그것이 판연히 둘인 것은 아니다. 그러나 시험하여 두 가지로 나아가 논한다면 景은 간묘하고 진실되어 물을 본뜨는데 깊어짐을 말하고, 情은 우유하고 완곡하여 사람에게 감동시키기를 잘해야 하는 것을 말한다. 이것이 시의 묘함이 되는 것이다. 唐詩는 비록 이와 같은 것은 얻지 못했으나 그 경물을 묘사하고 정을 말하는데 또한 때로 각각 그 묘함에 이르니 처음부터 마땅히 둘 사이에서 억양이 있는 것은 아니다.75)

경물에 사정을 논설한다는 것은 어떤 외물을 대하고서 이미지가 생겨 감정을 이입한다는 의미로 풀이된다. 이의 이러한 용례를 농암은 『시경』에서 찾고 있다. 가령, 蟲魚鳥獸와 山川草木의 모양, 그리고 風雨日月과 雪霜寒暑의 변화만 나타내는 것은 단지 留連光景, 즉 경물을 탐닉한 데만 그칠 뿐이므로 여기에서 멈추게 되면 시가 이루어지지 않는다고 한다. 이러한 자연경물을 보고서 起興託喩, 즉 흥을 일으키어 가탁해야 한 편의 시가 창작된다고 보았다. 여기서는 모든 감정의 상태인 歡愉·怨苦·感憤·哀樂을 표현함이니, 경과 정은 따로 떼어서 말할 수 없다고 한 것과 같은 맥락이다. 여기서 경은 자연적이고 현시적인 것만 들었는데, 물론 허경도 포함된다.

그러면서 경과 정의 차이를 언급한다. 즉, 경은 물을 본뜨는데 정미롭고 세세하게 해야 하며, 정은 완곡하게 하여 읽는 이에게

---

75) 『農巖集』 17, 答任大仲. "盖所謂描寫景物 論說事情 詩之爲用 惟此二端 觀於三百篇 亦可見矣 然其言蟲魚鳥獸山川草木之狀 風雨日月雪霜寒暑 之變 非止以留連光景而已 要以起興託喩 以發其歡愉怨苦感憤哀樂之情 則初未嘗判而爲二也 然試就二端而論之 景語簡妙眞切 深於體物情語 優 游婉曲善於感人 此詩之所以爲妙也 唐人之詩 雖不得例此 而其寫景言情 亦往往各臻其妙 初不當有所抑揚於二者之間也."

감동을 줄 수 있어야 함을 강조한다. 그래서 이렇게 감동까지 수반하게 되면 시의 가장 이상적인 妙를 얻을 수 있다고 한다. 이와 관련하여 唐詩에 대하여 말하기를, 당시는 이런 경과 정의 융합 상태까지는 이르지 않았으나, 경물을 묘사하거나 정을 말하는 데 때때로 시의 묘함에 이르렀다고 평가한다.

이는 시의 창작 과정에서부터 시작하여 가장 이상적인 시는 어떻게 이루어지며, 詩史的인 면에서 어느 시대의 시가 가장 이상적인 시의 형태를 이루고 있는가 등을 구체적으로 언급한 대목이다. 더 나아가 이의 내용은 『시경』〈毛詩序〉이래 있어온 서정적인 시의 형상화 과정과 표현 기법, 그리고 수사적인 문제까지 말하고 있다.

詩論史的인 측면에서 시의 형상화 문제에 관심을 보인 경우는 흔히 있었다. 먼저 『시경』 서의 내용은 시가 어떻게 만들어지는가 하는 문제를 보여준 한 예이다. 즉 '시라는 것은 뜻(志)이 가는 바이다. 마음(心)에 있으면 뜻(志)이 되고, 말(言)로 나오면 시가 된다.'76)고 하였다. '뜻이 가는 바'가 곧 시라고 하며, 그것이 마음에 있을 때에는 아직 시가 되지 않았다가 말로 표현되어 나오면 비로소 시가 된다고 한다. 이는 시의 형상화 과정을 이야기한 것 중에서 비교적 고전적인 것으로 서정적이고 주정적인 시는 어떻게 이루어지는가를 단적으로 말한 경우라고 하겠다.

또한 중국 梁나라 때의 劉勰은 그의 저작 『文心雕龍』을 통해서 시가 만들어지는 과정을 情과 物이라고 하는 요소를 들어 설명한다.

① 사람이 품부받은 七情은 객관 사물에 의해 감응을 일으킨다. 사물에서 감흥을 일으켜 뜻을 읊음에 자연스럽지 않은 것이 없다.

② 각 시기마다 그에 맞는 자연물이 있고 그 자연물은 각기 자신의 용

---

76) 『詩經』 毛詩序. "詩者 志之所之也 在心爲志 發言爲詩."

모를 지니고 있다. 인간의 감정은 자연물에 따라 변천하고 글은 감정
에 의해 촉발된다.

③ 대저 登高하여 시를 짓는다는 뜻은 대개 물을 보고 정을 일으킨다
는 것이다. 정은 물로써 흥하므로 그 뜻은 반드시 명쾌하고, 물은 정
으로써 보여지기 때문에 詞는 반드시 화려하다.[77]

①에서는 사람의 情은 일곱인데, 그것이 외계의 物에 부딪혀
느낌에 의해 뜻을 읊게되면 자연스럽지 않음이 없음을 말했고,
②에서는 각 시기마다 자연물의 형태는 다르므로 시대가 다르면
그에 따라 나타나는 인간의 감정도 다르게 나타날 수밖에 없다
는 것을 언급하였다. 바로 개성적인 정의 유출을 강조했다고 하
겠다. 그리고 ③에서는 정은 물에 의해서 興하기 때문에 뜻은 명
쾌하다고 했다. 흥에 대해서는 다시 뒤에서 상론하겠지만, 물과
정이 만나 서로 교융하게 되면 말로 표현할 수 없는 자연스러운
그 무엇이 流露된다고 보았음을 의미한다.

그후 이러한 유협의 시 형상화 과정에 대한 이론적인 틀은 많
은 이들에게 공감을 주어 物과 情이라는 말을 바꾸어 조금씩 다
르게 표현할 뿐 같은 논리로 전개시킨다.

농암의 위의 언급, 즉 시 형상화 과정도 『시경』서나 『문심조
룡』의 논리를 나름대로 정리하여 전개시켰다고 하겠다. 단지 유
협이 物과 情을 들어 이야기했다면, 농암은 景과 情을 시 형상화
요소로 들고 있다는 차이점이 있다. 즉, 유협은 물과 정의 통일에
의해서, 그리고 농암은 경과 정의 융합에 의해서 시가 이루어진
다고 보았다.

---

77) ① 劉勰, 『文心雕龍』 明詩篇. "人稟七情 應物斯感 感物吟志 莫非自然."
　　 ② ＿＿, 『文心雕龍』 物色篇. "歲有其物 物有其容 情以物遷 辭以情發."
　　 ③ ＿＿, 『文心雕龍』 詮賦篇. "原夫登高之旨 蓋睹物興情 情以物興 故義必
　　 明雅 物以情觀 故詞必巧麗."

또한 이 경과 정의 융합에 의한 시 형상화 문제는 농암이 처음 말한 것은 아니다. 오래 전부터 논의해 왔던 것인데, 謝榛은 그의 시화서인 「四溟詩話」에서 시는 정과 경의 융합에 의해 형상화된다고 한다.

> 시를 짓는 것은 情景에 근본을 두고 있으니, 어느 하나만으로는 이룰 수 없고, 두 개가 한데 모여도 서로 배치되지 않는다. ……경은 시의 媒介이고, 정은 시의 胚胎로 (이 둘이) 합해져야 시가 된다. 몇 마디 말로 온갖 형용을 統御하게 되니, 元氣가 渾成하여 그 넓기가 끝이 없다.[78]

시는 정이나 경 어느 하나만으로는 되지 않고 둘이 서로 배치되지 않은 상태, 즉 융합할 때 형상화는 비로소 가능하다고 하였다. 그러면서 경은 단지 시를 만드는 매개체의 역할을 할 뿐이지, 반드시 정이 있어야 함도 빠뜨리지 않았다. 이는 정·경이 서로 나뉘지만, 두 개가 서로 긴밀히 연관될 때 그 존재 의의를 찾을 수 있다는 말과도 같다.

사진의 위 언급은 농암이 앞에서 밝혔던 정·경이 융합할 때 시가 된다는 말과 가히 흡사하다. 이러한 논리는 현대 동양 시론을 설명하는 과정 중에서도 이야기되고 있는데, 그 한 예를 들어 본다.

> 시의 경계는 情과 景의 결합이다. 우주 속의 모든 사물들은 항상 변화 생성하는 중이며, 절대적으로 서로 같은 정취도 없고 또한 절대적으로 서로 다른 이미지도 없다. 情과 景은 相生한다. 그래서 시의 경계는 창조되는 것이며, '생겨나고 또 생겨나서 그치지 않는' 것이다. ……경은 각 개인의 성격과 정취의 반영이다. 정취가 같지 않으면 경이 비록 같다 할지라도 실은 같지 않다.[79]

---

78) 謝榛, 「四溟詩話」, "作詩本乎情景 孤不自成 兩不相背……景乃詩之媒 情乃詩之胚 合而爲詩 以數言而統萬形 元氣渾成 其浩無涯矣." 尹浩鎭, 전게서, p.35 재인용.
79) 朱光潛 지음·鄭相泓 옮김, 『詩論』, 東文選, 1991, pp.81~82.

시는 정·경의 결합에 의해 형성된다고 하면서, 각 개인의 정은 모두 다르므로 개성적인 시를 생성할 수밖에 없다는 것이다. 그러면서 정과 경은 서로 뗄 수 없기 때문에 시의 생산은 끊임없이 이루어진다고 하였다. 인류가 생긴 이래 시의 생산이 계속되었음을 생각할 때 수긍이 가는 내용이다.

이렇듯 시가 형상화되는 과정에 대한 언급은 고대로부터 시작해 현대까지 계속되고 있음을 알 수 있는데, 농암의 언급도 이런 맥락에서 이해해야 할 것이다.

그런데, 농암은 시 형상화 과정을 설명하면서『시경』의 경우를 예로 드는가 하면, 시는 留連光景에 그치는 것이 아니라, 더 나아가 起興託喩하여 감정을 표현하는 것이라고 하였다. 이는 경물을 보고 흥이 일어 거기에 의탁해 감정을 표현하는 시가 가장 이상적이라는 말이기도 하다. 그러면서 둘 사이에는 억양이 존재하지 않는다고 말하였다. 즉, 경과 정 모두 시에 있어 중요한 요소이기 때문에 어느 하나도 놓칠 수 없다는 뜻이다. 다시 말해 각자 의미를 부여하면서 둘이 융합하면 가장 좋은 시가 이루어진다고 보았다.

한편, 유련광경에 그친다는 것과 거기에 기흥탁유한다는 것은 시의 수사적인것과 무관하지 않다.

이를 밝히기 위해 다음 旅菴 申景濬의「詩則」내용 일부분을 인용하겠다.

情·物·事는 詩의 재료이다. 鋪陳은 그 사실을 곧바로 서술하는 것이고, 影描는 그 그림자를 그림으로 그려내는 것이다. 같은 산을 그리는데 있어 韓退之의 〈南山詩〉는 포진이 되고, 李太白의 〈蜀道難〉은 영묘가, 그리고 같은 음악을 소재로 한 시일지라도 白樂天의 〈琵琶行〉은 포진이고, 賈浪仙(浪仙은 賈島의 호)의 〈擊甌歌〉는 영묘이다. 시를 짓는 법이 많기는 하나, 이 두 가지에서 벗어나지 않는다. ……당나라 사람은 光景을 기술하기를 좋아해서 그 시에는 영묘가 많고, 송인은 의론 세우기를 좋아하여 그 시는 포진이 많다. 대저 광경을 기술함은 國風의 나머지에서 나왔는데, 眞厚한 맛이 꽤나 적고, 의논을 세움은 兩雅(『시경』의 大雅와 小雅)에서 나왔는데, 단정하는 자취를 완전히 드러내었다. 모두 처음에 삼백 편의 나머지에서 나오지 않은 것이 없건만, 삼백 편과 비교해 보면 먼 차이가 난다. 세상 사람들은 모두 '당나라 사람은 시로써 시를 하고 송나라 사람은 문으로써 시를 쓰니까 진실로 당은 송보다 낫고 송은 당보다 떨어진다.'고 생각한다. 이는 당시는 영묘가 많고 송시는 포진이 많은 까닭에서이다. 그러나 송시가 당시보다 못한 것은 氣와 格이 모두 떨어지기 때문이지 포진이 본디 영묘보다 못해서 그러한 것은 아니다.[80)

여암은 농암 死後 세상에 나온 南人系 문인이다. 그는 시와 관련된 모든 요소를 도식화하여 「詩則」을 엮었는데, 당시 어린 학생들의 學詩 방편으로 삼을 목적이었다고 한다.[81) 이는 여암의 개인적 창작에 의해서 나온 것이 아니라 古今의 여러 책들을 참고로 하여 엮었다고 보는데, 농암이 쓴 위의 글을 접했을 수도 있다. 여암이 「詩則」을 통해 보다 더 구체적이고 세세하게 시의 이론을 언급하고 있기는 하지만, 그 형상화 과정 중 있게 되는 수사 표현의 문제를 보는 시각이 농암과 많은 부분에서 닮아 있기 때문이다.

여암은 먼저 시의 재료로 情·物·事를 들고 있다. 농암의 그것과 대비했을 때 여암의 物과 事는 농암의 景에 해당된다고 하

---

80) 『旅菴遺稿』 8, 詩則. "情物事 詩之材料也 鋪陳者 直敍其實也 影描者 繪象其影也 同一山岳 而韓退之之南山詩 是爲鋪陳 李太白之蜀道難 是 爲影描同一樂律 而白樂天之琵琶行 是爲鋪陳 賈浪仙之擊甌歌 是爲影描 詩之作法雖多 而無出於此二者矣……唐人喜述光景 故其詩多影描 宋人 喜立議論 故其詩多鋪陳 大抵述光景 出於國風之餘 而頗小眞厚之味 立 議論 出於兩雅之餘 而全露勘斷之跡 俱未始不出於三百篇之餘 而其視三 百篇亦遠矣 世之人 皆以爲唐人以詩爲詩 宋人以文爲詩 唐固勝於宋 宋 固遜於唐 此以唐詩多影描 宋詩多鋪陳故也 然而宋之不如唐 是固氣格俱 下之致也 非出於鋪陳素不如影描而然也."

81) 여암의 「시칙」과 관련된 논의는 뒤 제2부 4장 참조.

겠다. 또한 표현 방법으로 鋪陳과 影描를 들고 있다. 여암의 논리대로라면 포진은 어떤 사물의 형상적으로 드러나는 모습만 그리는 한 기법이고, 영묘는 사물을 본 시인의 마음에 다시 한번 그 사물이 되비치어 원래 그 모습이 아닌 또 다른 모습을 시로 나타낸다는 의미로 풀이할 수 있다. 따라서 포진의 기법은 시인의 감정이 삽입될 여지가 없지만, 영묘는 시인의 감정이나 정감이 시에 이입될 수도 있다. 그러면서 여암은 시를 짓는 방법이 많기도 하지만 여기 둘에서 크게 벗어나지 않는다고 하였다.

그리고 唐詩에는 영묘가 많고 宋詩에는 포진이 많은데, 이들은 모두『시경』에서 그 연원을 찾을 수 있다고 하며, 많은 사람들이 영묘가 많은 당시를 포진이 위주인 송시보다 우위에 둠을 비판한다. 즉, 송시가 당시보다 못한 이유는 포진·영묘와는 무관하다는 것이다.

이상 여암의 시에 대한 논리를 정리했는데, 이를 다시 농암의 것에 대비해 보겠다. 농암은 단지 경물에 탐닉하는 것을 '유련광경'이라고 하였다. 그리고 여기에 '기흥탁유'하여 표현하면 경에 감정이 이입되어 시가 이루어진다고 보았다. 그러면서 그것은 판연히 둘이 아니며, 억양이 있는 것이 아니라고 밝혔다. 즉, '유련광경'에서 '기흥탁유'로 나아간다는 것은 당나라 사람이 述光景을 좋아해 영묘를 많이 한다는 것과 흡사함을 알 수 있다. 만약 '유련광경' 그 자체에만 머무른다면, 송시에서 많이 썼던 포진의 표현 기법에 해당될 것이다.

여기서 한가지 덧붙일 것은 이들과『시경』의 수사법인 賦比興과의 관련성이다. 그동안 이들 부비흥의 개념 정의는 다양하게 펼쳐졌다. 보편적 관점에 의하면 부는 어떤 물상을 감정의 개입 없이 직서적으로 표현한 것을 말하고, 비와 흥은 간접 표현법으로 거기에는 의미를 부여한다든지 감정이 이입될 수 있다. 이것

을 여암과 농암의 표현 기교에 대입시킨다면, 포진은 부이고 영묘는 비와 홍이 될 것이다.[82]

다시 말해 농암은 시와 문의 차이를 인식하고서, 시가 창작되어지는 과정을 상술했는데, 이는 시 장르 중에서도 서정적 양식의 창작 과정을 말했다고 하겠다. 이러한 사정은 다음 글을 통해서 감지할 수 있다.

> 지금 반드시 경물을 묘사하는 것으로 본색을 삼아서 비유한다면 頓悟가 되고, 사정을 논설하는 것은 본색이 아니니 비유컨대 漸悟라 하겠다. 이 논리가 비록 嚴羽를 바탕에 둔 것 같지만 사실은 같지 아니함이 있다. 대개 저 이른바 本色과 悟門이라고 하는 것은 다만 흥취를 빛내 언어의 말절에 떨어지지 않는데 있다. 마치 물속의 달과 거울 속의 모양과 같아서 말은 다함이 있으나 뜻은 그치지 않는 것이다. 이는 경물을 묘사하고 정을 말하는데 선택하지 않아도 모두 그 묘함이 있는 것이니, 대저 어찌 지금 사람의 이른바와 같겠는가?[83]

시에 있어 경물을 묘사함은 본색이고, 사정을 논설함은 본색이 아니다라고 한 것은 일면 농암이 시의 양식 중에서도 서정시를 가장 우위에 두었다는 말이기도 하다. 이를 頓悟와 漸悟로 비유하여 설명하고 있다.[84] 즉, 경물을 묘사함은 돈오라고 했으니, 어

---

82) 賦에 鋪陳을 그리고 比와 興에 影描를 관련시킬 수 있는 논리에 대한 뒷받침은 다음 稽哲의 賦比興에 대한 정리에서도 알 수 있다. 賦는 사물에 따라 형식을 부여한다는 뜻인 수사법 중 포진법(직서법)이다. 〈賦爲隨物賦形之義 乃修辭之鋪陳法〉比는 수사법 중 상징법이다. 〈比爲修辭中之象徵法〉興은 수사법 중 연상법이다. 〈興爲修辭中之聯想法〉洪瑀欽, 『漢詩論』, 영남대학교 출판부, 1991, p.249 재인용.

83) 『農巖集』 17, 答任大仲壬午. "今必以描寫景物者 爲本色而譬之悟禪 論說事情者 非本色而譬之漸敎 此論雖似本於嚴羽卿 而實有不同者 盖彼所謂本色悟門 只在於興趣玲瓏 不落言筌 如水中之月 鏡中之象 言有盡而意無窮 不揀寫景言情 皆有此妙 夫豈如今者之云哉."

84) 禪宗 가운데는 이른바 南頓·北漸의 설이 있다. 彗能을 창시자로 하는 南宗 禪學은 경전의 학술을 중시하지 않고, 어떤 돌발적인 기록으로 인생의 지극한 이치를 깨달아 문득 성불하는 것을 추구하였다. 이것이 이

떤 순간적인 영감에 의해 작품이 이루어진다는 뜻이고, 사정을 논설함은 순간적 영감과 무관하게 점차 깨우치는 가운데 천천히 만들어지기 때문에 점오라고 했다.

중국시론사 중 시를 禪學과 연관지은 사람은 더러 찾아볼 수 있다. 특히, 엄우는 '시를 배우는 사람은 식견을 위주로 해야 한다.'[85]고 하였다. 또한 '〈楚辭〉나 〈古詩 19首〉와 樂府 4편을 읽고 李陵·蘇武와 漢·魏時代의 오언시를 숙독하고서 이백·두보의 시집을 베개삼고 경서를 읽히듯 한 후에 盛唐 작가들의 시를 두루 지나 마음 속에서 잘 발효시키면 오래 지나 저절로 깨닫게 된다.'[86]고 하여 시를 터득하는 방법을 밝혔다. 이렇듯 엄우가 禪에 시를 비유하여 설명한 것은 시가 이론이 현묘하다고 인식했기 때문이다.

그런데, 시를 돈오라고 한 농암은 자신의 논리가 엄우에 바탕둔 것 같지만, 사실은 같지 않다고 토로한다. 그러면서 本色과 悟門이란 興趣를 영롱하게 하여서 언어의 말절에 떨어지지 아니하고 말은 다 하였어도 뜻은 남는, 즉 言有盡而意無窮의 의미를 담고 있다고 하였다. 여기서 주목을 요하는 것은 농암의 이러한 언급은 엄우가 이미 했다는 점이다.

엄우는 시의 법으로 體製와 格力·氣象·興趣·音節 등을 든다. 그러면서 '성당의 여러 시인들은 오로지 興趣에 있다. ……그러므로 그 묘처는 투철 영롱하여서 가히 모이지 아니함이 없으

른바 '頓悟'이다. 그러나 神秀를 창시자로 하는 北宗 禪學은 여전히 불경을 받들어 근거로 삼아 깊은 성찰을 통해 점차 깨달아 마침내 '大徹大悟'의 경지에 도달하고자 했다. 이것이 바로 '漸悟'이다. 周勳初 지음·중국학연구회 옮김, 『중국문학비평사』, 이론과 실천, 1992, p.196 참조.

85) 嚴羽, 「滄浪詩話」, "學詩者 以識爲主."

86) 嚴羽, 「滄浪詩話」, "先須熟讀楚辭 朝夕風詠以爲之本 乃讀古詩十九首 樂府四篇 李陵蘇武漢魏五言 皆須熟讀 卽以李杜二集枕籍觀之 如今人之治經 然後博取盛唐 名家醞釀胸中 久之自然悟入."

니 마치 허공 가운데의 소리나 相 가운데의 빛깔, 물 속의 달, 거울 속의 모양과 같이 말은 다하여도 뜻은 다함이 없었다.'[87]는 논리를 편다. 앞에서 농암이 말한 내용과 거의 흡사함을 알 수 있다.

그런데 왜 농암은 엄우와 다르다는 차별 의식을 지니고 있는가? 이는 엄우의 詩話書인「滄浪詩話」가 어떤 배경에서 나왔는가와 관련되며, 주로 學詩의 전범으로 무엇을 염두해 두었는가와 연관되는 문제이다.

엄우는 학문으로써 시를 짓는 江西詩派의 반동으로 시론을 형성한다. 따라서 투철한 깨달음으로 시에서 이치를 배제할 것을 강조한다. 홍취를 말한 것도 이런 논리에서 나온 것이라고 하겠다. 그러면서 성당시는 이 홍취를 얻었으니, 성당시를 학시의 전범으로 삼고 이를 모방할 것을 주장한다. 그런데 문제는 성당시를 표방하여 만당시나 강서시파에 반대할 줄만 알았지, 현실 생활이 문학의 원천이라는 점을 깨닫지 못했다[88]는 데 있다. 시를 학문의 연마와 같은 것으로 생각한 강서시파의 반동으로 새로운 시론을 형성한 것까지는 좋았는데, 엄우도 결국은 시대성을 생각하지 않고 무조건적인 성당 모방의 기치를 내걸었다. 따라서 엄우의 시론을 그대로 따른다면 개성적인 시는 생산될 수 없을 것이라고 농암은 생각한 것이다. 때문에 자신의 이론은 엄우의 것과 다른 면이 있다고 보았다.

한편, 삼연도 시 창작 방법에 대해 고민하고 그것을 체계화시키려고 노력한다. 그는 먼저 시는 성정이 발로된 것이다[89]고 한

---

87) 嚴羽,「滄浪詩話」, "盛唐諸人惟在興趣……故其妙處透徹玲瓏 不可湊泊 如空中之音 相中之色 水中之月 鏡中之象 言有盡而意無窮."
88) 周勳初 지음·중국문학연구회 옮김, 전게서, p.198.
89)『三淵集』19, 與士敬別紙. "詩是性情之發 觀其用意轉節 牽連依違 間亦有之於此亦可虛見心術影子耶."

다. 이 성정은 거리낌이 없는 진실된 마음을 뜻한다고 할 수 있
겠는데, 이에 대한 자세한 의미는 다음 글을 통해서 알 수 있다.

> 오로지 情이 진실되고 事를 정성스럽게 하면 때때로 공교로움을
> 기약하지 않아도 스스로 공교롭게 된다. 읽는데 그 摸寫하고 逼眞에
> 가까운 것에 이르면 완연히 몸에 경험하게 되어 神이 융합한다. 진
> 실로 具眼이 있고 篇什의 적음이 아니다면 그 깊음을 볼 것이니 가
> 히 성정이 발로된 것을 알게 된다.90)

情과 事라고 하는 시 형상화의 요소를 말하고 있다. 농암은 이
를 情과 景이라고 했다. 둘 사이에는 의미에 있어 다소 차이는
있지만, 정이 자아와 관련된 내적인 특징을 지니고 있다면, 事와
景은 외계의 물을 의미한다고 하겠다.

삼연은 정이 진실되고 사를 정성스럽게 하면 공교롭고자 노력
하지 않아도 저절로 공교롭게 된다고 하였다. 이는 사물을 대함
에 자아에 내재되어 있는 정이 진실되어야 함을 말한 것이다. 또
한 정과 사의 융합으로 모양을 베낀 듯하고 진실에 가까우면 그
것이 몸에 자연스럽게 경험하게 되어 神融의 상태에 이른다고
하였다. 아울러 시에 대한 안목을 지니고 있고 창작한 시가가 적
지 않다면, 신융의 깊음을 보아 진실된 정인 성정이 시에 발로된
것을 알 것이라고 주장한다. 바로 정과 경이 자연스럽게 융합되
어 궁극적으로 신융의 상태에까지 이르게 되면 시는 성정의 발
로에서 나온 산출물임을 알게 된다는 의미이다. 여기서의 신융은
창작 과정상 겪게 되는 최고의 상태로 삼연이 시 형상화 과정에
서 중요하게 생각하는 미적 체험이라고도 할 수 있다. 이는 또한
농암의 '흥취를 빛내 언어의 말절에 떨어지지 않는다.'고 하는

---

90) 『三淵集』 23, 隱坡詩稿序. "惟其情眞事切 故往往不期工而自工 讀至其
摸寫襯逼處 宛若身履而神融焉 苟有具眼 不以篇什之尠 而觀其深焉 則
可知爲性情所發矣."

최고도의 미적 체험 상태인 '흥취'와 비슷한 단계의 예술미라고 하겠다. 그래서 농암이 '흥'에 의해 작가와 작품평을 하였듯이 삼연도 '신'을 작가와 작품평의 기준으로 정하고 이에 맞추어 행하고 있는 것이다.

神은 원래 자연 현상의 신비함을 뜻했다. 그러던 것이 나중에 철학과 각 예술 방면의 최고 예술미로 자리를 잡는다. 철학 방면의 그 첫 쓰임은 『장자』〈양생주〉12 庖丁의 解牛에서이다.[91] 『장자』 포정의 비유를 보면 삼연이 말한 신융이 이르게 되는 것과 거의 흡사함을 알 수 있다. 『장자』에 나오는 포정과 소를 삼연의 정과 사에 대비시켜 볼 때, 『장자』에서는 포정이 소와 서로 하나가 될 때 신을 만나게 된다고 했는데, 삼연은 정과 사가 서로 진실되고 정성스러워 잘 융합하게 되면 인위를 가하지 않아도 자연스럽게 공교로와지며 사실적인 묘사에까지 이르게 되어 신이 서로 융합한다고 했기 때문이다.

이렇듯 철학적 의미로 쓰이던 장자의 신이 미학으로 본격 수용된 것은 중국 梁때 劉勰부터이다.

> 그러므로 생각의 이치가 오묘하게 됨은 神과 物이 교유하기 때문이다. 신이 가슴에 있을 때에는 志氣가 그 관건을 통제하게 되고, 사물이 이목을 좇게 되면 응대하는 말이 그 樞機를 관장한다.[92]

이는 문학에 있어 상상력의 중요함과 그것에는 한계가 없으며, 생각이 왜 오묘하게 되는가 하는 그 이유를 설명한 내용이다. 그것은 정신을 뜻하는 신과 외계의 물이 서로 교융하기 때문이라고 한다. 즉, 유협은 신을 자아에 내재되어 있는 情이나 意와 같은 의미로 사용하고 있음을 알 수 있다. 따라서 그에게 있어 신

---

91) 본 논문 제3장 觀物觀 참조.
92) 劉勰, 『文心雕龍』 神思. "故思理爲妙 神與物遊 神居胸臆 而志氣統其關鍵 物沒耳目 而辭令管其樞機."

은 앞에서 보았던 장자의 신과 다르다. 유협은 문학의 형상화 과정 중 필요한 요소로써 신을 받아들였다면, 장자는 어떤 일을 하는 과정 중 물과 서로 교유했을 때 자신도 모르는 사이에 자연스럽게 도래하는 것으로 신을 사용하고 있기 때문이다.

문학론에서 신의 의미를 삼연이 언급한 신융과 같이 사용한 경우는 엄우이다. 엄우는 盛唐의 시 그 중에서도 李白·杜甫의 시를 가장 이상적인 것으로 받아들이면서 다음과 같이 자신의 견해를 밝힌다.

> 대저 禪道는 오로지 妙悟에 있다고 하는데, 시도 또한 묘오에 있다. ……시의 최고 경지는 入神의 경지에 들어가는데 있다. 만약 시가 입신의 경지에 이른다면, 지극하고 다함이 되니 더할 나위 없을 것이다. 오로지 李·杜가 그것을 얻었다.[93]

시를 묘오로 설명하고 있다. 그러면서 入神을 시의 최고 경지라고 하며 성당의 이백과 두보가 이에 이르렀다고 한다. 즉, 엄우는 신의 경지에 접어듦을 시가 가장 추구해야 할 궁극의 목표로 삼고 있는 것이다. 이는 삼연이 신융을 정·사의 융합으로 인한 최고의 미감으로 말했던 것과 상통한다. 입신이란『周易』〈繫辭〉 '精義入神'[94]에서 온 말이다. 이는 사물 이치의 정미함을 고요한 정신(神)으로 깨닫는다면, 조용하게 움직이지 않더라고 그것으로써 모든 작용을 일으킬 수 있다[95]는 의미이다. 그리고『周易』正義의 입신에 대한 풀이를 보면, '入於神化'로 되어 있는데, 엄우가 말한 입신의 의미와 어느 정도 비슷하다. 이의 뜻을 새겨보자면, 무궁한 변화에 영락없이 이상적으로 대응해내는 절묘한 능

---

93) 嚴羽,「滄浪詩話」, "大抵禪道惟在妙悟 詩道亦在妙悟……詩之極致有一
日入神 詩而入神 至矣盡矣 蔑以加矣 惟李杜得之."
94)『周易』繫辭下傳. "精義入神 以致用也."
95) 徐相潤 譯解,『周易』, 한국교육출판공사, 1986, p.327 참조.

력을 지닌 것을 말한다고 할 수 있고, 더 나아가 시는 다루는 대상이나 소재 내지는 상황이나 처지가 일정하지 않고 오히려 무궁무진하므로 어떠한 경우라도 거기에 가장 적합한 것을 써넬 수 있음을 想定한데서 제시하였다.[96]

이러한 것을 바탕으로 한 엄우의 시 이론은 많은 이들에게 영향을 주게 된다. 특히, 청초의 王士禎은 시에 있어 神韻을 중요하게 생각하는데, 바로 엄우의 入神에서 따왔다고 해도 무방할 것이다. 왕사정이 좋아한 시론서는 鍾嶸의 「詩品」·司空圖의 「二十四詩品」, 嚴羽의 「滄浪詩話」·徐禎卿의 「談藝錄」 등인데, 이 중에서 특히 엄우의 시론을 따라 시를 禪과 연관시켜 이해하고 있다는 점[97] 때문이다.

이렇듯 신은 처음에는 자연 현상을 뜻하는 것에서 출발하여 철학과 예술, 시론 등에 받아들여져 유용하게 쓰였다.

조선시대에도 신은 최고의 문예미로 강조되었다. 특히, 전기보다는 후기에 자주 눈에 띠는데, 삼연을 기점으로 하여 전후 몇 사람의 경우를 들어보기로 한다.

먼저 芝峰 李睟光은 신을 '變化不測'한 것으로 본다.

> 옛사람이 문장은 氣로써 주를 삼는다고 했는데, 그 설이 오래되었다. (그런데) 柳子厚에 이르러 말하기를 '문장을 지음에는 神과 志를 주로 삼는다'고 했다. 나는 神이라는 것은 변화불측한 것을 이르며, 志라는 것은 氣의 장수라고 생각한다. 그러한 즉 이미 志를 하면 氣는 말할 필요가 없고, 이미 神이라고 말했으면 志라고 말할 필요가 없는 것이다. 그러므로 나는 단정하여 말하기를 '문장은 神을 주로 삼아야 된다'고 하였다.[98]

---

96) 車柱環, 전게서, p.173 참조.

97) 車柱環, 전게서, pp.286~291.

98)『芝峰類說』8, 文章部1. "古人謂文章以氣爲主 其說尙矣 至柳子厚曰 爲文以神志爲主 余以爲神者 變化不測之謂 志者氣之帥也 卽曰志則氣不足言也 旣曰神則志不足言也 故余斷之曰 文章以神爲主."

문장에 있어 氣를 중요시한 대표적인 경우로 중국 魏晋南北朝
시대의 曹丕를 들 수 있다. 그는 「典論」論文을 써서 중국문학
평론의 紀元을 이루었는데, '기는 억지로 얻을 수 있는 것도 아니
고, 타고난 바가 각자 다 다르기 때문에 부모형제에게도 물려줄
수 없다.'[99]고 한다. 그 기의 의미가 무엇인지는 보는 이에 따라
다르겠지만, 선천적으로 생겨난 재능·재질 등의 뜻으로 받아들
임이 마땅할 것이다. 지봉은 조비의 기론 이후에 작문할 때 神과
志를 중요하게 여기게 되었다고 하며, 나름대로 신의 성격을 적
고 있다. 한마디로 변화무쌍하여 예측할 수 없다는 것이다. 그 다
음에 志와 氣가 나와 그 선후의 순서를 지어주는데, 대체로 氣 〈
志 〈 神으로 하여 문장을 지음에 있어 그 중요성의 정도를 말하
고 있다.[100]

그 다음 藥山 吳光運도 신과 관련된 내용을 언급하였다.

① 문장은 神會를 주로 하는 것이요, 形色에 구속될 필요는 없다. 세상
에 九方皐가 있어도 반드시 나의 말을 인정할 것이다.

② 다만 材料로써 神韻을 累되게 해서는 안되고, 小巧로써 雅道를 상
하게 해서도 안된다.[101]

---

99) 曹丕,「典論」論文. "文以氣爲主 氣之淸濁有體 不可力强而致 譬諸音樂
曲度雖均 節奏同檢 至於引氣不齊 巧拙有素 雖在父兄 不能以移子弟."
100) 지금까지 이수광 시론 중 '신'에 관심을 두고 연구한 대표적인 경우는
黃義洌(『泰東古典硏究』 제3집, 한림대학교 부설 태동고전연구소, 1987,
pp.67~102)과 朴守川(「芝峰類說 文章部 硏究」, 서울대학교 박사학위
논문, 1994, pp.134~147) 등이 있다. 이들은 이수광이 말한 '신'의 의
미를 약간 다른 입장에서 보고 있는데, 전자는 '작가의 내재적인 영감
의 주체가 밖에 있는 대상과 만났을 때 아무런 작위적인 과정을 거침
이 없이 저절로 발휘되게 하는 자질과 역량'(p.77)이라고 하였는데,
후자는 '작가적인 내적 역량이 작품으로 나타나는 변화불측의 신묘한
韻味이다'(p.138)라고 하였다. 즉, 황의열은 작가의 자질과 역량에 관
련시켰고, 박수천은 작가적인 것뿐만 아니라 문학성과 연관지우고 있
다는 차이가 있다.

①과 ②를 통해서 神會와 神韻의 중요성을 강조하였다. ①에서 신회와 형색을 대립적인 것으로 보고 있는데, 신회의 의미가 외적인 화려함에 치중하는 것이라면, 형색은 그 반대로 내적인 그 무엇인가를 말한다고 하겠다. 다시 말해 ① 신회는 賦를 어떻게 지을 것인가 하는 창작론 중에 나온 것으로 내면의 정신적인 면에 치중할 것을 주장했다면, ②의 신운도 신회와 비교해 보았을 때 다른 의미가 아니고 서로 상통한다.

東谿 趙龜命은 이 세상 삼라만상의 제작은 인위적인 안배와는 무관하다고 하며 神行이라는 말을 사용한다.

> 그림은 사물을 닮게 그리는 것을 지극한 것으로 여기는데, 지금의 화가들은 안배하고 배치하는 것을 소중히 여긴다. 하늘이 산과 물과 초목을 만듦에 어찌 일찍이 배포할 뜻이 있었겠는가? 그러므로 안배와 배포가 교묘하면 할수록 더욱 닮지 않게 된다. 대저 지극한 화가는 붓가는대로 써서 그것을 그리니 혹 산이 되고 혹 물이 되고 혹 초목이 되나 산의 고저와 물의 넓고 좁음, 초목의 위치가 모두 나의 사사로운 지혜를 용납하지 않고 오로지 神이 행한 연후에야 비로소 가히 조화를 빼앗았다고 말할 수 있다.102)

동계는 서화에 깊은 관심을 가지고 있었기 때문에 그것과 관련지어 신행이라는 말을 꺼내고 있다. 즉, 그는 사실적 묘사를 함은 인위적인 것이 아니라 자연스러움을 말한다고 하면서 신행을 하게 되면 최극점에 다다르게 된다고 하였다. 따라서 여기서의 신행은 삼연이 말한 신융과 비슷한 의미로 창작 주체가 자신도 모르는 사이에 자연스럽게 체험하게 되는 미적인 쾌감이라고 봄

---

101) ①『藥山漫稿』11, 賦指. "文章以神會爲主 不拘形色 世有九方皐 必印可
　　吾言矣" ②『藥山漫稿』11, 詩指. "但不當以材料累神韻 小巧傷雅道爾."
102)『東谿集』6, 題畫扇. "畫以肖物爲至 今之畫家 重排布非也 天之爲山爲
　　水爲草木 何嘗有意排布哉 故排布愈巧而愈不肖 夫至畫者 信筆而寫之
　　或爲山或爲水或爲草木 而山之高低水之闊狹 草木之位置 皆不容吾之私
　　智 而唯神之行 然後始可語奪造化爾."

이 타당할 것이다.

이상 신의 유래, 그리고 철학적인 의미와 함께 문학론, 특히 시론 방면에서의 쓰임에 대해 살펴보았고, 삼연을 전후로 한 문인들의 신에 대한 언급 내용을 일별하였다. 지봉·약산·동계 외에도 石北 申光洙나 洛下生 李學逵·耳溪 洪良浩 등 조선후기 주요 문인들은 신을 시와 관련지어 말하고 있다.103) 이렇듯 문학론에서 다수인에 의해 이야기되고 있음은 당시 신의 쓰임이 보편화되었음을 의미하는데, 조선후기의 문예적 한 특징으로 정리해야 할 것으로 생각한다. 신을 중요하게 강조했음은 전기 도학적 분위기의 문학론과는 다른 점이기 때문이다.

(2) 形象化의 美的 要素

농암이 興趣와 言有盡而意無窮을 강조했음은 이미 말하였다. 이중 특히 흥취 문제는 농암 시론에 있어 중요한 의미로 작용한다. 흥취는 다른 문학 양식과 구별되는 시의 미적 특징이라고도 할 수 있는데, '起興託喩'의 '起興'과 서로 연관된다고 하겠다. 그리고 또한 엄우가 말했던 시의 다섯가지 법 중 하나에 해당하는 興趣와 무관치 않다고 생각한다.

그러면 농암은 왜 興이라고 말하지 않고, 거기에 趣를 더해 興趣라고 했을 것인가? 興은 感興, 즉 시인이 외계 사물로부터 느낌을 받아 촉발되는 사상 정서상의 파동이고, '趣'는 情趣를 가리킨다. 작자의 입장에서 보면 촉발된 詩情이나 畫情을 말하며,

---

103) 『石北集』 11, 與法正. "要之朋友會合 情景相値 自然神動 發之吟詠 是亦天理流行中一事." 『洛下生全集』(中). "近日見家書 伯津時時寄詩 數人者亦時時寄詩 不覺情動神往 或一日作數十詩 或一詩易數三藁而不知止." 『耳溪集』 19, 詩解. "人心之靈 發而爲聲 聲藏於肉 機觸而生 神與機合應律成章."

독자의 입장에서 보면 작품을 읊조리는 가운데 깊이 느껴지는 韻味이다.104) 보통 외물을 접하고서 '흥이 난다', '흥이 돋는다'와 같이 마음의 동요를 일으키는 감정 상태가 '흥'이라고 할 수 있고, 어떤 예술 작품이 완성되려면 '흥'에 덧붙여 다른 무엇이 더 필요한데 그것이 '趣'라는 것이다. 따라서 완성된 예술품 뒤에는 반드시 '흥'과 '취'의 조화로운 결합이 필요하다. 그런데 농암은 흥취를 영롱하게 하되, 언어의 말절에 떨어지지 말라고 했다. 이는 흥취를 잘 드러내되 언어 유희의 빈껍데기와 같은 것에 치중하지 말라는 말이다.

이렇듯 이미 들었던 엄우와 농암은 시 창작 과정에 있어 흥취를 강조하고 있는데, 흥취는 단지 이 두 사람만 이야기했던 것은 아니다. 이는 분명히 문학이 존재한 이래 면면히 이어져 내려온 논의 사항이기 때문이다. 그런데 주로 '趣'를 제외한 '興'만을 들어 말하고 있다는 특징이 있다.

유협은 『문심조룡』에서 '흥은 일으킨다는 뜻이다. ……흥의 방법은 완곡하면서도 문장을 이루어 작은 속성의 명칭으로 커다란 의미를 취할 수 있다.'105)라고 흥을 개념 정의했다.

이는 흥은 일으킴의 뜻이고, 그것을 나타내는 방법은 노골적이지 않고 간접적이며 그것을 받아들이는 사람은 얼마든지 다양하게 해석을 할 수 있다는 말이다.

또한 唐 때 孔穎達은 '흥은 事情을 외물에 부치는 것이니, 흥이란 일으킨다는 뜻이다. 비슷한 것을 가져오고 같은 것을 끌어다가 자기의 마음을 일으키어 드러낸다는 것이다.'106)고 했다. 앞

---

104) 周勳初 지음·중국학연구회, 전게서, p.197.
105) 劉勰, 『文心雕龍』 比興篇. "興者起也……興之託論 婉而成章 稱名也小 取類也大."
106) 孔穎達, 『毛詩正義』 1, "興者 託事於物 則興者起也 取譬引類 走發己心." 이병한 편저, 『중국고전시학의 이해』, 문학과 지성사, 1992, p.94 재인용.

의 유협이 말한 일으킨다는 뜻을 말한 뒤, 흥이 시에서 어떻게 이용되는가를 적고 있다. 특이한 사항은 아니고 보편적인 수준의 언급이지만 시에 있어 흥의 존재를 간과하지 않고 있다는 데에 의의를 둘 수 있겠다.

그후 송 때의 朱子는 '흥은 먼저 다른 것을 말함으로써 읊고자 하는 바의 말을 이끌어 일으킨다는 것이다.'[107]라고 하여 공영달의 견해를 잇고 있다. 이들의 공통점은 나름대로 흥의 개념과 수사상의 특징을 들고 있지만, 『시경』六義인 흥에 근간을 두고 있다는 특징을 지닌다. 그러던 것이 남송의 엄우에 와서 '趣'를 더해 시의 창작을 이끄는 원동력으로 적극 받아들이게 되었다.

조선시대 문인들도 흥을 논의했는데, 高峯 奇大升의 다음 글에서 그것을 엿볼 수 있다.

> 제가 가만히 생각해보니 朱子는 〈武夷九曲〉 10장에서 物로 말미암아 흥을 일으키어 흥중의 趣를 표현해 그 뜻이 붙은 바이고, 그 말을 베풀어 놓은 바이다. 진실로 모두 淸高하고 和厚하며, 沖澹하고 灑落하여 바로 浴沂의 기상과 더불어 함께 쾌활하다.[108]

이는 고봉이 퇴계에게 보낸 편지 내용 중의 일부분이다. 당시 둘은 성리학적인 측면에서도 논쟁을 했는데, 어쩌면 시를 보는 시각차도 이의 연장이었을 것이다. 위 글은 퇴계와 고봉이 각각 주자의 〈무이구곡〉을 어떤 시각으로 보고 있는가를 단적으로 보여준다. 퇴계는 성리학적인 입장에서 주자시를 해석하여 주자는 道를 드러내려고 〈무이구곡〉을 지었다고 한다. 그러나 고봉은 因物起興에 의해 지었을 것이라고 주장한다. 고봉의 주장은 외계의

---

107) 朱熹, 『詩集傳』 1, "興者 先言他物 以引起所詠之詞也."
108) 『高峯全集』 1, 別紙武夷櫂歌和韻. "私竊以爲朱子於九曲十章 因物起興 以寫胸中之趣 而其意之所寓 其言之所宣 固皆淸高和厚 沖澹灑落 直與浴沂氣象同 其快活矣."

物로 인해서 내적인 감정이 촉발되어 지어진 것이 주자의 〈무이구곡〉이라는 견해이다. 따라서 도와는 무관하며 그저 흥에 겨워 저절로 나왔을 뿐이지 의도적으로 지은 것이 아니라는 말이다. 때문에 그 격이 淸高하고 和厚하며 沖澹하고 灑落하여 깨끗하니 累됨이 없다고 한다. 이런 연유로 성리학을 기저로한 役物的 외물인식에서 나온 도심을 작품화함에 있어 意를 중시한 경우는 托物寓意이고, 興을 중시하는 것은 因物起興으로 나누어 이를 설명하고 있다는 견해109)도 있는데, 이렇다고 했을 때 퇴계는 전자의 시각으로 주자의 〈무이구곡〉을 바라본 것이고, 고봉은 후자의 시각으로 주자시를 보고 있다고 해야 할 것이다. 즉, 전자는 주자시를 주제가 드러난 것으로, 그리고 후자는 적어도 문학성과 관련하여 주자시를 이해했다는 의미이다.

작품을 바라보는 이런 시각차는 고전시를 이해하는 한 방법으로도 적용해 볼 수 있다. 조선중기 시인인 孤山 尹善道의 〈五友歌〉와 〈漁父四時詞〉를 대비할 때, 〈오우가〉는 水·石·松·竹·月을 차례로 읊어 윤리성이 부각된 시조라는 것에서, 그리고 卽興的으로 제작된 단순한 시조라기보다 作詩 構圖에 의해 作興的으로 이루어졌다는 측면에서 전자와 관련된다고 하겠다.110) 반면, 〈어부사시사〉는 인위적 의지나 도덕성을 강조하지 않고 直觀으로 파악한 시적 이미지를 부단한 노력으로 美意識을 종합하여 自然美의 새로운 발견과 그에 따른 國語美의 美學的 構築으로 자기의 시적 세계를 확산했다는 점111)에서 후자에 포함시킬 수 있겠다.

---

109) 李敏弘, 『朝鮮後期 詩歌의 理念과 美意識』, 成均館大學校出版部, 1993, pp.95~125 참조.

110) 朴焌圭, 「尹善道의 〈五友歌〉 研究」, 『古詩歌研究』 4, 韓國古詩歌研究會, 1997, pp.137~187.

111) 金載弘, 「尹善道 詩의 形成動因」, 『孤山研究』 4, 孤山研究會, 1990, p.93.

농암의 흥취 강조는 앞에서 논의했던 형상화의 과정과 연관지을 수 있을 것이다. 그에 의하면 시는 외적인 물이 주어지고 거기에 자연스러운 감흥이 일어 창작된다고 했다. 이것이 바로 농암이 주장하고 싶은 시 형상화의 이상적인 방법인 것이다. 물론 농암도 학문 연마를 강조하고 있는데, 시는 학문하는 것과는 달리 흥취가 중요하며 이것이 바로 시가 갖는 독자성으로 인식한다.

이렇게 흥취를 중요하게 생각하다 보니 작가와 작품을 바라보는 시각도 남다를 수 밖에 없었다. 이는 당시 문단의 의고성에 대한 비판과 관련된다. 당시 다른 비평가와 달리 농암은 선조 때부터 시가 쇠했다고 주장한다. 그리고 그 직접적인 원인으로 중국 명 전후칠자의 유입을 든다. 주지하다시피 전후칠자는 고대문학으로 방향을 전환하여 '文必秦漢 詩必盛唐'의 기치를 내걸고 창작에 임했는데, 창작상의 성취는 그다지 높지 못했다. 그저 어렵고 심오한 문장으로 천박한 학문을 꾸미는 데에만 바쁠 뿐이었지 개성을 드러내는 작품은 별로 생산해내지 못했기 때문이다.

그러나 이들 전후칠자도 당시에는 많은 사람들의 호응을 얻었고, 특히 조선중기 문인들에게는 신선한 충격으로까지 받아들여져 빠른 기간동안 다수의 문인들이 동감하게 된다. 三唐詩人이니 허균·이수광을 중심으로 한 唐詩를 典範으로 한 비평 기준의 성립은 이를 잘 대변해 주고 있다. 비평 기준이 이러하니 실제 시 창작에서도 그에 맞추어 당시를 전범으로 삼게 되었을 것으로 생각한다. 그러나 문제는 전후칠자의 무조건적인 모방 폐습을 받아들여 옛 것을 본뜨는 데만 급급할 뿐 도무지 개성을 드러내는 眞詩가 존재하지 않게 되었다는 데 있다. 농암은 이런 문단의 분위기를 비판하는가 하면, 시 창작의 방법을 다시 한번 재고해야 된다고 생각한다. 그래서 그 방법으로 情·景의 통일(융합)과 흥취의 중요성을 들었는데, 작가와 작품평도 이것을 바탕으로 했

던 것이다. 즉, 홍취는 자아가 어떤 물을 접했을 때 일어날 수 있
는 감정의 상태라고 정의했는데, 이는 개개인이 각자 다르게 나
타날 수 있다고 농암은 보았다. 따라서 시의 내용과 품격 등에
있어 각 개인은 차이가 날 수 밖에 없다고 하여 비평의 기준도
거기에 맞춘다.

다음의 宋詩와 明詩의 우열을 나누는데 모방만 일삼는 명시보다
는 송시를 오히려 더 우위에 두는 데에서도 그러한 점을 읽어낼 수
있다.

> 宋人의 시는 故實과 議論을 주로 하니 이것은 시가의 큰 병이다.
> 明人이 이것을 공박한 것은 옳다. 그러나 명인이 한 것은 반드시 송
> 인을 능가하지 못하고 어떤 것은 도리어 송인에게 미치지 못하니 어
> 찌된 것인가? 송인이 비록 고실과 의론을 주로 하였지만, 학문의 축
> 적된 바와 의지의 온축된 바는 感激觸發하고 噴薄輪寫하여 격조에
> 구애되지 않고 규범에 얽매이지 않았다. 그러므로 그 기상이 호탕하
> 고 원기가 넘쳐 때로 天機가 발하는 데에 가까우니 그것을 읽으면
> 性情之眞을 볼 수 있다. 명인은 법규에 너무 얽매여 움직임이 '模
> 倣'·'效響'하고 '邯鄲學步'하여 천진을 회복할 수 없었으니, 이것
> 은 명인이 도리어 송인의 아래에 있는 이유이다.112)

시다운 모습은 지니지 않고 문과 같은 시의 형태와 내용을 담
고 있는 송시를 비판하면서부터 글의 내용은 시작된다. 따라서
명나라 사람이 그러한 송시를 비판함은 옳다고 한다. 사뭇 명인
의 태도에 동조하고 있는 듯하다. 그러나 명인이 송시를 그렇게
비판하면서 송시를 뛰어넘는 시를 창작하지 못하는 이유가 무엇
인가라고 되묻는다. 그러면서 송시가 비록 故實議論의 시 특징을

---

112) 『農巖集』 34 雜識. "宋人之詩 以故實議論爲主 此詩家大病也 明人攻之是
　　 矣 然其自爲也 未必勝之而或反不及焉 何也 宋人雖主故實議論 然其問學
　　 之所蓄積志意之所蘊結 感激觸發 噴薄輪寫 不爲格調所拘 不爲塗轍所窘
　　 故其氣象 豪蕩淋漓 時有近於天機之發 而讀之猶可見其性情之眞也 明人
　　 太拘繩墨 動涉摸擬 效響學步 無復天眞 此其所以反出宋人下也歟."

지니고 있지만, 그 나름대로 개성을 지녔다고 주장한다. 즉, 학문이 축적되고 의지의 온축된 바가 있어 감정이 자연스럽게 촉발되고 숨김없이 자신의 심중을 털어 놓아 남에게 보이니 격조나 규범에 구애되거나 얽매이지 않았다는 것이다. 그렇기 때문에 天機와 性情의 참다움을 읽을 수 있다고도 언급한다.

한편, 명나라 사람(특히 여기서는 전후칠자를 가리킨다)은 법규에 너무 얽매이고 모방만 일삼다가 天眞을 잃게 되었다고 비판한다. 이러하니 명인은 송인의 하위에 속할 수밖에 없다고 말한다. 效顰과 學步는 모방을 일삼다가 결국 자신의 본모습까지 잃게된 고사113)로 적절한 인용이라고 하겠다.

그런데 자신의 감정을 솔직하게 숨김없이 표현하는 시를 가장 우위에 두는 농암이었기에 같은 송시라도 黃庭堅·陳師道 등의 江西詩派에 해당하는 이들의 시에 대해서는 호평을 하지 않는다.

> 송시의 山谷·后山과 같은 이는 한 때 가장 존경받는 바가 되었으나 黃庭堅의 橫拗하고 生硬함과 陳師道의 瘦勁하고 嚴苦함은 이미 온후한 맛을 없앴다. 또한 일탕한 맛이 모자라 唐詩에서 진실로 멀고 두보에서 또한 좋은 것을 배우지 못했으니, 이몽양이 色香이 流動하지 않음을 기롱한 것은 진실로 맞는 말이다.114)

송시는 크게 소식의 시와 황정견 등 강서시파의 시로 나뉜다. 소식은 독창성을 중시하여 마음의 감정을 그대로 펴내고 붓가는

---

113) 效顰은 越나라의 미인 西施가 불쾌한 일이 있어 얼굴을 찡그렸더니 한 추녀가 그것을 보고 흉내냈다는 고사. 學步는 學步於邯鄲의 준말로 邯鄲은 趙나라의 서울인데, 거기 사람들은 步行에 능한 습속이 있어 燕나라의 소년이 와서 그 보행법을 배우려다 오히려 자기 고유의 보행법도 잊어버렸다는 고사이다. 자기 본분을 버리고 다른 사람의 행위를 본뜨려다 도리어 다 잃게 되었다는 의미로 쓰인다.

114) 『農巖集』 34, 雜識. "宋詩 如山谷后山 最爲一時所宗尙 然黃之橫拗生硬 陳之瘦勁嚴苦 旣乖溫厚之旨 又乏逸宕之致 於唐固遠而於杜亦不善學 空同所譏 不色香流動者 誠確論也."

대로 써내는 것을 그의 창작 정신으로 삼았다면, 황정견등 강서
시파는 시가의 형식 기교에 치중한다. 또한 황정견은 소식의 뒤
를 이어 당의 두보를 宗으로 삼아 작시법을 본받으려고 했으나,
사실은 거기에서 많이 벗어나 있었다. 이런 강서시파에 대해 농
암은 비판을 가하고 있는 것이다. 그래서 새로움을 드러내려고
형식·기교 등에 치중한 황정견의 橫拗生硬함과 진사도의 瘦勁
嚴苦 등은 溫厚한 맛을 잃었다고 한다. 따라서 명의 전후칠자 중
의 한사람인 이몽양의 강서시파의 비판에 동조하고 있다.

한편, 전후칠자와 같은 명대인이지만 徐昌穀과 高子業에 대해
서는 호평을 한다.

> 명시의 徐昌穀·高子業 같은 이는 비록 李·何와 서로 화응하지
> 만, 그들의 天才는 스스로 唐人과 가깝다. 때문에 나간 바가 일시에
> 특출했으니 서창곡은 神秀로 승했고, 고자업은 幽澹으로 승했는데,
> 자업은 性情에 더욱 가깝다. 이들 외에 당응덕, 채자목 같은 이들은
> 모두 당을 배워서 그들의 시는 沖和하고 閒靜하여 叫呼하고 激詭하
> 는 습관이 없었다.115)

서창곡이나 고자업 같은 이들은 전후칠자와 더불어 서로 호응
했지만, 천부적인 재능이 당나라 사람과 비슷하여 각자 뚜렷한
개성을 드러내는 시를 썼다고 한다. 그것을 격으로 따지자면, 서
창곡은 神秀를 잘 했고, 고자업은 幽澹에 뛰어나 각각 일가를 이
루었다는 것이다. 이 중에서 특히 자업은 성정에 가까워 더 개성
적임을 말하고 있다. 또한 이들 외에도 당응덕과 채자목 등의 시
인을 예로 들고서 이들도 당의 시 정신을 배워 각각 沖和하고 閒
靜의 격을 가져 叫呼하거나 激詭함이 없었다고 한다. 충화하다는

---

115) 『農巖集』 34, 雜識. "明詩如徐昌穀高子業 雖與李何相和應 而其天才自
　　近唐人故所就高出一時 徐以神秀勝 高以幽澹勝 而子業於性情尤近 此外
　　如唐應德蔡子木諸人 皆學唐 而其詩沖和閒靜 無叫呼激詭之習."

것은 온화하다는 뜻이고, 한정은 말 그대로 한가하고 고요하다는 말이다. 이러한 격을 가지고 있으니 서로 큰소리로 부르거나 일부러 남과 다른 행위를 하여 이목을 집중시키는 습속은 없었다고 하며 호의적으로 평한다.

여기서 알아두어야 할 것은 농암이 지향한 시의 격이 무엇인가이다. 그는 浮華하면서 겉으로 화려한 격보다는 내적으로 온화함을 지닌 격을 더 추구한다. 이는 명나라 사람이 學唐을 하면서 배우려고 한 것과 얻지 못한 것을 나열하고 있는 데에서도 알 수 있다. 명인은 奇俊爽朗, 高華秀麗, 鏗鏘響亮 등을 배우려고 했지, 從容閒雅, 溫厚淵澹, 和平悠遠 등의 품격은 얻지 못했다[116]고 한다. 품격면에서도 명 전후칠자의 시를 비판하고 있는데, 이는 부화함을 배격하고 내실을 기하려는 그의 학문 태도와 많이 닮았다고 하겠다.

이상은 농암의 중국 시인에 대한 비평을 살폈는데, 조선 문인에 대해서는 어떠한 평을 내렸는가? 그는 많은 조선 문인들 중에서 挹翠軒 朴誾과 訥齋 朴祥·蘇齋 盧守愼에 대해 남다른 생각을 가지고 있었던 것 같다.[117] 특히 읍취헌에 대해서는 각별했는데, 이규보 대신 그를 시의 절조로 삼아야 한다고 주장[118]한데서도 이를 엿볼 수 있다.

그러면 어떤 연유로 특히 읍취헌에 대해서 극찬을 가하고 있는가? 다음 글은 그 이유를 밝히고 있다.

---

116) 『農巖集』 34, 雜識. "明人之學唐也　只學其奇俊爽朗　而不得其從容閒雅　只學其高華秀麗　而不得其溫厚淵澹　只學其鏗鏘響亮　而不得其和平悠遠　所以便成千里也."

117) 趙鍾業 編, 『韓國詩話叢編』 6, 別本　東人詩話　p.201. "農巖之於取吾東者　惟翠軒訥齋蘇齋三家而已."

118) 『農巖集』 34, 雜識. "論文章於東國　固難以一人斷爲冠首　然文則當推牧隱爲大家　詩則當推挹翠爲絶調."

① 읍취헌은 비록 黃庭堅·陳師道을 배웠으나 天才가 높아 구속됨이 없었다. 그러므로 辭致가 淸渾하고 格力이 縱逸하여 興會가 도착한 바에 이르러서는 天眞이 瀾漫하고 氣機가 洋溢하여 인력으로 범하지 못할 것 같이 하니, 이는 아마도 黃·陳을 배워 얽매인 바가 아니다.

② 내가 항상 읍취헌의 시를 이를 땐 바로 안평대군의 서예와 서로 비슷하다고 했다. 안평의 글씨는 비록 松雪體를 본받았으나 필획은 왕희지와 헌지를 법삼았다. 읍취헌은 비록 黃·陳을 스승 삼았으나 그 神情·興象은 당인과 같다. 이 모두 천재가 높기 때문이다.119)

①에서는 읍취헌이 비록 황정견·진사도와 같은 중국의 강서시파를 배웠으나 거기에 구속됨이 없었다고 한다. 그 이유로 天才의 높음을 들고 있다. 때문에 읍취헌의 시는 淸渾하고 縱逸하여 興會가 이르면 인력으로 할 것이 아닌 것처럼 천진이 난만한 시를 이루었다고 말한다. ②에서는 읍취헌의 시를 안평대군의 서체에 비유하고 있다. 즉, 안평대군은 비록 송설체를 본받았으나 왕희지와 헌지의 필법을 법으로 삼았듯이 읍취헌도 비록 강서시파를 배웠으나, 그 시 정신은 두보를 많이 닮아 있어 신정과 흥상이 唐人과 같다고 한다. 여기서는 읍취헌을 안평대군에, 그리고 강서시파를 송설체에 두보를 왕희지와 헌지에 비유하고 있다.

읍취헌에 대한 당시 비평가의 견해를 보면, '소식·황정견 등의 시를 배웠으나 스스로 얻음이 있고, 그 시의 특징은 어느 한 곳에 얽매이지 않고 자유분방하여 성정을 자연스럽게 유출시켰다'는 내용이 대체를 이룬다.120) 이는 농암이 읍취헌을 평하면서

---

119) ① 『農巖集』 34, 雜識. "挹翠軒雖學黃陳 而天才絶高 不爲所縛 故辭致 淸渾 格力縱逸 至其興會所到 天眞瀾漫 氣機洋溢 似不犯人力 此則恐非 黃陳所得囿也." ② 『農巖集』 34, 雜識. "余嘗謂挹翠之詩 正與安平書相 似 安平書 雖規摹松雪而其筆畵則二王也 挹翠詩 雖師法黃陳 而其神情 興象 猶唐人也 此皆天才高故爾."

120) 『象村集』 6, 晴窓軟談 下. "挹翠軒之詩 一倣蘇黃 而天才甚高 得之自

자연스럽게 흥이 도래하고, 그것이 꺼리낌없이 표출되었다는 것
과 서로 통한다고 하겠다.

농암은 이상과 같이 '興'과 관련하여 興趣와 興會, 興象, 興寄
등의 다양한 말을 사용한다. 이러한 것들은 그 세부적인 의미에
있어서는 약간씩 차이를 보이지만, 시의 본질과 원리를 해명하는
결정적 요소로서 시의 예술적 가치를 판명하는 미적 자질인 동
시에 시가 응당 담아야 할 핵심적인 내용[121]인 것이다.

농암은 또한 시와 문의 차이점을 인식하고서, 시는 '시다워야
한다'라는 생각을 지니고 있었다. 그 시란 양식상으로는 서정시
로 외계의 景에 내적인 情이 덧보태져 서로 혼란없이 융합될 때
가장 이상적인 시가 창작된다고 했는가 하면, 거기에는 반드시
인위성과 무관한 자연스러운 흥이 도래해야 된다고도 말하였다.
즉, 흥을 다양하게 변용하여 표현하며 그 중요성을 강조했는가
하면, 시인이나 시의 비평 기준으로도 사용했다. 이 흥은 각각 사

然."『西浦集』西浦漫筆. "翠軒之才 實三百年一人."『弘齋全書』165,
日得錄. "挹翠詩天機宕逸 性情有可見處."『弘齋全書』165, 日得錄. "挹
翠之詩 以唐人之性情 兼宋人之事實."

121) 鄭雨峰,「金昌協 詩論의 批評史的 意義」,『語文論集』31, 고대 국문과,
1992, pp.205~209. 여기서는 興會·興象·興寄 등에 대해 다음과 같
이 구별하여 설명하고 있다. 興會는 '興會所到'라는 말에서 짐작되듯
이 시인이 객관 경물을 바라볼 때 자연스럽게 일어나는 미적 감흥의
고양된 순간으로 영감과 같은 것이다. 순간적으로 도래한다는 점에서
천기와 비슷하나 흥회는 외부 경물에 의해 순간적으로 고양되는 작가
의 정신 상태에 한정한다. 興象은 일종의 象인데, 객관적으로 존재하
는 물상이 아니라 시인의 주관적 정감에 의해 윤색, 변화된 상으로써
시인의 감흥을 통해 작품에 구현되어 있는 예술적 형상이다. 시인의
정감과 생각이 깃들어 있는 상이 곧 흥 속의 상, 흥상이다. 興寄는 작
가의 심회나 정감을 객관 경물에 기탁하여 표현한다는 의미로 쓰이는
데, 화려한 수식을 동원하여 자연 경물 자체만의 아름다움을 묘사하려
는 태도와 달리 자연 경물에 대한 묘사 속에 작가의 심회나 정감을 기
탁할 것을 강조하는 말이다.

람마다 다르게 나타날 수밖에 없는데 농암은 바로 이를 주장하고 있다. 다시말해 '唐人自唐人이요 今人自今人'이니 시대와 어울리는 개성적인 시를 창작해야 한다는 당위론을 편다.

한편, 삼연이 시 형상화 과정 중에 나타나는 신을 중요하게 생각하고 있음은 이미 말하였다. 그는 이 신을 여러 용어로 변용시켜 시 형상화 요소로 쓴다. 삼연이 신과 관련하여 언급한 것은 앞 형상화 과정에서 보았던 神融외에 神化·神行·神來·神情·形神 등이 있다. 물론 이들은 글의 문맥상 나름대로 조금씩 다른 의미를 지닌다. 여기에서는 이러한 사항을 구체적으로 살핀 후, 이들이 삼연의 작가·작품평과 무관치 않음을 밝히려고 한다.

삼연이 말한 신융·신화·신행·신래·신정·형신 등은 문맥에서 사용하는 의미상 삼분이 가능하다. 구체적으로는 창작주체와 창작대상, 그리고 작품과 연관지을 수 있다.122)

신융은 앞 형상화 과정에서 작가가 창작하는 과정 중 가장 극점에서 만날 수 있는 미적 체험이라고 하였다. 따라서 창작주체와 관련된다고 할 수 있는데, 神來도 이와 관련시켜 사용하고 있음을 알 수 있다.

---

122) 이 삼분법은 鄭雨峰(「조선후기 문학론에 있어 神의 범주」, 『韓國漢文學硏究』 19, 韓國漢文學會, 1996, pp.206~207)의 경우를 따랐다. 정우봉은 문학에서 말하는 신을 세 가지로 구분했는데, 첫째 창작 주체의 신, 둘째 창작 대상의 신, 세째 작품의 신이 그것들이다. 첫째, 창작 주체의 신은 작가가 창작을 진행하는 과정 중에 신이 깃들게 되어 시인 자신도 의식하지 않는 어느 순간에 신묘한 생각이 도래하는 것으로 '神來', '神行', '神動', '下筆如有神'이 해당된다고 했고, 둘째 창작 대상의 신은 형에 상응하는 의미로 '형신'의 범주가 여기에 든다고 했다. 그리고 마지막 세째, 작품의 신은 작품 내의 가장 본질적이며 심층적인 국면과 관련된 것으로 '入神', '神化' 등이 해당된다고 하였다. 삼연의 신에 대한 언급은 이러한 구분법에 반드시 맞는 것은 아니지만, 이를 따르는 것이 대체로 무방할 것으로 생각한다.

　　程朱의 설은 모두 "그 말이 정당하기 때문에 雅는 風보다 낫다"
고 했다. 그러나 (풍은) '天眞'이 드러나서 안배를 용납하지 않았으
니, 街童이나 巷女의 口氣에서 나온 것이 많다고 생각한다. 저 노성
한 사대부들의 붓에 먹물을 적시고 기초할 때 어떤 경우에는 여러
차례 字句를 고쳐 쓰게 된다. 그러면 비록 말은 정당하게 되나 조금
'天機'와 간격이 있게 될 것이다. 이렇기 때문에 동요는 터무니없는
것이기는 하나 대개 영험함이 많으니 귀신처럼 와서(영감이 내려)안
배를 하지 않았기 때문이다.[123]

　　『시경』의 풍과 아를 보는 삼연의 시각을 단적으로 보여주는
내용이다. 삼연은 정주의 설인 '아는 풍보다 낫다'고 하는 것에
대해 반박하며, 천진을 드러내어 인위적인 안배를 하지 않은 풍
이 오히려 영험함이 많다고 한다. 또한 풍이 인위적인 안배를 하
지 않아도 공교롭게 되었던 이유에 대해 신이 자연스럽게 자신
도 모르는 사이에 왔기 때문이라고 하며, 궁극적으로는 시에 있
어 신의 역할이 얼마나 중요한가를 강조한다.

　　그런데 다음 神의 쓰임은 앞에서 보았던 신융이나 신래와는
다른 의미를 지닌 경우이다.

　　초상화는 그 신정을 얻음을 귀하게 여긴다. 다만 형골만을 묘사할
뿐이라면 곧 사람을 제대로 묘사하는 것이 아니다. 시를 짓는 일 또
한 그러하다. 그 형을 본뜨다가 신을 잃어버리는 일은 그 玄黃을 생
략하고도 그 神駿을 얻는 것만 같지 못하다.[124]

　　신정을 형골과 대립되는 의미로 사용하여 사람의 얼굴을 닮게 그
려야 하는 초상화는 겉에서 모양만 본뜨는 형골보다는 오히려 내적
인 의미를 지니고 있는 신정까지 묘사해야 된다고 한다. 그러면서
작시를 하는 방법도 이와 같다고 본다. 이는 그림에 빗대어 작시 방

---

123) 『三淵集』 35, 日錄. 본 논문 제3장 인용문 54) 참조.
124) 『三淵集』 19, 答士敬別紙. "寫眞貴得其神情 只以形骨而已 則便非其人
　　作詩亦然 與其摸形而遺神 不若略其玄黃而得其神駿也."

법을 말한 경우인데, 澹軒의 언급과 흡사한 점이 있기도 하다.[125] 즉, 아무리 겉모양을 흡사하게 그리더라도 신비스러운 정신까지 담아낼 수 없다면 그것은 사실을 그리는 초상화도 아니고 사실과 관련된 시가 아니라는 것이다. 따라서 삼연은 작시에 있어 가장 이상적인 것은 형과 신의 오묘한 조화가 있는 작품이라고 한다. 이를 두보와 이백 등 성당 시인들의 작품을 통해서 말하고 있다.

> 두보의 시는 形神이 모두 妙한 것이고, 이백의 시는 다만 神行일 뿐이다. 두보는 만물의 형상을 형형색색 농락하였지만 모양을 떠난 것이 없어 그 警句를 따서 보아도 또한 이루 다 헤아릴 수 없다. 이백 시의 묘함은 光景이 영롱하다는 데 있는데 실제로 경구는 따서 취할 만한 것이 없다. 岑參·高適·王維·孟浩然은 物의 모양을 잘 묘사하는 사람들인데 이백과 비교해 보면 이백은 진실로 한층 더 높다. 그러나 형신의 묘를 갖춤은 두보보다 못하니 부끄럽기는 마찬가지이다. 두보 스스로가 큰 학문과 재식이 있어 가히 시학으로 그것을 목적삼지 않았으나, 능히 대단히 밝아 지혜가 이미 伊尹과 呂商에 비유하는데 이르렀고, 정자와 주자 이전에도 이러한 식견은 없었다.[126]

杜甫와 李白, 그리고 산수시인들인 岑參·高適·王維·孟浩然 등의 시 작품의 특징을 대략 이야기하고 있다. 이중 두보는 형과 신이 조화로운 시를 지어 가장 본받을 만한 작가로, 그리고 이백은 신을 잘 행한 사람으로 말하고서 잠·고·왕·맹 등은 物을 잘 본뜨기 때문에 형에 치중되어 있다고 한다. 그러면서 이백과

---

125) 『頭陀草』 17, 南行集序. "作詩正如畵工之寫眞 一毛一髮無不肖寫 然後方可謂之寫其人矣 苟或一毛一髮不能肖寫 卽雖極丹靑之工 而神情便不相關 其可謂之寫其人乎."

126) 『三淵集』 19, 答士敬別紙. "子美之詩 形神俱妙者也 李白只神行者也 所以子美牢籠萬象 形形色色 無所逃形 故摘其警句 亦不可勝數 李白詩妙處 多在光景玲瓏 實無警句可掇取者 以岑高王孟善寫物態者 較諸李白 則李白固高一層矣 然形神俱妙 終愧子美則均焉 杜老自有渠學問才識 非可以詩學目之也 能爲孔明知已至比於伊呂 程朱以前 未有此識."

잠·고·왕·맹 네 사람 모두 형과 신을 절묘하게 묘사한 두보보다는 뒤진다고 말한다. 그 이유로 두보가 작시를 함에 자신이 가지고 있는 학문과 지식을 잘 이용한 것을 든다. 이러한 형과 신을 기준으로 한 두보와 이백, 그리고 산수 시인들의 비교는 삼연의 시 인식 태도가 어느 정도인지를 알게 해주는 대목이기도 하다.

이백과 두보는 모두 같은 성당 작가이면서도 각각 다른 특징을 지니고 있었다. 보통 이백시가 주로 낭만적이고 정열적이며 자유분방하다면, 두보시는 沈鬱하고 老健한 것으로 평가한다. 그리고 이백의 표현 능력은 탁월한 천재성에 기인하여 일체의 경물은 그의 천재적 수완을 거치게 되면, 어떤 범속한 것일지라도 탈속한 경지에 이르게 된다고도 한다. 반면, 두보는 시를 지음에 많은 문헌적 섭렵을 바탕으로 적절한 어의 구사를 위해 혼신의 정력을 들여 시구를 표출한다는 특징을 지니고 있다.127) 삼연이 두보에게 관심을 보인 것은 이러한 작시 태도 때문인 듯하다. 그리고 형과 신의 적절한 조화를 이루려면 먼저 두보와 같이 많은 학식을 쌓아야 되고, 이렇게 하다 보면 자연스러운 가운데 시 형상화의 기법을 터득하게 될 것으로 생각하였다. 이는 學詩하는 태도와 서로 맞닿아 있다. 이러한 작시상에 보여준 두보의 태도 때문에 삼연은 그에 대한 극찬을 아끼지 않는다. 30대 초반 졸수재와의 문학논쟁에서 두보 외에 그 어떤 시인도 大家로 지칭하기를 꺼려했던 것에서 이를 단적으로 알 수 있다.128) 이렇듯 삼연은 창작에 있어 형과 신의 오묘한 조화를 추구했음을 알 수 있고, 형보다는 오히려 신을 더 중요하게 생각했음을 두보나 이백,

---

127) 徐復觀,「詩詞的創造過程及其表現效果-有關詩詞的隔與不隔」,『中國文學論集』, 學生書局, 1985, 臺北, pp.118~139. 尹浩鎭, 전게서, p.44 재인용.
128) 삼연이 두보를 대가로 극찬한 것에 대한 자세한 논의는 李鍾虎, 전게 논문, pp.37~48 참조.

산수 시인들의 예를 들어 설명한 부분에서 살필 수 있다.

삼연은 또한 작품에 구현된 최고의 심미적 특질로서의 神도 중요하게 생각하는데, 구체적으로는 神化라는 말을 쓰고 있다.

> 고시 20수와 杜甫는 그 지위가 堯舜·孔子와 같고 子建(曹植의 자 192~232)은 湯·武 이하의 규모이다. 그러므로 변화를 신이롭게 함이 크게 그들에게 미치지 못한다. 진실로 능히 자세히 맛보고 그것을 세밀히 비교해 보면 가히 분별할 수 있다. 白馬篇(조식의 시, 유협소년의 활약상을 그림)은 자건의 시 중에 있는데, 고시의 최고로 緣情을 유출하였다. 그러므로 또한 모방한 흔적이 적어 스스로 쉽게 얻을 수 있는 것이 아니다. 그러나 北征(두보의 시)과 비교해 보면 神化가 오히려 미치지 못할 것이다. 자건 시에 '인생이 백을 채우지 못하는데, 근심하여 기쁘게 즐기는 것이 적구나'라고 하는 구절이 있다. (2글자가 빠짐) 가히 우습다. 전인을 모방할 뜻에 얽매이니 神化가 부족하고, 두보는 전혀 도습함이 없어 높게 되었다. 호걸한 선비는 비록 문왕이 없어도 일어나니 어찌 模擬하는 데 얽매이겠는가?129)

杜甫와 曹植의 작품을 비교하며, 두보는 요·순·공자와 같은 성현에 그리고 조식은 탕·무 임금에 비유하여 거리감이 있음을 보여준다. 그러면서 조식은 두보와 같이 변화를 신비롭게 하는 데에서 뒤떨어진다고 한다. 이를 구체적인 작품을 통해서 말하는데, 조식의 〈白馬篇〉과 두보의 〈北征〉을 대표적인 것으로 들어 비교한다. 그 결과 〈백마편〉은 조식에게 있어 가장 잘된 작품으로 평가되는 데도 불구하고, 두보의 〈북정〉에는 오히려 미치지 못한다고 이르는데, 조식의 작품이 두보의 것보다 神化가 부족한

---

129) 『三淵集』 19, 答士敬別紙. "古詩二十首與杜老 其地位如堯舜孔子 而子建則湯 武之下規模 故變化靈異 大有不及 苟能詳味而細較之 則了然可辨 白馬篇在子建詩中 古詩最緣情流出 故亦少摸擬之迹 自不易得 而比諸北征 則神化猶似不及矣 子建詩 如人生不滿百 戚戚少歡娛 (二字缺) 可笑 由其役志於摸擬前人 故神化不足 杜老絶意蹈襲 所以爲高也 豪傑之士 雖無文王亦興 豈規規於摸擬哉."

것을 그 이유로 든다. 여기서 삼연은 신화가 부족하게 된 이유를 전인의 모방에서 헤어나오지 못해서라고 하는데, 그가 작품에서 궁극적으로 추구하고자 한 것은 바로 신화와 같은 나름대로의 변모임을 알 수 있다. 신화는 예술 창조 활동에서 法度, 격식 등을 사용하면서도 그것에 구속되지 않고, 작가 개인의 독특한 개성으로 자유롭게 운용, 변통하는 것을 뜻한다.130) 삼연도 신화의 의미를 이와 비슷하게 작가가 역량을 쌓은 뒤에 작품 전체를 전인의 것에서 머무르지 않고, 변화를 주는 것으로 파악하고 있다. 이는 학시론에 다시 연결시킬 수 있는 것으로 학습을 통해 전인의 시문을 많이 익히되, 거기에만 얽매이지 말고 나름대로 自得의 妙味를 얻을 것을 신화라는 말로 대신 사용했다고 하겠다.

삼연은 이렇듯 모방, 모의의 상대적인 뜻으로 신화라는 말을 쓰고 있는데, 다음 글에 사용된 神情은 신화의 의미와 어느 정도 상통한다.

> 두보의 송별시에는 대개 草率함이 많다. 蘭谷이 일찍이 발문하였는데, 내 대답하기를 작별함에 임해서 장마와 초솔함으로 해서 침착하고 넓게할 겨를이 없었으니, 이 또한 한 격식이다. 그러나 동방시 전체가 초솔한 시를 이제 두보의 송별조에 의탁하니, 만일 神情이 없으면 아마도 낭패할까 두렵다고 했다.131)

당시풍을 무조건 수용하여 따르던 전대나 당대의 시 문단에 대한 비판적인 어조가 담겨져 있다. '神情이 없다'는 것은 나름대로 변화시킨 시의 영역이 없다는 말인데, 앞에서 보았던 신화의 의미와 서로 통함을 알 수 있다. 다시 말해 삼연은 외적인 모양을 말하는 형골과 상대적으로 쓰이는 신정을 신화의 의미와

---

130) 鄭雨峰, 전게 논문, p.228.

131) 『三淵集』 19, 答士敬別紙. "杜詩送別 槪多草率 蘭谷嘗發問 余答以臨別潦草 未暇作沈著廣博 亦是一格 然東方詩全體草率 今託於老杜送別調而略不留神 則恐至狼狽矣."

비슷한 反摸擬로 봄으로서 각자 가지고 있는 개성율로 파악하고 있다.

이상 삼연이 신과 관련지어 사용한 경우들인 신융·신래·신정·형신·신행·신화 등에 대해 그 의미를 살펴보았다.

첫째, 창작 주체와 관련된 신의 의미로 쓰인 신융과 신래는 정·경의 융합에 의해 자신도 모르는 사이에 자연스럽게 최고 미의 극점에 도달한다든가, 아니면 자연스럽게 안배하는 능력을 갖게하는 역할을 담당하고 있음을 알 수 있다. 삼연은 외계의 현상적인 물과 내적인 자아의 간격이 없어질 때에만 이것이 가능하다고 본다. 또한 이러한 창작 주체와 관련된 신은 천기론에서 보았던 청하고 통한 기상이 있을 때에만 가능하다고 하는 天의 의미와도 서로 관련된다고 하였다. 결국 삼연은 신이 창작하는 이에게 오는 것은 자연스러우며 물아의 간격이 없을 때에만 가능하다고 했는데, 이는 그의 관물 태도에서 기인했을 것으로 생각된다. 그는 이와 관련하여 도연명의 시 창작 과정을 다음과 같이 적고 있다.

> 도연명의 시에 이르기를 '동쪽 울타리에서 국화를 따다가, 멀리 남산을 바라본다.'고 하는 구절이 있다. 곧 이 한 구에서 또한 그의 意趣를 상상해 볼 수 있다. 내가 바야흐로 동쪽 울타리에서 국화를 따는데 무심한 경계를 우연히 만나 남산이 문득 눈앞으로 들어온다. 대개 그 마음 속에 私意가 다 떨어져 나가 가리우는 것이 없다. 그러므로 외물이 눈앞에 있는 것, 역시 모두 인위적인 안배를 허용하지 않았어도 딱 맞아떨어지듯 서로 얻어 物我之間에 天機가 유동하였다. 이와 같은 기상만이 곧 曾點의 '浴沂'한 뜻과 같은 것이다.[132)]

도연명의 시를 두고 人境交融型이라고도 하는데,[133)] 이는 자

---

132) 『三淵拾遺』 31, 語錄. "如陶淵明詩曰 採菊東籬下 悠然見南山 卽此一句 亦可以想見其意趣 我方採菊於東籬之下 而邂逅無心之際 南山便來在眼前 蓋其胸中私意消落 無少蔽障 故外物之在前者 亦皆不容安排 而脗然相得 物我之間 天機流動 只此氣象 便是曾點浴沂意思也."

아인 자신과 주변 환경인 물이 서로 잘 융합했다는 의미이다. 위 인용문에 나온 도연명의 시는 이러한 그의 작시 방법을 잘 보여주고 있다. 즉, 동쪽 울타리에서 어떤 이가 국화를 따다가 무심히 남산을 바라보게 되었다. 고의적으로 바라본 것이 아니다. 이리하여 자아는 물인 남산과 서로 융합되어 사이를 두지 않게 되니 자아가 남산인지 남산이 자아인지를 모르는 처지에까지 놓이게 된다. 이는 자아에게 청하고 통한 기상(여기서는 私意가 떨어져 나갔다고 함)이 있었기에 가능한 것으로 볼 수 있다. 또한 물을 봄에 자아인 나를 배제하고 以物視物(以物觀物)하는 태도를 지니고 있었기에 물아의 사이에 천기가 유동할 수 있게 된 것이다. 그리고 마지막으로 삼연은 이러한 기상이 바로 曾點의 '浴沂'와 같다고 했는데, 이는 깨끗하고 시원함을 상징하는 것으로 청하고 통한 기상과 의미가 서로 맞닿아 있다고 하겠다.

다음 둘째, 삼연은 작품을 창작함에 形骨과 神情의 조화를 강조하는데, 둘 중에서도 특히 신정을 더 중시한다. 그렇지만 신정을 더 자세히 나타내기 위해서는 형골이 반드시 필요하다. 따라서 이는 以形寫神의 예술 표현과 밀접히 관련되어 예술의 창작에 있어 자아의 감정과 그것의 표현이라는 본질적 특징에 기초하게 되는 것이다. 이형사신의 최고 경지는 예술 표현이 밖으로부터 안에 이르고 주체로부터 객체에 이르러 최종적으로는 진실한 객관의 단계에 이름을 말한다. 즉, 형체만을 그려서도 안되고 정신만을 그려서도 안되며, 형체를 통한 정신을 그려야 사물의 본질이 드러난다는 뜻이다. 다시 말해 창작 과정상에 있게 되는 자아의 세계화를 이른다고 하겠다.

삼연이 말하는 이러한 신은 시뿐만 아니라 서화 방면에서 서화를 어떻게 그려야 하는가라는 문제가 대두되었을 때 논의되기

---

133) 尹浩鎭, 전게서, p.44.

도 하였다. 澹軒이 丹靑과 神情이 서로 조화할 것을 강조한 사실도 이와 관련되는데, 형골과 신정의 조화는 결국 생동하는 사실적인 예술품을 만든다고 생각했기 때문이다. 그리고 자연스럽게 창작 주체에게 도래하는 신(신융·신래)이 인위적으로 얻을 수 없다고 본 반면, 형골과 신정의 조화는 노력에 의해 얼마든지 획득될 수 있다고 주장한다. 이는 형과 신이 조화된 두보의 작품을 가장 이상적인 것으로 생각한 데에서도 알 수 있다. 두보는 주지하다시피 이백과 같은 천재성을 지닌 시인은 아니다. 오히려 학시의 방법을 터득해 옛것을 많이 익혔던 작가이다. 그런데 삼연은 두보가 좋은 시를 쓰게 된 직접적인 원인을 여기에 두고 있다. 오랫동안 학식과 재능을 키우다보니 시를 지을려고 해서 지은 것이 아니라 저절로 나왔다고 한다. 이로써 삼연은 형골과 신정의 조화는 노력 여하에 따라 달라질 수 있다는 생각을 지니고 있었음을 알 수 있다.

다음은 兪命岳·李夢相이 금강산을 둘러본 후 수창한 시에서 어떻게 금강산을 시에 담았는지를 보여주고 있다. 형골과 신정의 조화를 강조한 것과 관련있어 인용한다.

金剛은 우리나라의 산이다. 그러나 보기 어렵다 칭하고 이미 보고 나서는 또한 시로 쓰기 어렵다 칭하니 오랫동안 말해온 바이다. 지금 사람들은 비로소 금강이 壞奇·壯幻의 경관이 있음을 들었다고 하면서 큰 마음을 기울이지 아니함이 없고, 또한 큰 일로써 경영하지 아니함이 없다. 그러고도 일에 나아가서는 판단해내는 이가 드무니, 대개 스스로가 어렵다고 한 것이고, 반드시 금강이 어렵게 한 것은 아니다. 거의 이내 한번 나아감을 얻게 되면 저 흔들리는 마음으로는 마침내 마땅히 접할 겨를이 없어 눈은 장차 의혹되고, 입도 장차 열게 되는가 하면, 氣 또한 흐려지고 意가 막혀 있는데, 구하여 그 雄奇함에 겨루려고 하니 마침내 奇하게 할 수도 없어 더욱 더 주리어 돌아오게 된다. 이는 이른바 神情을 다하지 못했기 때문이다. ……이내 兪·李 두 사람이 금강을 수창한 시를 읽어보니 역력히 마치 川

이 골에서 나오는 것과 같고, 발연히 구름이 산봉우리에서 이는 듯이 세를 따라 사라지니 처음에는 공교로움을 구한 흔적이 보이지 않으나 빠지고 흐르는 세세한 글에 나아가니 境이 함께 妙合되지 아니한 것이 드물었다. 잠시 그 가운데를 보니 天骨에 돌이 쌓여 있는데 솟아서 그 돌은 전혀 한 티끌이 없으니 이를 가히 금강이라 크게 할 수 있을 것이다.134)

유명악·이몽상 두 사람은 삼연의 제자로 앞 농암의 시 형상화 과정을 살피던 중 접했던 인물들이다. 농암과 마찬가지로 삼연도 두 제자가 금강산을 유람한 후 수창한 시에 대해 제발문을 썼는데, 그 내용은 금강산에 대한 世人의 평으로부터 시작한다. 사람들이 금강산을 시로 쓰기 어렵다고 말한 것에 대해 삼연은 사물에 나아가서 힘쓰지도 않으면서 그 산만 탓한다고 주장한다. 흔들리는 마음 상태로 금강산을 대하니 눈은 의혹됨으로 가득차고 氣가 흐려지고 뜻이 막혀 있는 상태에서 금강산의 웅장하고 기이함과 겨루려고 하니 잘되지 않는다는 것이다. 그리고 이렇게 된 이유를 신정이 부족하기 때문이라고 한다. 형체를 생동감있고 사실적인 것으로 그리려면 형골인 금강산과 자아의 내면에 담겨져 있는 신정이 서로 조화를 이루어야 하는데, 신정이 진실되지 않으니 웅장함도 그릴 수 없게 되고 기이함도 담을 수 없다는 논리이다. 그러나 유명악·이몽상 두 사람의 시는 형골과 신정이 조화되어 시를 읽으면 마치 냇물이 골에서 나온 듯하고, 구름이

---

134) 『三淵集』25, 題兪命岳李夢相金剛錄後. "金剛我國之山也 然稱難見 旣見
又稱難詩 所言來遠矣 今人始聞金剛有壞奇壯幻之觀 則莫不以大心傾之
又莫不以大事營之 故卽事鮮辦 蓋自生其難而未必金剛之爲難 僅乃一得
造焉 則以彼動搖之心 卒當不暇之接 目將瑩焉 口將肤焉 氣且督焉 意且
闕焉 求所以敵其雄奇 而竟未能奇 則益木号然而歸矣 斯所謂神之不勝
也……而乃者得兪李二君所酬唱金剛者而讀之潑然若川之出谷也 勃然若
雲之興岫也 遵勢而去 初未見求工之迹 而卽其淪漣慶霧之文 鮮不與境妙
合 俄窺其中 磊磊乎天骨瑰砢 絶一塵焉 寔可謂大稱金剛矣."

산봉우리에서 이는 듯하다라고 한다. 바로 사실성 획득을 표현한 대목이다. 이러한 작시 방법은 결국 후에 燕巖 朴趾源을 중심으로 한 寫實主義 표현 기법에까지 영향 미쳤을 것으로 생각된다.

마지막 세 번째로 삼연은 神化를 통해서 작시의 방향이 어디로 가야 하는지를 말해준다. 신화는 작품에 드러나는 나름대로의 개성을 지닌 시의 특징이라고 이미 말하였다. 이는 달리 표현하자면, 反擬古主義요 自得이라고 할 수도 있겠는데, 삼연이 작품에서 신화를 강조한 이유는 당시 시문단의 무조건적인 모의를 반대한 데에서 기인한다. 이는 삼연이 시에는 법과 격율이 있음은 사실이나 반드시 여기에만 얽매이지 말고, 나름의 시세계를 개척해야 한다는 의미에서 신화를 사용함에서도 알 수 있다. 또한 앞에서 들었던 두 번째 신의 의미와 마찬가지로 노력 여하에 따라서 얼마든지 획득될 수 있는 것으로 간주한다. 이는 두보를 예로 들어 신화의 경지를 설명한 데에서 추측할 수 있다.

다음 글은 그러면 어떻게 시를 지어야 자득의 경지에까지 오를 수 있는가를 말해준다.

> 대저 시는 어떻게 짓는 것인가? 性靈에 바탕을 두고서 物象에 가탁하여 청색과 노란색으로 꾸미면 文이 되고 宮商의 선율을 쓰면 律이 되니 가히 일정한 법칙이 있을 수 없고 오직 변화하여 나아간다. 神은 일정한 방위가 없기에 바뀌는 사이에 일정한 체격이 없다. 시 또한 그와 마찬가지이다. 그러므로 물상이 옮겨지는 바가 있기에 눈 속에 파초가 있다해도 옳고 境에 빼앗긴 바가 있어 겨자 속에 수미산이라 해도 옳다. 이 어찌 가히 안배에 얽매임이 있겠는가?[135]

어떻게 작시할 것인가라는 질문에 대해 변화를 말하고 있다. 그 변화를 神으로 다시 바꾸어 이는 일정한 방위와 체격이 없다

---

[135] 『三淵集』 23, 何山集序. "夫詩何爲者也 原於性靈 假於物象 靑黃之錯爲文 宮商之旋爲律 不可爲典要 惟變所適 神無方而易無體 詩亦如之 故象有所轉 雪中芭蕉可也 境有所奪 芥裏須彌可也 是豈可以安排拘滯爲哉."

고 하며, 시 또한 이와 마찬가지라고 한다.

이것이 바로 삼연이 인식한 신의 성격이라고 할 수 있다. 즉, 신은 변화 불측하여 詩風의 제약도 받지 않고 자유롭게 진행된다고 한다. 이러하니 어디 한 곳에 정착하여 고정적으로 있을 수 없는 것과 같이 인식한다. 이는 작시상에서 나온 시대성을 언급한 것과 관련된다고 해야할 것이다. 옛 법과 격을 뛰어넘어 당시대에 맞게 변화를 주는 것은 바로 현재라고 하는 시대성을 의미하는 것이기 때문이다. '唐詩는 당시요 宋詩는 송시'라고 하는 농암의 논리나 자기가 좋아서 지은 시가 '漢詩는 진실로 한시가 아니요, 唐詩도 진실로 당시가 아니고 곧 스스로의 한시요 당시였다'고 하는 삼연의 어조는 모두 이러한 시대성을 중요시한 것으로 각 시대마다 때에 맞추어 변화해야 함을 강조했다고 하겠다. 이러한 연유로 당대 시문단의 무조건적인 의고주의를 비판하는가 하면, 신이라는 용어를 빌어 반의고와 시대성의 의미를 대신했다고 생각한다.

다음은 何山 崔孝騫이 어떻게 시를 지었는가를 보여주는 내용이다. 세 번째 신의 의미와 관련되어 인용해 보겠다.

> 뒤늦게 何山의 시집을 얻어 읽어보았다. 이는 진실로 능히 忌諱하는 습속을 다 벗어 버렸고, 仍襲하는 일에 편히 여기지 않았다. 그 체격을 살펴보니 唐도 宋도 아니어서 師承하는 바가 없음을 가히 알 수 있으나 聲調가 爽亮하고 氣機가 橫活하여 왕왕 돌출한 듯한 모습을 띠고 있다. 그 험기한 意境을 만들어 낼 때면, 문득 찬물이 등을 적시는 듯하고 번개가 눈앞에 번득이는 듯하여 사람으로 하여금 간장을 놀래키고 정신을 빼앗아 갈 듯하였다. 그 천천히 풀어서 보아도 가지마다 여러 경계가 갖추어져 있고, 온갖 모습이 드러나 있어 한편으로는 놀라울 만하고 또 한편으로는 기뻐할 만해서 모르는 사이에 턱이 벌어지고 손뼉치는 것을 깨닫지 못한 지가 오래이다. 이와 같은 시가 없었나니 비록 백년에 한 번 나타난 格이라 이르러도 괜찮을 것이다.136)

삼연은 何山이 변화의 의미를 가진 신화를 획득했다고 보았다. 따라서 忌諱함도 仍襲하는 습관도 지니지 않아 읽는 이로 하여금 사실성까지 느끼게 했다고 한다. 백년에 한번 나타난 創格이라 하며 극찬을 아끼지 않는데, 백년동안 이 하산시만큼 독창성을 띤 작품은 없었다는 말이기도 하다.

이상 삼연이 말한 신의 의미에 대해서 논했다. 이 신은 한가지로 고정되어 쓰이지 않고 있다는 특징을 보이는데, 궁극적으로 삼연은 신 그 자체를 오묘하고 변화무쌍한 것으로 보았기 때문이 아닌가 생각한다.

3) 山水詩의 表現

농·연은 景과 情이 합일된 것을 가장 이상적인 시로 간주한다. 그러면 景의 범위를 어디까지 한정해야 할 것인가? 그 범위를 한정하기는 무리일 것이고, 이 세상에 존재하는 것 심지어는 존재하지 않는 형이상의 것도 경의 안에 포함시킬 수 있을 것이다.

농·연은 경 중에서도 유독 山水에 관심이 많았다. 그들의 산수 취향이 어느 정도였는지는 이미 살폈는데, 그러한 취향이 자연스럽게 많은 시의 제재로 쓰였을 것으로 생각된다. 또한 이들은 산수와 관련하여 그것을 시로 형상화하는 방법을 제시한다. 따라서 여기서는 이 둘이 제시한 산수시의 표현 방법에 대해 고찰하고자 한다.

---

136) 『三淵集』 23, 何山集序. "晚得何山詩而讀之 是眞能脫略忌諱 而不安於仍襲者也 看其體格 不唐不宋 可知無所師承 而聲調爽亮 氣機橫活 往往突如其來 造險出奇 忽如冷水之澆背 迅雷之爗眠 殆令人膽掉神奪 及其徐繹而種種諸境之該 百態具呈 可愕可喜 不覺解頤而撫掌久矣 無此詩雖謂之百年創格可也."

  산수에서 유흥하거나 그것을 감상한다는 것은 고려 뿐 아니라 조선시대 문인들에게 보편화된 일이었다. 그러나 각 시대마다 그리고 어떤 경우는 개인에 따라서 산수를 보는 시각이 달랐음을 보이는데, 농·연의 산수시 표현방법을 알아보기에 앞서 그 차이를 구명해야 하리라고 생각한다. 이러한 산수관의 차이가 산수시 표현 방법과 무관하지 않기 때문이다.

  먼저 栗谷 李珥는 산수를 대하는 태도로 세 가지를 제시한다. 이를 통해 그가 산수에서 지향하고자 한 바는 무엇인지도 알게 된다.

> 천지간 모든 사물은 각기 理가 있다. 위로 日月星辰으로부터 아래로 草木山川에 이르기까지 미세하게는 술 찌꺼기와 타고남은 재에 이르기까지 모두 道體가 깃들인 것이며, 지극한 가르침 아닌 것이 없다. 사람이 비록 朝夕으로 그것을 보고 그 이치를 모른다면 안보는 것과 다름이 없다. 금강산을 유람한 선비들 또한 눈으로만 볼 뿐 산수의 정취를 깊이 알지 못한다면 백성이 매일 쓰면서도 그것이 무엇인지를 모르는 것과 다를 게 없다. 그렇다면 洪丈(仁祐)과 같은 이가 가히 산수의 깊은 정취를 안다고 하겠는가? 비록 단지 산수의 정취를 알 뿐 道體를 알지 못한다면 또한 산수를 아는데 귀할 게 없다.137)

  율곡은 산수 자연을 보는 태도에는 目見而已와 知山水之趣, 그리고 知道體 등이 있다고 한다.138) 目見而已는 그냥 현상적으로

---

137) 『栗谷全書』13, 洪恥齋仁祐遊楓嶽錄跋. "天壤之間 物各有理 上自日月星辰 下至草木山川 微至糟粕煨燼 皆道體所寓 無非至教 人雖朝夕寓目 不知厥理 則與不見何異哉 士之遊金剛者 亦目見而已 不能深知山水之趣 則與百姓日用 而不知者無別矣 若洪丈可謂深知山水之趣乎 雖然但知山水之趣 而不知道體 則亦無貴乎知山水矣."

138) 趙東一은 율곡의 이 세 가지 산수관을 기반으로 산수시를 구성하는 세 층위를 경치와 흥취·주제로 나누고, 그것을 다시 하위 구분하여 각각 서경시·흥취 위주·주제 위주로 세분한다.(「산수시의 경치, 흥취, 주제」, 『國語國文學』98, 國語國文學會, 1987, p.14.)

보이는 것만을 좇는 경우이고, 知山水之趣는 산수의 정취를 알고
서 산수를 대하는 태도이고, 마지막 知道體는 산수 자연에서 道
의 실체를 밝히려고 하는 경우를 이른다.

이처럼 율곡의 산수를 대하는 태도는 극히 관념적이라 할 수
있는데, 거의 같은 시대를 살았던 退溪 李滉는 어떠했는가? 퇴계
도 율곡과 별반 차이없이 산수를 대하고 있음을 다음 글은 보여
준다.

> 옛 山林를 즐긴 자는 돌아보건대 둘이 있다. 玄虛를 그리워하고
> 高尙을 일삼아 즐기는 자가 있고, 道義를 기뻐하고 심성을 길러서
> 즐기는 자가 있다. 전자를 따른다면, 혹 潔身亂倫에 흘러 심한 즉,
> 鳥獸와 무리 지어도 그릇된다고 생각하지 않게 됨이 두렵고, 후자를
> 따른다면, 좋아하는 바는 糟粕뿐이오 그 전할 수 없는 妙에 이르러
> 서는 구하면 구할수록 얻을 수 없으니 어찌 즐거움이 있으리오. 비록
> 그러나 차라리 후자를 위하여 스스로 힘쓸지언정 전자를 위하여 스
> 스로 속이지는 않겠다.139)

앞에서 보았던 율곡의 글 내용이 산수를 통해서 알 수 있는 것
이 무엇인가를 말해 주었다면, 퇴계의 글은 자연에서 즐길 수 있
는 것이 무엇인가를 알려주었다. 그 유형으로 두 가지를 말한다.
즉, 玄虛를 그리워하고 高尙을 섬기거나, 道義를 기뻐하고 心性
기르기를 즐기는 자가 있다는 것이다. 사상을 따지자면 전자는
道家에, 그리고 후자는 儒家에 해당된다고 하겠다. 이중 퇴계는
유가의 성리학적인 학문 태도에 맞추어 산수 자연에 있는 道의
뜻을 찾고 그것에서 기쁨을 얻겠노라고 한다. 외물의 이념화를
추구했음을 말한다. 이러한 산수 태도를 지니고 있었기 때문에

---

139) 『退溪集』3, 陶山雜詠記. "觀古之有樂於山林者 亦有二焉 有慕玄虛事高
　　尙而樂者 有悅道義頤心性而樂者 由前之說 則恐或流潔身亂倫 而其甚則
　　與鳥獸同群 不以爲非矣 由後之說 則所嗜者糟粕耳 至其不可傳之妙 則
　　愈求而愈不得於樂何有 雖然寧爲此而自勉 不爲彼而自誣矣."

그는 산수를 좋아해도 자신의 발로 답사하고 耳目을 통해 그 形姿와 蘊美를 玩賞할 수 없는 高山深壑보다 溫和雅淡하여 친근감을 주며 逍遙探琓하여 그 物理를 窮究히 할 수 있는 野山小溪를 좋아했다. 그리하여 '치솟기 만길이나 되고 높은 벼랑이 가파른' 淸凉山을 택하지 않고 陶山을 택한다. 퇴계의 心鏡에 비친 도산은 雄壯崎嶇하지 아니하고 蘊藉端雅하며, 玄妙虛誕하지 아니하고 新近質實하며, 豪放剛健하지 아니하고 溫柔敦厚하며 幽邃深遠하지 아니하고 平夷淡泊하며, 纖麗華靡하지 아니하고 典重素樸하며 衝突葛藤하지 아니하고 和諧相合하는 산수였던 것이다.140) 그러나 '古人의 즐거움은 마음에서 얻어진 것이지 外物에 假托하여 얻어진 것이 아니다.'고 하는 어떤 이의 물음에 대한 퇴계의 반박 내용을 살피면 비록 시에 도의 실체를 담으려고 했지만, 산수 자연을 시 형상화의 중요 매개물로 인정했음을 알 수 있다. 이런 의식에서 지어진 것이 바로 〈陶山雜詠〉이라고 하겠다.

이상 조선중기 성리학자이면서 문인인 율곡과 퇴계를 중심으로 산수에 대한 태도를 살폈다. 둘에 국한해서 논의하다 보니 전체의 모습을 드러내지는 못했지만, 그 전체 안의 개별적인 모습은 또한 천차만별로 조금씩 다를 수 있음을 인정한다. 이런 개별적인 것들은 인정하지만, 글의 전개상 퇴계·율곡을 대표로 들어 儒家人의 산수 태도를 살펴보았다.

그러면 농·연은 산수에 대해 어떤 태도를 가졌을 것인가? 이들은 율곡이 말한 산수를 대하는 세 가지 유형 중 두 번째 산수 태도를 지녔다고 하겠다. 그 이유는 퇴계·율곡과는 달리 시가에 있어 흥과 신을 강조하고 있기 때문이다. 다시 말해 농암은 산수를 흥을 일게 하는 매개체로 인식한다. 따라서 산수를 대하는 태

---

140) 洪瑀欽, 「退溪의 詩文에 나타난 山水觀」, 『韓國漢文學硏究』 8, 韓國漢文學會, 1995, pp.133~138 참조.

도 뿐 아니라 산수 취향도 사뭇 퇴계·율곡과는 달랐다. 퇴계·
율곡의 경우 산수 자연에서 도를 얻는 것을 최대의 목표로 삼았
기 때문에 굳이 높은 산과 깊은 골짜기에 가지 않아도 되었다.
앞에서 들었던 퇴계의 산수 취향이 그것을 말해준다. 그러나
농·연은 이들과 달랐다. 농암의 경우 동으로는 楓嶽山, 서로는
天磨山, 그리고 남으로는 月出山에 올랐다고 했는가 하면, 우리
나라의 많은 산중에서 '풍악산이 산수 중의 성현이다'라는 말까
지 덧붙인다. 또한 삼연도 금강산을 일곱 차례에 걸쳐 편람한다
든지 만년에 설악산 등지에서 幽居의 삶을 살아 산수 취향이 범
상치 않음을 보여준다. 다시 말해 이 둘은 시에 있어 道보다도
흥과 신, 개성 표출을 중요하게 생각했기 때문에 생활 주변의 낮
은 산수나 평범한 경관을 선호하지 않고, 금강산과 같은 높고 수
려한 곳을 찾았던 것이다.

  농암은 평생동안 두 번 금강산에 갔었는데, 다음 글은 그러한
내용과 함께 그래도 항상 여운이 남아 있음을 말하고 있다.

  옛날 내 나이 20여 세 때 금강산을 유람하여 비록 산의 내외를 눈
  여겨보면서 그 오르내리고 출입하여 깊은 승지에 이르러 거의 조금
  의 남김도 두고자 하지 않았다. 마치 비로봉이 구룡과 같이 높이 바
  라다보였으나 모두 부모님의 경계 때문에 감히 모험을 무릅쓰고 가
  지 않았고, 다른 곳도 또한 오히려 궁구치 못한 것이 많았다. 15년
  후에 또 評事로서 북방 변두리에 가면서 便道로 올라가 유람하였다.
  이틀 밤을 묵으며 다녔는데 더욱 더 탐색할 겨를이 없었다. 대개 나
  는 금강산을 무릇 두 번 유람했으나, 모두 남은 한이 있다. 그러므로
  마음이 항상 편치 아니함이 있어 매양 가을 바람이 불면 말머리를
  동으로 가려고 한 것이 여러 번이었다. 이미 늙고 병들었으나 이 뜻
  은 오히려 사그라들지 않았다.[141]

---

141) 『農巖集』 22, 送李瑋游楓嶽序. "昔余年卅餘 卽游金剛 縱觀山內外 其所
    上下出入以窮幽勝者 殆不欲有尺寸之遺 然如毗盧望高九龍 皆以親戒 不
    敢冒危險以往 其他亦尙多未究 後十五年 又以評事往北邊 便道登覽 信

구체적으로 두 번의 유람은 출사 이전인 21세 때와 출사 이후 북방의 評馬事로 부임했던 35세 때를 이른다. 금강은 내금강과 외금강이 있는데, 그것을 눈여겨 보았다고 한다. 한 곳도 빼놓지 않고 두루 돌아보려고 하는 태도를 읽을 수 있다. 그러나 다 볼 수 없었다고 한다. 이것이 21세 때의 일이다. 다시 10여 년이 흐른 뒤 찾았으나 그때도 모두 다 돌아볼 수 없었다고 술회하고 있다. 그래서 한이 남아 가을이 되면 금강산이 있는 동으로 가고픈 마음이 간절하나, 이젠 늙고 병들어 갈 수 없는 자신의 처지를 안타까워 한다.

금강산과 관련하여 특징적인 것은 농암 이전 문인들이 대체로 일종의 특수한 체험을 남기는데 주력했다면, 농암 당대의 금강산에 대한 관심과 문학적 표현은 문인들 사이에 思潮的인 성격을 띠고 나타났다는 차이점이 있다. 이는 주로 농·연과 그의 문하생들에 의해 주도되는데, 序跋文을 통해 금강산을 제재로 한 당대 문인들의 시문 활동을 평가하기도 하였다.142) 위 농암의 글은 이러한 연계선상에 놓여있다고 하겠다.

그러면 농·연은 산수시를 창작함에 어떻게 하는 것이 가장 이상적이라고 하였는가?

다음은 삼연의 제자인 兪命岳과 李夢相이 금강산을 다니면서 수창한 시에 대해 농암이 序文을 쓴 글 내용이다.143) 산수시의

　宿而行 尤不暇極意搜討 盖余於金剛凡兩游 而皆有遺恨矣 以故意中常耿耿 每遇秋風起 馬首欲東者數矣 旣老且病 此意猶不衰."

142) 강혜선, 「槎川 李秉淵의 金剛山詩 硏究」, 『韓國漢文學硏究』 16, 1993, p.283 참조.

143) 兪命岳의 아들인 兪拓基의 문집 『知守齋集』(15, 題金剛帖後)에는 이와 관련된 내용이 수록되어 있다. "先君子十八歲以甲子春 同李公夢相 徒步入金剛歷覽而歸 此其唱酬詩也 先君子手書一通 以質于三淵先生 先生手自點抹 而第其一二於每篇之士 又與農巖先生各爲題跋 以稱賞之 其文俱載二先生集中 今可考也."

표현 방법을 말하기에 앞서 산수와 시가와의 관련성을 언급하고 있다.

> 시가의 묘함은 산수와 서로 통한다. 대저 맑고 멀고 높고 무성하고 기려하고 유장하니, 그 모양됨이 변함이 많고 그 경지를 다하기 어렵다. 이것을 바라봄에 정신이 용솟음치고 그에 나아감에 마음이 화해지니, 이것이 산수의 승경이다. 그런데 시가 또한 그러하다. 그러므로 두 가지가 서로 만남에 정기가 서로 주입하고 경취가 서로 발하니, 이것은 진실로 그렇게 하지 않으려 해도 그렇게 되는 것이 있다.144)

시가를 산수에 대비해 말하고 있다. 산수의 경지는 끝없이 이어지고, 그것을 보고 있으면 정신이 용솟음치고 마음이 화해진다고 한다. 산수가 이러하니 시가도 그러한 성격을 지녔다고 하면서 시가와 산수의 상통성을 이야기하고 있다. 시가와 산수가 서로 통하니 억지로 그렇게 하지 않아도 둘이 서로 만나면 정기가 서로 주입하고 경취가 서로 발하여 자연스러운 감정의 유출 상태가 된다고 주장한다.

그런데 언제부터인가 이러한 詩道가 쇠하게 되었는데, 그 이유에 대해 다음과 같이 적고 있다.

> 그러므로 평범한 경관을 유람하면서 기묘하고 빼어난 말을 구하면 보탬이 없고, 속된 솜씨를 가지고서 기괴하고 화려한 경관을 묘사하니 닮을 리가 없다. 그래서 이 두 가지는 서로 등지는 것이다. 사람이 산수를 등지는 것은 돌아보건대 많으니, 대개 시도가 쇠한 지 오래이다.145)

---

144) 『農巖集』 21, 兪命岳李夢相二生東游詩序. "詩歌之妙 與山水相通 夫淸逈峻茂 奇麗幽壯 其爲態多變 其爲境難窮 望之而神聳 卽之而心融 此山水之勝也 而詩歌亦然 故二者相値 而精氣互注焉 景趣交發焉 是固有莫之然而然者矣."
145) 『農巖集』 21, 兪命岳李夢相二生東遊詩序. "是以踐常境而求奇雋之語 則無助 操哇音而寫瑰麗之觀 則未肯 是二者又交相負也 而人之負山水也顧

앞에서 농암이 주변의 평범한 승경보다는 금강산과 같은 玄妙
한 곳을 찾는 이유에 대해서 언급했는데, 그와 관련된 내용을 적
고 있다. 즉, 평범함 속에서는 기묘하고 빼어난 말이 나올 수 없는
데, 억지로 그러한 것을 찾고 있고, 또한 좋지 않은 솜씨로 산수를
화려하게 묘사하니 닮을 리가 없다고 한다. 때문에 시도는 이미
오래 전에 쇠하게 되었다고 덧붙인다. 이는 그 동안의 시의 寫實
性 부족을 꼬집은 것이다. 평범한 경관을 만나 그것을 시로 표현
하고자 하면, 평범하게 묘사해야 할텐데 그것을 빼어난 승경인 것
처럼 그리니 사실성과는 거리가 먼 시가 되었다는 말이다. 그리고
그 동안 금강산을 읊은 시인들이 많이 있었는데, 그 빼어난 경관
을 닮게 그린 사람은 없었다고 하면서 다음과 같이 서술한다.

> 우리나라에 산수를 말한다면 금강산이 으뜸이어서 전에부터 시인
> 들이 노래하고 읊조린 것이 많다. 그러나 금강산의 빼어난 경관을 닮
> 게 표현한 말을 한마디라도 구하려했지만, 끝내 얻을 수 없었다. 무
> 릇 조물주는 신이하고 빼어나며 맑고 화려한 기를 이 산에 모이게
> 하여 기이한 봉우리와 깎아지른 절벽을 만들기도 하고, 맑은 샘과 깊
> 은 골짜기를 만들기도 하며 아름다운 나무, 기이한 꽃, 금빛모래, 은
> 빛자갈 등을 만들기도 하였다. 그 뛰어남이 이같이 오묘한 데도 세상
> 에 시를 짓는 자가 바야흐로 또한 비근함을 즐겨 익히고 더럽고 진
> 부한 것을 인습하였다. 일찍이 그 깊은 생각을 일치시켜서 獨創之語
> 를 발하지 못하니 그 천기를 움직임이 얕아 興象이 不遠하며 사물
> 을 命한 것이 조악해 묘사가 진실하지 못하였다. 이것을 가지고 산
> 수에 나아가니 어찌 능히 표현할 수 있었겠는가?[146]

　　多　盖詩道之衰久矣."
146)『農巖集』21, 兪命岳李夢相二生東遊詩序. "語山水於東方　金剛爲大　而自
　　前世詩人歌詠甚多　然求一言之克肖其勝　卒不可得　夫造物者　專以神秀淑
　　麗之氣　鍾之於是山　以而爲奇峰峭壁　以而爲淸泉邃谷　以而爲嘉木異卉
　　金砂銀礫　其爲勝亦妙矣　而世之爲詩者　方且樂習卑近　因陋而襲陳　未嘗
　　一致其深思　以發獨創之語　其動乎天機也淺　而興象不遠　命乎事物者粗
　　而描寫不眞　以此而之乎山水　夫安能有所發."

금강산이 산수 중에서 가장 으뜸이라는 것에서 시작해, 지금까지 그 빼어난 경관을 닮게 그린 이를 찾지 못했다고 한다. 그리고는 금강산의 實相을 언급하고 있다. 기이한 봉우리, 깎아지른 듯한 절벽, 맑은 샘과 골짜기, 아름다운 나무 등 금강산은 그야말로 빼어난 승지인데, 세상에서 이를 가지고 시 짓는 자들은 이러한 실상을 그리는 것이 아니라 지금까지 내려왔던 비근함과 진부함을 그대로 인습하여 묘사했다고 개탄한다. 그러다 보니 독창성과는 거리가 먼 시가 되었다는 것이다. 독창적이지 못하다는 것은 沒個性的이라는 말인데, 이는 당시의 의고성에 대한 비판인 동시에 산수를 관념적으로만 생각하는 문인들에 대한 자신의 입장 표명이라고 하겠다.

관념적이라는 것은 어떤 사물을 미리 規範化시킨다는 말과 통한다. 자연을 '道義를 기뻐하고 心性을 기르는 곳'쯤으로 생각하니 객관적이고 개별적인 존재가 아니라 규범성의 表徵(emblem)이 되고 만 것이다. 그래서 菊·松·竹은 節의 표징일 뿐이지 그것들의 객관적 개별성은 거의 표현되지 않았다. 표징으로서의 자연, 그것은 구체적 자연이 아니라 類型性의 자연인 것이다.147) 이러한 산수 표현을 농암은 비판하고 있다. 이는 금강산은 금강산 나름대로의 특징이 있는데, 그것을 찾아 시로 형상화해야 한다는 말과도 같다. 그렇게 할 때에야 비로소 금강산의 개별성을 드러내는 사실적인 시가 이루어진다고 보았다.

그러면 어떻게 해야 독창성있는 산수시를 쓸 수 있을 것인가? 농암은 다음에서 그 구체적인 사항을 일러주고 있다.

> 내가 兪命岳·李夢相의 東游詩를 보니 가히 기이할 만하다. 두 사람이 시를 전공함에 있어 본받은 법이 매우 옛스러웠다. 이것은 스

---

147) 崔珍源, 『國文學과 自然』, 성균관대학교 출판부, 1986, pp.59~74 참조.

스로 내가 아는 바로 만일 사물에 나아가 말이 모두 진실되고 경물을 좇아서 의경이 문득 참신하다면, 그윽한 경관과 빼어난 자태가 또렷하게 빛나 일찍이 이 산을 본 사람으로 하여금 황홀하게 다시 보았던 것과 같이 하리니 나 또한 (이 두 사람이) 여기까지 이를 줄은 생각지도 못했다.148)

유명악·이몽상의 시가 기이하게도 모두 古法을 본받았다고 한다. 그러면서 '卽物而語皆眞하고 遂境而意輒新'하다고 이른다. 이는 '물을 만나서는 말이 모두 진실되고, 의경을 좇을 때는 뜻이 문득 참신하다'는 말과 같다. 때문에 금강산의 경관과 자태가 뚜렷해질 뿐만 아니라, 금강산을 한번 가 본 사람이 유명악·이몽상 이 두 사람의 시를 읽게 되면 황홀해질 것이라고 한다.

'卽物而語皆眞하고 遂境而意輒新'함은 시 형상화의 과정에서 말했던 정이 경을 만날 때 자연스러운 興이 도래해 남과 다른 개성적인 시를 쓴다는 것과 관련성이 있다. 즉, '卽物해서 말이 모두 진실되다'는 것은 경을 만났을 때 사실 그대로 묘사함을 말한다. 또한 '의경을 좇아서는 뜻이 문득 새롭다'고 했는데, 이는 산수의 경치를 보고서 단지 거기에 멈추지 않고 나름대로 각자의 정을 넣어 意境을 창출해야 한다는 의미이다. 회화적인 용어를 빌어 말하자면, 전자는 形似가, 그리고 후자는 神情이 될 것이다.

이렇게 보았을 때 산수시 표현 방법도 앞에서 들었던 시 일반의 형상화 과정과 유사하다는 것을 알 수 있다. 즉, 보편성 속에서 특수성을 찾았다는 말이다.

이와 같이 농암은 경인 형사와 정인 신정의 조화로운 상태, 그것이 곧 가장 오묘한 시를 창작해 내는 방법이라고 보았음을 알 수 있다. 또한 神情을 홍처럼 어떤 한 개인이 가진 개성적인 것

---

148) 『農巖集』 21, 兪命岳李夢相二生東遊詩序. "余觀兪李二生東游詩 可異焉 二生之治詩歌 其師法甚古 此自余所知 而若其卽物而語皆眞 逐境而意輒新 幽觀勝態 的皪燦發 使嘗見是山者 怳然如復見焉 則余亦不圖其至於是也."

으로 인식한다. 다음 글은 이것을 말하고 있다.

> 시라는 것은 性情의 발함이며 天機가 움직이는 것이다. 당인의
> 시는 이것을 얻었다. 때문에 初・盛・中・晚唐을 논할 것 없이 대저
> 모두 자연에 가깝다. 지금은 이것을 알지 못하여 오로지 성색을 모상
> 하고 기격을 승면하여 고인을 추종하니, 곧 그 성음과 면모는 비록
> 혹 방불할지라도 神情과 興會는 도무지 서로 같지 않으니 이것이
> 明人들의 실수이다.149)

성색을 모방하고 기격에 힘씀은 이미 말했듯이 외적인 것에
치중해 그것을 본뜸을 말한다. 이렇기 때문에 성음과 면모는 비
록 唐人과 같을 지라도 신정과 홍회가 같지 않아 이것이 바로 명
인의 실수라고 했다. 신정과 홍회가 당인과 같다는 말은 외형을
그대로 닮았다는 것이 아니라 당인이 나름대로 自家를 이루려고
했던 그 정신을 닮으려고 했다는 뜻이다. 따라서 농암은 시에 있
어 홍의 강조와 함께 신정도 중요하게 생각했음을 알 수 있다.
그리고 또한 신정만 오로지 중요하다고 말한 것이 아니라 형사
와 신정의 조화, 경과 정의 융합을 시의 이상적 표현 방법으로
강조했다고 하겠다.

이상은 주로 농암의 산수시 표현 방법에 대해서 살폈다. 농암
은 조선중기 퇴계・율곡과 같이 유가적 관념에 쌓여 있던 이들
과는 다른 산수 태도를 지니고 있었다. 그것은 시를 독립된 형태
로 생각하고 그것을 창작함에는 홍이 반드시 필요한데, 그 홍을
이끌어줄 산수인 경이 주변의 범상함이어서는 안된다는 생각을
지닌 것에서도 알 수 있다. 따라서 금강산과 같은 험하기 이를
데 없는 곳을 산수 중 가장 으뜸으로 생각했던 것이다.

---

149) 『農巖集』 34, 雜識. "詩者 性情之發而天機之動也 唐人詩 有得於此 故
無論初盛中晚 大抵皆近自然 今不知此 而專欲摸象聲色 黽勉氣格 以追
蹤古人 則其聲音面貌 雖或髣髴 而神情興會 都不相似 此明人之失也."

그리고 이러한 산수를 시로 표현하기 위해서는 '물을 만나면 진실되게 의경은 참신하게 해야 된다.'고 하면서 어느 한쪽에 치우치지 않고 둘의 조화로움을 강조한다. 이를 여기서는 형사와 신사의 조화라고 했다. 그러므로 농암은 경을 경으로 끝낸 것이 아니라 거기에는 반드시 情이 포함되어 사실성있는 산수시를 써야함을 밝혔다고 하겠다.

4. 妙悟·禪詩說과의 關聯性[150]

妙悟는 南宋 때 嚴羽가, 그리고 神韻은 淸末 王士禎이 주창한 시 이론임은 주지의 사실이다. 엄우는 詩話書인 「滄浪詩話」를 통해 자신의 시론을 제시하는데, 가장 정채가 있는 곳은 妙悟와 興趣를 내세운 부분이다. 특히, 묘오는 시를 禪에 비유한 것으로 시도 禪家에서 禪을 논하는 것과 같이 할 수 있다는 논리이다. 또한 그는 盛唐의 시를 가장 이상적인 것으로 받드는데, 그 중에서도 李白·杜甫의 시를 시의 극치에 도달한 것으로 다룬다. 따라서 '시의 극치는 하나가 있으니 그것을 入神이라고 한다. 시로 입신의 경지에 이르면 지극하고 다 갖춰 보탤 것이 없다. 이·두가 이 일을 해냈다.'[151]고 한다. 즉, 이백과 두보는 시에 있어 입신의 경지에 도달하여 시의 극치를 드러냈다는 말이 된다. 그리고 '시란 별다른 趣가 있는 것으로 이치와는 관계가 되지 않는다. 그러나 글을 많이 읽고 이치를 많이 연구하지 않으면 그 이름이 극

---

150) 제목을 妙悟·神韻說이라 하지 않고 妙悟·禪詩說이라 함은 시를 禪과 같이 보았다는 데에서 연유한다. 이 문학 이론은 앞 형상화 과정 중 散見되는 내용과 겹치기도 하지만, 여기서는 직접 관련된 것을 중심으로 서술하려고 한다.

151) 嚴羽, 「滄浪詩話」, "詩之極致有一 曰入神 至矣盡矣 蔑以加矣 惟李杜得之."

진할 수 없다. 이른바 이치의 길을 걷지 않으며 말의 말절에 떨어지지 않음이 가장 최고이다.'[152]라고 하여 자신의 주장을 펼친다. 또한 시의 興趣를 강조하면서 '이 흥취는 마치 羚羊이 잠을 잘 때 나뭇가지에 그 뿔을 걸어 솟아나와 있어서 자취를 찾아낼 수 없게 하는 것과 같다. 그러므로 그 묘한 곳은 투철하고 영롱하여 머무를 수 없어서 마치 허공 가운데의 소리, 相 가운데의 빛깔, 물 속의 달, 거울속의 모양과 같이 말은 다함이 있어도 뜻은 다함이 없는 것이다.'[153]고 이른다. 엄우는 이와 같이 '투철한 깨달음'을 제기하고, '이치의 경로를 밟지 말 것'을 강조하여 후대 신운설에 영향을 끼친다.

신운은 시에 나타난 神妙한 韻致를 이른다고 할 수 있다. 다시 말해, 典故등의 힘에 의지하지 않고 직설적이면서도 그 어떤 것을 함축하고 있음을 의미한다. 이는 엄우가 시를 선과 관련시킨 것과 유사하다. '嚴滄浪은 禪으로 시를 설명하였는데, 나는 그의 설을 깊이 터득하였다.'[154]라고 한 왕사정의 언급은 그가 엄우 시론을 직접 영향받았음을 보여주는 대목이다. 엄우의 투철한 깨달음과 입신의 경지와 흥취의 세계가 연결 융합된 데서 왕사정은 신운을 이끌어 냈던 것이다.

다음은 지금까지 설명한 엄우와 왕사정의 묘오·신운설과 연관지을 수 있는 농·연의 글 내용이다.

① 대개 저 本色·悟門이라고 이르는 것은 다만 흥취를 빛내 언어의 말절에 떨어지지 않는 데 있다. 마치 물 속의 달과 거울 속의 모양과 같아 말은 다함이 있으나 뜻은 그치지 않는 데 있다.

---

152) 嚴羽, 「滄浪詩話」, "詩有別趣 非關理也 然非多讀書多窮理 則不能極其至 所謂不涉理路 不落言筌者 上也."
153) 嚴羽, 「滄浪詩話」, "惟在興趣 羚羊掛角 無迹可求 故其妙處 透徹玲瓏 不可湊泊 如空中之音 相中之色 水中之月 鏡中之象 言有盡而意無窮."
154) 王士禎, 〈蠶尾續文〉 2, "嚴滄浪以禪喩詩 余深契其說."

② 내가 일찍이 그의 시를 평하여 말하기를 '시가 이쯤이면 가히 노련하다'고 이를 만하고 하였다. 그러나 다시 한 발자국 더 나아가 보면 이른바 영롱투철하여 물 속의 달 거울 속의 꽃과 같은 것이 있음을 알게 될 것이다. 그 고시나 당의 율시를 뽑는 것을 일삼아 진실로 색과 상을 비우고 言詮을 벗어버릴 수 있으면 가까운 것이니 군은 진실로 우두머리를 점하였다.155)

①의 글 내용은 엄우의 말과 매우 흡사함을 알 수 있다. 즉, 엄우가 말한 '不落言筌'·'水中之月 鏡中之象 言有盡而意無窮'이라는 부분이 농암의 위 언급과 같다. '언어의 말절에 떨어지지 말라'고 하는 것은 시인이 언어의 속박에서 벗어나서 언어를 구사하라는 말이다. 만약 시인이 시를 짓는데 문과 같이 사변적으로 한다면 이미 그것은 실패한 작품이라는 의미이다. 또한 표현의 기법에 너무 치우치지 말라는 말과도 서로 통한다. 통발(筌)은 표현상의 문제이기 때문이다. 그리고 엄우는 시의 흥취를 전제하면서도 표현상 영양이 잠을 잘 때 그 뿔을 나무에 걸어놓고 공중에 떠 있으므로 無迹可求,156) 즉 자취를 구할 수 없는 것과 같다고 한다. 이것은 마치 허공에서 나는 메아리나 물 속의 달, 그리고 거울 속의 모습과도 같이 손에 잡히지 않는다고 하는데, 이는 시에서의 여운을 강조한 말이다.

---

155) ①『農巖集』17, 答任大仲壬午. "盖彼所謂本色悟門 只在於興趣玲瓏 不落言筌 如水中之月 鏡中之象 言有盡而意無窮." ②『三淵集』25, 蕉窓集跋. "余嘗評之曰 詩而至此 可謂老鍊矣 更進一步 知有所謂玲瓏透徹 如水月鏡花者乎 從事夫選古唐律 固所以空色相而脫言詮則幾矣 君固點頭焉."

156) '羚羊掛角 無迹可求'라는 말은 본래 禪家의 비유이다. 영양은 뿔이 앞쪽으로 둥글게 굽어 있는 동물이다. 이 짐승은 잠을 잘 때 외적의 침입을 벗어나기 위해 뿔을 나뭇가지에 걸어놓고 잔다. 어떤 사냥꾼이 발자국을 보고서 쫓아가 잡으려고 했는데, 갑자기 발자국은 끊어져 버리고 그 자취는 찾을 수 없었다고 한다. 만약 고개를 들어본다면, 영양이 매달려 있는 것을 알 수 있을텐데 사냥꾼은 바로 눈앞에서 영양을 놓치고 말 것임을 비유했다.

시에서 여운이란 무엇인가? 이는 마치 징의 소리와도 같다. 징은 한 번 때리면 그 소리가 길게 울려 마치 끝이 없는 듯하기 때문이다. 이는 엄우의 물 속의 달이나 거울 속의 물체에 대한 비유와 유사하다. 손에 뚜렷하게 잡히지는 않지만 무언가 형용할 수 없는 운취를 더해주는 것이 바로 시에서의 여운이다. 농암은 바로 시의 이러한 점에 주목하고 있는 것이다. 만약 시인이 독자가 해석해야 하는 몫까지 모두 나타내 보였다면, 그것은 시가 아니라 문인 것이다. 즉, 작자와 독자가 서로 교융할 수 있는 여지를 남기는 시가 가장 이상적인 것이라는 말이기도 하다. 이것을 엄우와 농암 모두 言有盡而意無窮이라고 표현했다.157)

이와 같이 농암은 시에서 작자와 독자가 서로 교감하는 것을 중요시했기 때문에 시의 묘는 '비록 허경한 사일지라도 천기와 성정의 진실함을 작자가 나타내면 독자는 그것을 읽고 구가음영하고 흥기 감발하여 言外之意를 얻는다.'158)라고 하였다.

한편, 위 글 ② 삼연의 글도 ① 농암의 글과 거의 비슷한 내용으로 쓰여져 있음을 알 수 있다. 그도 농암과 마찬가지로 직접적 서술이 아닌 간접 표현 방법이 시의 묘미라고 여겼다. 여기서는 또한 시를 영롱투철하다고 했는데, 달리 표현하여 '玲瓏掩映'159)이라고도 하였다. 영롱하다고 함은 마치 옥이 투명하게 생겼다는 것이고, 엄영은 감춘다는 의미가 담겨져 있으므로 영롱엄영은 표현물을 투명하게 감춘다는 뜻이라고 하겠다. 만약 완전히 속의 내용이 보이지 않게 감추게 된다면, 자신의 넋두리에 불과할 뿐 잘된 시 표현이 아니기 때문이다. 이는 즉, 시는 객관화된 서정을

---

157) 고려말 李齊賢도 이와 비슷하게 古人之詩 目前寫景 意在言外 言可盡而味不盡(『櫟翁稗說』後集1)이라고 언급하였다.

158) 『農巖集』 12, 與趙成卿己丑

159) 『三淵集』 33, 日錄. "詩卽一也 刪前刪後 雖言志葩藻之有別 而以溫柔敦厚爲旨 以玲瓏掩映爲格 卽古今同然."

표출해야 된다는 의미와 상통한다.

이상은 엄우와 왕사정의 시 이론인 묘오·신운설과 농·연 시론과의 관련성을 고찰하였다. 한가지 덧붙일 것은 엄우의 시 이론의 영향을 받아 왕사정이 신운설을 폈듯이 농암의 시 이론을 본받아 삼연이 자신의 시론을 형성하지 않았을까 하는 점이다. 이렇게 생각하는 이유는 興을 강조한 엄우의 이론을 뒤이은 왕사정이 神을 강조했던 점과 농·연이 홍과 신을 각각 중요하게 여긴 것이 흡사하기 때문이다. 그러나 이 문제는 앞으로 연구해야 할 과제로 남긴다.

제4장 詩論의 特性과 意義

1. 文道合一의 追求

농암은 문장을 '末事'[1]로 본다. 이는 문에 대한 조선시대 유학자들의 보편적 시각과 같은 것으로 평생 유가적 삶을 살았던 그로서는 당연하다. 또한 '배우는 자들이 기이한 것을 좋는가 하면, 枝葉만을 일삼아 고인의 울타리에도 이르지 못하니 이는 가히 경계할 만하다.'[2]라고 한다. 주지하다시피 지엽은 나뭇가지와 그 잎을 가리키는 말로 중요하지 않은 부분을 지칭하고, 고인의 울타리에 이르지 못했다고 함은 가까운 근처에도 다다르지 않았음을 이른다. 이를 구체화시켜 지엽적인 것을 詞章末藝로, 그리고 그 상대적인 것을 성인의 학문이라 하여 재주있는 선비들이 말장난에 불과한 사장에 정신이 빠져 있음을 비판한다.

> 대저 성인의 학문과 詞章末藝의 대소의 나뉨을 사람들이 또한 누가 그것을 알지 못하겠습니까마는 세상의 총명하고 재주있는 선비들이 모두 사장에 빠져 있어 마음을 쏟아 정신을 헤쳐가며 종신토록 그만 두지 못하고, 성인의 문에 머리 구부려 종사함이 적은 것은 무엇 때문입니까? 어찌 도덕과 성명은 그 이치가 높고 멀며, 格致誠正

---

1) 『農巖集』 21, 答趙文命. "文章本末 事不足道."
2) 『農巖集』 21, 答趙文命. "學之者 又每失之好奇 只事枝葉 以此類不得造 古人藩籬 此可爲戒也."

은 그 일이 번난하니, 그것을 배우더라도 쉽게 이루지 못할 것이고, 다만 그 가깝고 쉬운 것만을 좇아 그것을 배워서 이름 이루기를 구할 뿐입니까? 그렇지 않다면, 큰 산(태산, 화산)을 등지고 작은 언덕을 지나며, 큰 물(양자강, 황하)을 버리고 도랑을 보는 것은 마땅히 인정이 아닙니다.[3]

성인의 학문은 泰華(태산과 화산)와 江河(양자강과 황하)로 보고, 그 상대적인 사장말예를 培塿(작은 언덕)와 溝澮(도랑)에 비유 설명하고 있다. 즉, 작은 언덕과 도랑을 보되 태산이나 화산과 같은 큰 산과 양자강과 황하와 같은 큰 강을 등지고는 다른 어떤 것도 온전히 볼 수 없다는 논리이다. 그리고 世人이 작은 언덕과 도랑을 먼저 보려고 하는 이유는 도덕과 성명은 이치가 높고 멀며 성정을 다스리기 어려워 쉬이 이룰 수 없다고 생각하기 때문이라고 한다. 그래서 스스로 자만하는 세상의 문학을 하는 선비는 성인의 학문에 종사하지 않게 되었고, 어떤 것이 옳은 것인지 그리고 본받아야 할 것인지를 알면서도 겉으로 드러나는 화려한 것만을 좋게 여겨 거기에만 매달려 마침내 도에 이르지 못했다고 주장한다.[4] 도에 이르지 못했다고 함은 진정한 학문에 이르지 못했음을 말하는데, 이 도의 의미를 다음과 같은 맥락으로 파악할 수도 있을 것이다. 즉, 농암은 '학문은 도체의 廣大精微함이 모두 내 마음에 있는 것이요, 천명의 자연스러움이며, 지극히 가까워 구하기 쉽고, 지극히 簡易하여 따르기 쉬워서 구함에 얻지 않음이 없고 따름에 이르지 아니함이 없다.'[5]고 한다.

---

3) 『農巖集』 18, 答崔昌大壬申. "夫聖人之學 與詞章末藝 其大小之分 人亦孰不知之 而世之聰明才敏之士 率多沒溺於詞章 憊心敝精 終身不止 而鮮肯俯首從事於聖人之門 何也 豈以道德性命 其理高遠 格致誠正 其事繁難 學之未易成 而姑從其近且易者學之 求以成名而已耶 不然則背泰華而適培塿 捨江河而觀溝澮 宜非人情也."

4) 『農巖集』 26, 靜觀齋言行述. "世之高明文學之士 類皆自喜其能 不肯從事於聖人之學 或旣有志焉 而亦困於所長 終不能深造乎道也."

여기의 도는 멀리 있지 아니하고 가까이 있어 어떤 것도 그것의 실체가 될 수 있다는 말이다. 광대정미하다고 함은 성인의 말씀이 광대하며 至小至細한 것까지 미친다고 하는 의미인 費隱과 같은 뜻으로 받아들일 수 있고,6) 천명의 자연스러움으로 지극히 가까이 있음은 鳶飛魚躍과 같이 어디에서도 도와 학문을 구할 수 있다는 말로 풀이된다.

따라서 이 도를 터득하기 위해서는 부지런히 옛것을 익혀야 하는데, 그 방법을 다음과 같이 말한다.

> 聲音, 面貌의 밖에서 고인을 찾지 말고, 반드시 性情之眞과 學問之實을 구하고, 尺寸繩墨의 사이에서 고인을 본받지 말고, 반드시 그 규모의 큼과 기상의 온전한 것을 얻어서 넉넉히 놀아 그 뜻을 펴고, 樸實하고, 盛茂히 하여 그 氣를 완전히 하여 지나치게 新警함을 구하지 아니하고 旨味가 雋永하게 하고, 오로지 淸亮한 것을 숭상치 아니하고 음절을 和緩하게 할 것입니다.7)

聲音·面貌의 겉치레와 性情之眞·學問之實을 구하는 것이 대

---

5) 『農巖集』18, 答崔昌大壬申. "僕之愚 以爲學者 須先識得道體之廣大精微 皆吾心之所有 聖學之節次階級 皆天命之自然 至近而易求 至簡而易循 求之而無不得 循之而無不至也."

6) 『中庸』12, "君子之道 費而隱." 농암은 『중용』 주를 바탕으로 費를 이치의 用으로 隱을 이치의 體로 이해하고서, 『시경』 大雅 旱麓之篇의 鳶飛魚躍을 인용하여 鳶과 魚만으로는 費가 되지 않고 반드시 鳶費戾天 魚躍于淵할 때 이치의 用이 되어 費가 된다고 한다. 『農巖集』17, 答李子三甲申 "竊嘗謂費隱二字 只是狀此理之體用 以其廣大流行 無所不在而言 則謂之費 此則理之用也 以其沖漠微妙 無形可見而言 則謂之隱 此則理之體也 但理之用 發見昭著於事物之間 非事物則無以見其爲費 故朱子之言費也 每就事物上說 然非直以事物爲費也 如鳶飛戾天 魚躍于淵 鳶與魚 非費也 鳶則必戾天 魚則必躍淵 此理之用而所謂費也."

7) 『農巖集』18, 答崔昌大壬申. "勿索古人於聲音面貌之外 而必求其性情之眞問學之實 勿效古人於尺寸繩墨之間 而必得其規模之大氣象之全 優游以抒其意 樸茂以完其氣 無過求新警而使旨味雋永 無專尙淸亮而使音節和緩."

립되고, 尺寸繩墨과 고인 기상의 큼을 본받는 것을 서로 상대적인 의미로 생각하였다. 이는 장구를 늘어놓거나 성율을 좇아 다듬는 것을 배격하고, 窮理居敬·進德修業 등의 실질을 옮길 것을 강조했다고 하겠다.

옛것을 익힌다는 의미는 성인의 학문을 올바로 터득함을 말하는 것으로 농암은 學古의 일차적 대상으로 六經을 든다.

> 육경은 모두 성인의 말씀이요, 그 말씀은 모두 道이다.『易經』의 陰陽과『詩經』의 性情,『書經』의 政事,『禮記』의 倫序,『樂記』의 和順,『春秋』의 名分을, 즉 도라 이른다. ……그 문은 육경과 더불어 서로 表裏가 되어 후에 비록 다시 짓는 자가 있다 해도 가히 미칠 수가 없다. ……육경은 비록 簡奧한 듯하여 쉽게 밝힐 수는 없지만, 그러나 본래 그 비롯됨이 진실로 입을 바르게 하여 내고 붓을 곧게 하여 이루었다. 그러므로 그것을 읽으면 그 막힘이 있음을 보지 못하고, 그것을 맛보면 가히 싫어할 만한 것을 볼 수 없고, 반복하면 한 마디의 의혹됨도 남지 않는다. 이는 성인의 말이기 때문에 학자는 沒身해야 한다.[8]

육경의 성인 말씀은 모두 도라는 것이다. 그래서『역경』을 보면 음양을 알 수 있고,『시경』을 보면 성정의 진실함을 구할 수 있고,『서경』을 보면 정치의 드러남을,『예기』를 보면 차례의 순서를,『악기』를 통해서는 화락함을,『춘추』에서는 명분의 실질을 배울 수 있다고 한다. 즉, 음양·성정·정사·윤서·화순·명분 등은 성인이 드러낸 도의 실체이기 때문에 반대로 음양을 배우고 싶으면『역경』을 읽고, 성정의 진실함을 깨우치고자 하거든『시경』을, 그리고 정치의 실정을 알려거든『서경』을, 질서를 터

---

8)『農巖集』25, 讀法言. "六經 皆聖人之言 而其言者 皆道也 易二陰陽 詩之性情 書之政事 禮之倫序 樂之和順 春秋之名分 即所謂道者也……其文 與六經相表裏 後雖有作者 不可及矣……六經 雖若簡奧未易明 然本其始 固矢口以出 肆筆以成 故讀之而不見其有礙也 味之而不見其可厭也 反復之而無一言之或遺也 此其爲聖人之言 而學者所以沒身也."

득하고자 하면 『예기』를, 그리고 화락하고자 하면 『악기』를, 명
분에 대해서는 『춘추』를 통해서 익히라는 의미이다. 육경의 실체
가 이러하기 때문에 학자가 몰신함은 당연하다고 강조한다.

그런데 더 중요한 사실은 농암이 육경만을 학고의 대상으로
삼지않았다는 점이다. 이러한 실질은 그의 아들 金崇謙에게 보낸
편지에 나타나 있다.

> 네가 만약 학문에 뜻이 없다면 나는 정말 절망스럽다. 그렇지 않
> 다면(학문에 뜻을 두었다면) 마땅히 전에 잘못한 것을 깊이 뉘우쳐
> 서 옛 버릇을 크게 변화시켜 읽었던 본서로 모름지기 먼저 課程을
> 엄격히 세워 공부함에 게으름이 없게 하고, 그 사이에 혹 『漢書』·
> 『史記』나 『八大家文抄』를 가져다가 한번에 4·5내지 6·7장을 보되
> 句나 字를 좇아 낱낱이 뜻을 이해해야 하는데, 그 통하지 못함이 있
> 으면 친구에게 물어라. 이와 같이 날마다 항상하게 되면 數月이 지
> 난 후 文理가 점점 통하고 의미가 점점 깊어져 스스로 마땅히 마치
> 고 싶어도 그럴 수 없게 될 것이다.9)

학문하는 방법으로 舊套를 크게 변화시키지 아니함을 반성하
라고 한다. 이는 학고를 하더라도 章句나 본뜨는 겉치레에서 머
무르지 말고 자기 나름의 영역을 만들 것을 말한 것이다. 그리고
학문을 함에는 반드시 순서를 정해서 해야 하는데, 거기에 班固
의 『한서』나 史馬遷의 『사기』, 그리고 唐宋八大家들의 문을 모아
놓은 『팔대가문초』 등을 읽고 친구와 서로 토론할 것도 권유한
다. 이렇게 하면 문의 이치를 자연스럽게 터득하게 될 것이고, 멈
추고 싶어도 그칠 수 없게 된다고 한다.

여기서 말하는 『한서』나 『사기』·『팔대가문초』 등을 학문 대

---

9) 『農巖集』 11, 與崇謙丁丑. "汝若無意於學 則吾固絶望 不然則宜深悔前
  非 大變舊套 所讀本書 須先嚴立課程 趨趁無怠 而以其間將漢史或八大
  家文抄 一看四五板或六七板 逐句逐字 一一理會 其有未通 問于朋友 如
  此日以爲常 至于數月之久 則文理漸通 意味漸深 自當有欲罷不能者矣."

상으로 삼았다고 함은 매우 중요하다. 도를 터득할 수 있는 대상으로 육경과 같은 경서류에 머무르지 않고 역사서나 고문이 담긴 抄錄을 읽게 한 것은 그만큼 도를 터득하는 학고 대상의 폭을 넓혔음을 말하기 때문이다.

이러한 점 때문에 후에 삼연은 농암을 두고 '因文入道'했다고 하는가 하면, 「農巖先生文集序」에서는 문과 도가 합일되어 나타났다고도 하였다.

> 대개 천지 사이는 진실로 스스로 화순한 기운 속의 소리가 있어 어긋나지도 않고 잡되지도 않는다. 人心과 더불어 서로 통하는 자가 자연스러운 象을 이루어 詩律에 들어가서 한 번 작용하게 되면 문득 간격이 생겨 그것을 잃게 될 수도 있다. 선생은 이에 그것을 簡易로써 얻었으니 이것이 그 文과 道가 合一한 것이다.[10]

농암은 문을 통해서 도를 드러내고자 했는데, 그 도라는 것도 '道'라고 직접 이르지 않고 문 속에서 자연스럽게 드러나야 함을 강조하였다.

한편, 삼연은 문보다는 주로 시에 대해서 자신의 소신을 밝힌다. 그리고 여느 다른 문인들과 마찬가지로 시를 小技로 본다. 그러나 그의 시에 대한 견해 어디에도 시가 하찮은 것이기 때문에 중요하지 않다고 한 경우는 별로 눈에 띠지 않는다. 피상적으로는 시의 가치를 높이 평가하지 않은 듯하지만, 필요한 것이기 때문에 반드시 배우고 익혀야할 것으로 보고 있다. 이러한 내용은 다음 글에서 엿볼 수 있다.

> ① 일반적으로 시가의 사업이란 비록 小技라고 이르러도 그 시초를 소급해 따져 보면, 九敍의 쓰임과 六義의 심오함을 가히 가벼운 마음

---

10) 『三淵集』23, 仲氏農巖先生文集序. "蓋天地間　固自有順氣中聲　不乖不雜　與人心相流通者　自然成象而入律　一涉作爲　輒間隔以失之　先生於此得之以易簡　斯其文與道之所合一者歟."

으로 탐구해서는 아니될 것이며, 또한 가히 거친 마음으로 논하여도
안된다.

② 시가 비록 小技이지만, 마땅한 곳에 쓰이면 근심과 가난·명리·시
비를 잊게 한다.[11]

시가 아무리 작은 기예에 속하지만, 九斂의 쓰임과 六義를 가
볍게 여겨서도 안되고 거칠게 다루어서도 안되는 것이라고 하며,
마땅한 곳에 쓰이면 근심과 가난·명리·시비 등을 잊게 할 수
있다고 주장한다. 이는 시의 효용적인 측면을 말한 것이다. 삼연
이 이렇게 시에 대해 적극적인 옹호를 할 수 있었던 것은 문학과
도학이 궁극적으로 추구한 것은 같다고 하는 인식이 내재되어
있었기 때문이다.

① 도학을 함과 문학을 함은 大小 本末이 현격히 다르다. 그러나 구하
기를 반드시 軌範으로써 하고 그 나아감이 반드시 심오한 데에 이르
게 하는 것은 마찬가지이다. 風雅와 比興에 이르러서는 또한 문학의
정수가 된다.

② 문장은 도학에 대하여 비록 精粗와 華實의 구분이 있으나, 開塞起
伏하는 이치로 보면 똑같다고 할 것입니다. 法鼓를 다투어 울릴 때
무엇을 먼저하고 무엇을 나중에 하느냐는 말이 있으니, 바로 이를 이
른 것입니다.[12]

도학을 大와 本으로, 문학을 小와 末로 보는 것은 도를 중요시

---

11) ①『三淵拾遺』15, 與拙修齋趙公聖期 甲子. "夫詩歌之事 雖曰小技 原厥
    權輿則九斂之用　六義之蘊　非可以輕心探求　亦不可以粗心論之也." ②
    『三淵拾遺』18, 與宋相維. "詩雖小技 用之於當處 則忘憂忘貧忘名利忘
    是非."
12) ①『三淵集』23, 妙軒遺稿序. "爲道與爲文 大小本末之懸焉 而其求之必
    以軌範　其造也必臻奧極則同焉　至於風雅比興　又其爲文之精者也." ②
    『三淵拾遺』15, 與拙修齋趙公. "文章之於道學 雖有精粗華實之分 揆以
    開塞起伏之理 均之無異 語曰法鼓競鳴 何先何後 此之謂也."

하는 유학자다운 시각이다. 그러나 구하는데 법칙이 있고, 심오
한 데에 이르고자 한 것은 문과 도 모두 같다고 한다. 정해진 법
칙이 있다고 함은 배워야 터득할 수 있다는 의미로도 받아들일
수 있고, 그 만큼 중요하다는 뜻도 된다. 또한 ②에서는 도학이나
문학 모두 開塞起伏하는 이치로는 같다고 하면서 둘 중에서 무
엇을 먼저 배우느냐 하는 선후의 차이가 있을 뿐이라고 한다.

삼연의 시에 대한 이러한 시각은 젊어서부터 이미 형성되었다
고 할 수 있는데, 그것은 30대 초반 졸수재와의 서신을 통한 논
쟁을 통해서도 알 수 있다. 졸수재는 도학가적 위치에서 시를 순
수히 옹호하는 입장이 아니었기 때문에 '文辭는 반드시 載道의
그릇을 이루는 데에서 수용해야 하며, 도를 지키고 이치를 밝히
는 큰 쓰임에 밑천이 되도록 해야 한다.'13)고 주장한다. 그리고
또한 '(도학이) 어찌 技藝나 雕蟲하는 데에 그치고 사업이 점필
하는 데에 있는 詞人들과 같겠는가? 아무리 藝苑에서 울리기를
다투지만, 단지 매미가 한 때에 시끄럽게 울어대는 것과 같을 뿐
이다.'14)라고 한다. 시와 문에 대해 이러한 시각을 지니고 있었
기 때문에 시문의 순수성을 지향하는 삼연과의 논쟁은 잠시동안
계속 이어졌던 것이다. 따라서 이에 대해 문학의 독자성 여부를
따지는 문학논쟁이라고 한다거나, 문예에 대한 보수적 견해와 혁
신적인 견해가 충돌하는 구조라고 의의를 부여한 것은 타당하
다15)고 본다.

이상 삼연의 문과 도의 관계설정 양상을 살폈다. 특히, 삼연에
게 있어서는 문이라고 하기보다 시라고 하는 것이 더 마땅할 것
같다. 그만큼 순수시에 대해 옹호하는 정신을 지니고 시의 중요

---

13) 『拙修齋集』10, 答金進士子益序. "辭必需於成載道之器 資衛道明理之大用."
14) 『拙修齋集』10, 答金進士子益序. "豈若彼詞人之爲詩 技止於雕蟲 業在
　　於佔畢 雖競鳴於藝苑 但蟬燥於一時."
15) 李鍾虎, 전게 논문, 1991, pp.73~76.

성을 피력했기 때문이다.

2. 表現論的 觀點

농·연은 모두 시에서의 자연스러운 감정 표출을 중요하게 생각했는데, 이를 다른 용어로 대신하여 天機니 天眞이라고 함을 이미 검토하였다. 즉, 천기는 시가 표출되는 과정을 뜻하는 것으로 인위적인 조작이나 거리낌이 없는 감정의 유로를 뜻한다고 하였다.

농암은 경물을 묘사하고 사정을 논설하는 것이 시의 쓰임이라고 하며『시경』을 그 근거로 제시한다. 다시 말해 시는 단지 자연 경물을 탐닉하는데 그치는 것이 아니라 그 자연 경물에 흥을 일으키어 모든 감정의 상태, 예컨대 기쁨이나 원망·울분·슬픔 등을 표현하는 것이라고 한다. 이는 자연의 경물에 인간의 감정 상태를 이입하여 괴리감이 없게 해야 한다는 말과도 같다. 또한 이렇게 하자면, 사물을 본뜰 때는 간묘하고 진실되게 해야 하고 감정을 나타낼 때는 완곡하게 드러내야 한다고 주장한다. 이것이 바로 詩의 妙味라고 하며, 마치 禪의 頓悟의 성격과 유사하다고 말한다. 또한 흥취를 빚내 언어의 말절에 떨어지지 않는 것이 시의 본색이라고 하는데, 이는 마치 물 속의 달과 거울 속의 모양과 같다는 것으로 비유하여 이른다.16)

한편, 삼연은 '시는 성정이 발로된 것으로 用意와 轉節이 확정되지 아니한 사이에 그것의 드러남을 알 수 있다.'17)고 하는가 하면, 시는 어떻게 짓는가라는 自問에 대해 '성령에 바탕을 두고서 物象에 가탁하여 청색과 노란색으로 꾸미면 文이 되고 宮商

---

16)『農巖集』17, 答任大仲.
17)『三淵集』19, 與士敬別紙.

의 선율을 쓰면 律이 된다. ……그러므로 물상이 옮겨지는 바가 있기에 눈 속에 파초가 있다 해도 옳고 境에 빼앗긴 바가 있어 겨자 속의 수미산도 옳다. 어찌 가히 안배에 얽매이겠는가?'[18] 라고 밝힌다. 또한 '情과 境이 주밀하고 정신과 형체의 만남이 간극이 없는 시가 감동을 준다.'[19]고 하고서, '情이 진실되고 事가 정성스러우면 공교로움을 기약하지 않아도 공교롭게 되어 神이 융합하는 경지에까지 이르게 된다.'[20]고도 말하였다.

이상은 농·연이 말한 시 형상화의 과정을 간추린 것이다. 둘의 공통된 관점은 작시에 있어 작자의 자연스러운 감정의 드러냄을 중요하게 생각하고 있다는 점이다. 따라서 이를 시론의 表現論的 특성으로 규정짓고자 한다.

표현론적 관점은 중국의 전통적인 문학론 중 하나를 따른 것이다. 중국의 전통적인 문학론은 일반적으로 形而上學論·決定論·表現論·技巧論·審美論·效用論 등 여섯 가지로 정리할 수 있다. 형이상학론은 '문학은 자연의 도를 밝히는 도구'라고 하는 관점에서 출발하여 뒤에 효용론을 형성하는 한 요인으로 작용하였던 것이고, 결정론은 문학이 당시의 정치·사회적 현실의 무의식적이고 필수 불가결한 반영 혹은 계시임을 나타낸다고 한다. 그리고 표현론에서는 시는 자연적인 인간 정신의 자발적인 표현이라고 하고, 기교론에서는 표현론과는 반대로 창작 과정을 자발적인 표현이 아니라 잘 다듬은 작문의 하나로 보는데, 擬古를 중시하던 명의 전후칠자들이 주로 활용하였다. 심미론은 기본적으로 문학 작품이 독자에게 주는 직접적 효과에 초점을 두는 것으로 주로 문학의 아름다움과 기쁨을 주 내용으로 한다. 마지막 효

---

18) 『三淵集』23, 何山集序.
19) 『三淵集』20, 答洪有人. "寄來四篇 情境俱到 神之所會 形若不隔 華山 一古 尤感余矣."
20) 『三淵集』23, 隱坡詩稿序.

용론적 관점은 문학을 정치적·사회적·도덕적 혹은 교육적 목적을 성취하는 한 방법으로 보는데, 유교 사상에서 공인된 것이었기 때문에 전통적인 중국 비평에서 가장 영향력이 있었다.

이러한 여섯 가지의 문학론은 독자적으로 출현한 일은 거의 드물고, 서로 뒤섞이어 나타나 절충적이거나 통합적이라는 성격을 지닌다.21) 따라서 농·연 시론의 특징이 표현론적이라고는 하지만, 이는 가장 대표할만한 문학 이론인 것이고, 기타 효용론이나 형이상학적인 요소를 전혀 배제할 수는 없다. 다시 말해 농·연의 작시론을 중심으로 한 논의가 '무엇을'이라고 하는 측면보다는 '어떻게'라고 하는 점을 강조했다는 데에 주목하고 표현론적 문학 이론으로 도출한 것이다.

그럼 표현이란 무슨 의미인가? 다음의 인용문은 시에서 표현이 어떤 의미를 지니는지에 대한 답을 제공해 주고 있다.

> 우리들의 마음 속에는 먼저 이미 이루어진 정감과 사상(실질)이 있으며, 본래 언어가 없는 것이었는데 뒤에 다시 언어로써 번역해 내어 그로 하여금 형식을 갖추게 한다. 이러한 번역 활동을 통상 '표현'(expression)이라 부른다. 이른바 표현이란 내재한 現(이미지)를 표면에 드러내어 형상을 이루게 해서 사람들이 볼 수 있도록 하는 것이다. 표현된 것은 정감과 사상이며 실질이고, 표현하는 것은 언어이며 형식으로 이것이 현행 언어 습관의 표현에 대한 정의이다.22)

곧, 마음 속에 있는 정감과 사상을 언어라고 하는 형식적 매체를 통해서 외부로 나타내는 것이 표현의 의미라고 하였다. 또한 단지 나타내는데 그치지 않고 그것을 사람들이 볼 수 있도록 하는 것이 표현의 진정한 뜻이라고 언급하였다.

표현은 외계의 사물을 묘사하는 원리적 작용으로서의 再現

---

21) 劉若愚 著·李章佑 譯,『中國의 文學理論』, 同和出版公社, 1984.
22) 朱光潛 지음·鄭相弘 옮김, 전게서, pp.128~129.

(representation)과 內的인 것을 外化하는 원리적 작용으로서의
表出(expression)이라고 하는 두 가지 의미 계기가 있다. 전자는
예술 창작에 있어 예술가가 외계의 사건이나 혹은 그 대상이 생
물이건 무생물이건 막론하고 그 대상이 생명적인 것을 直感的으
로 감득하고 생명적 존재로서의 그 대상의 현실상을 재차 現前
(re-present)하게 하는 것을, 그리고 후자는 예술가가 자기의 내
적 충동을 밖으로 짜냄(ex-press)으로써 자기의 심적 상태를 外
化하는 것을 말한다. 그래서 예술 창작이란 표현의 두 가지 의미
계기를 갖는 활동으로서 이 양자 즉, 외적 대상과 내적 충동과의
변증법적 대결에 의한 '표현적 활동'이라고 정의한다.23) 즉, 예
술에서의 표현이란 주관적인 내적 자아와 객관적인 외적 물이
서로 교융하는 가운데 나타날 수 있는 것으로 특히, 시라고 하는
장르는 언어라고 하는 형식적 매체를 통해서 드러냄을 알 수 있
다. 이러한 표현의 의미를 표현론적 문학론에서 옮겨와 사용하게
되었다고 생각한다.

　표현론에서는 작품 평가의 중요한 기준으로 '성실성'(sincerity)
을 든다. 이 성실성은 고전주의 시대의 관습화되고 인습화된 '적
격'(decorum)이라는 말과 대립되는 말로 문학의 독창성과 진실성
을 의미한다. 즉, 표현론은 문학을 개성의 표현, 곧 자기 표현으로
보기 때문에 개성적이거나 독창적인 것이 가치 기준이 될 수밖에
없다. 시는 진심에서 우러나오고 진심에서 우러나오는 것은 자연
스러운 것이며, 자연스러운 것은 성실한 것이다. 말하자면 시는 시
인의 감정과 정신 상태의 꾸밈없는 순수한 표현이어야 한다24)는
것이 표현론적 관점의 주요 내용이라고 하겠다.

　이러한 표현론적 관점은 『서경』舜典의 기록에서 그 유래를

---

23) 白琪洙, 『美學』, 서울대학교 출판부, 1993, pp.159~160.
24) 金埈五, 『詩論』, 三知院, 1993, pp.21~22 참조.

찾을 수 있는데,25) 여기에 쓰인 詩志는 이후 시란 무엇이며 어떻게 지어지는가라는 문제를 해결하는데 가장 긴요하게 사용되기도 하였다. 이를 수용한 것이 『시경』 大序이다.

> 시라는 것은 志가 가는 바이다. 마음에 있을 때는 志가 되고, 말로 발음하면 시가 된다. 정이 안에서 움직일 때 어떤 이는 그것을 말로 표현하고, 말로 부족하면 그것을 嗟歎하고, 차탄으로 부족하면 시로써 길게 노래한다. 노래로써 부족하면 어느덧 손으로 춤추고 발로 춤춘다.26)

志는 인위성이 전혀 없는 자발적인 정서의 움직임이라고 할 수 있다.27) 이것이 마음에 간직되어 있을 때는 단지 志 그 자체로 남아 있지만, 말로 토하게 되면 비로소 시가 된다고 한다.

표현론은 그후 중국 위나라 曹丕에 이르러 개성을 강조하는 방향으로 흐르게 되는데,28) 그는 『典論』「論文」에서 文에 있어 氣의 중요성을 말해 그것은 각 개인에 따라 다르다고 한다. 따라서 부모형제라도 지니고 있는 기는 각각 다르기 때문에 같은 글 내용이 나올 수 없다고 하였다.

유협은 『문심조룡』을 통해 여러 문학이론을 통합적으로 개진하는데, 그 중 대표적인 것이 표현론이라고 할 수 있다.

> 계절에는 각기 거기에 맞는 사물이 있고, 사물에는 각기 거기에

---

25) 『書經』舜典. "詩志 歌永言 聲依永 律和聲."

26) 『詩經』大序. "詩者 志之所之也 在心爲志 發言爲詩 情動於中 而形於言 言之不足 故嗟歎之 嗟歎之不足 故永歌之 永歌之不足 不知手之舞之 足之蹈之也."

27) 만약 志를 '心情의 바람'(heart's wish)이나 '心意의 指向'(mind's intent)·'道德的 目標'(moral purpose)로 풀이한다면 효용론적인 이론에 표현론적인 이론이 배합되는 꼴이 된다는 견해도 있다.(劉若愚 著·李章佑 譯, 전게서, p.135.)

28) 曹丕,『典論』「論文」, "文以氣爲主 氣之淸濁有體 不可力强而致 譬諸音樂 曲度雖均節奏同檢 至於引氣不齊 巧拙有素 雖在父兄 不能以移子弟."

맞는 모습이 있어, 감정은 사물에 따라 옮기고 감정은 言辭에서 피어난다. ……그러므로 시인이 사물에 감동되어 연상되는 부류는 끝이 없어 온갖 사물의 끝까지 이끌려 보고 듣는 곳마다 읊조린다. 기상을 묘사하고 외모를 그려 사물따라 이리저리 내딛고, 채색에 부쳐 음성에 얹어 마음과 함께 오락가락한다.[29]

사람이 가지고 있는 情은 외계의 物을 따라서 움직이고, 표현하는 형식인 말은 정에서 생긴다고 하였다. 그러면서 시인이 시를 짓게 되는 과정을 언급했는데, 시인은 외계의 물인 경에 부딪히게 되면 그로 인해 연상됨이 끝이 없어 모든 사물을 대했을 때 시로 읊조릴 수 있다는 것이다. 이는 바로 사람의 마음, 즉 정은 사물에 의해서만 시로 나타날 수 있다는 것으로 정과 물이 통일될 때 비로소 예술 활동은 이루어진다고 하는 말로 해석할 수 있다.

이렇듯 표현론은 중국 문학 이론의 중심적인 위치에 있었다고 할 수 있는데, 특히 반드시 개인의 감정을 존중한다든가 개성 중시와 서로 맞물려 시가 어떻게 형상화되는가를 말할 때 이 견해를 근거로 제시함을 알 수 있다.

그러나 이러한 표현론도 중국의 전시기를 통해 강조되었던 것은 아니고, 효용론이나 기교론에 밀려 쇠퇴의 길을 걸을 때도 있었다. 특히 명대에는 전후칠자에 의해 설 자리를 잃게 되는데, 明末 童心說을 주장한 李贄나 公安派인 三袁 형제는 문학은 결국 참된 마음의 표현이므로 옛문학의 규범을 모방하는 일은 없어야 한다고 하여 그것을 답습한 시풍들을 통렬히 비판한다. 또다시 표현론적 특성을 지닌 시론이 형성된 것이다.

이상은 중국 시론에 나타난 표현론을 일별한 것이다. 우리의 경우 이의 형성은 고려말 李奎報와 崔滋에게서 찾아볼 수 있

---

29) 劉勰, 『文心雕龍』 物色篇. "歲有其物 物有其容 情以物遷 辭以情發……是以詩人感物 聯類不窮 流連萬象之際 沈吟視聽之區 寫氣圖貌 旣隨物以宛轉屬采附聲 亦與心以徘徊."

다.30) 이규보는 작시에 있어 設意와 綴辭의 문제, 문학에 있어 기의 중요성과 그 성격, 외적으로 아름다운 글보다도 뜻(意)을 갖춘 글이 맛이 있다고 하여 다시 한번 意의 중요성을 강조한다. 결국 그는 시는 개인이 지닌 의를 바탕으로 해서 짓고, 그 의는 천성적으로 타고난 기를 으뜸으로 해서 창작된다고 하여 시에 있어서 기의 중요성을 새삼 주장한다. 이러한 이규보의 시문에 있어 기의 언급은 최자에게로 이어지는데, 당시 시풍 경향이 東坡 일색이었음을 감안할 때 표현에 있어 개인의 의와 기를 강조한 이 둘의 견해는 높이 평가받아야 할 것이다.

그후 조선에 접어들어서는 이러한 개인의 개성을 강조하는 표현론보다는 문학의 역할을 강조하는 효용론과 명 전후칠자의 영향으로 인한 기교주의가 더 성행하게 된다.

효용론은 문학의 공용성을 강조한 것으로 유학이 생긴 이래 줄곧 있어온 문학 이론이다. 그리고 그 기본적인 전거는 공자의 『시경』에 관한 전반적인 논평에서 찾을 수 있는데, 思無邪의 시 정신이나 溫柔敦厚한 詩教 등이 그것의 바탕을 이루었다. 이의 기치는 漢·唐·宋으로 이어지는 동안 높아져만 가는데, 구체적으로 文以貫道와 文以載道論으로 나타난다.

이러한 효용론적 문학 이론은 고려말 주자학이 전래되면서 강화되어 조선왕조를 건국한 신진 유학자들에 의해 점차 확립되는 단계에 이른다. 그 결정적 역할을 담당한 이가 『東文選』을 편찬한 徐居正이다.31)

---

30) 李奎報, 「白雲小說」, "夫詩以意爲主 設意尤難 綴辭次之 意亦以氣爲主 由氣之優劣 乃有深淺耳 然氣本乎天 不可學得 故氣之劣者 以雕文爲工 未嘗以意爲先也 盖雕鏤其文 丹靑其句信麗矣 然中無含蓄深厚之意 則初若可翫 至再嚼 則味已窮矣." 崔滋, 『補閑集』. "詩文以氣爲主 氣發於性 意憑於氣."

31) 다음 기록을 통해 서거정의 효용론적인 문학관을 엿볼 수 있다. 『東文

그래서『동문선』편찬 이후 문학의 효용성 강조는 보편화되어 나타난다. 특히, 조선중기 퇴계·율곡이 주도하는 성리학적 분위기 속에서 한층 더 무르익는데, 퇴계가「陶山十二曲跋」을 통해 '李鼈의 六歌를 모방하여 陶山六曲을 지은 것이 둘인데 하나는 言志이고 다른 하나는 言學이다. 아이들로 하여금 아침 저녁으로 듣게 하며, 또한 아이들로 하여금 스스로 노래하고 춤추며 뛰어 놀게 하고자 지었다. 이것을 통해 비루한 마음을 씻어내서 감발하고 온화하게 되어 노래를 부르는 자나 듣는 자 모두 유익하게 될 것'32)이라고 한다든가, 율곡이 '소위 문이라고 함은 교화를 밝혀서 민풍을 흥작함에 있다.'33)고 한 언급들은 모두 문학에 있어 효용성을 강조한 대목이다. 소위 實學이 풍미하던 조선후기에도 문학 이론으로서의 효용론은 유효하여 오히려 더 강화된 모습을 보여준다. 주로 원시유학으로의 회귀를 강조했던 星湖 李瀷이나 茶山 丁若鏞 등이 그 구심의 역할을 담당했다고 하겠다.

조선시대 이와 같은 효용론의 강조로 인하여 개성을 중시하는 표현론은 고려후기 이규보나 최자 이후 거의 모습을 드러내지 않는다. 하지만 표현론적 특성이 드물었던 것은 단지 효용론 때문만은 아니었다. 오히려 의고성 짙은 문학 작품을 양산하도록 부채질한 기교주의적인 문학 이론이 문학에서 개성을 도외시하는 방향으로 가게한 주요인이 아니었는가 생각한다.

농·연의 개성을 강조하는 표현론은 이러한 효용론과 기교론을 비판하면서 형성된 것으로 지금까지 논의된 것을 통해서 볼

選』, 東文選序. "隆委採自三國至于當代 辭賦詩文摠若干體 取其詞理醇正有補治教者 分門類聚 釐爲一百三十編成以進賜 名曰東文選."
32)『退溪全書』43, 陶山十二曲跋. "故嘗略倣李歌而作 爲陶山六曲者二焉 其一言志 其二言學 欲使兒輩朝夕習而歌之 憑几而聽之 亦令兒輩自歌而自舞蹈之 庶幾可以蕩滌鄙吝感發融通 而歌者與聽者不能無交有益焉."
33)『栗谷全書拾遺』4, 文武策. "其所謂文……而在於明教化而作興之."

때 효용론보다도 기교론을 강도높게 비판하고 있음을 알 수 있
다. 그것은 사실 이들이 개인의 감정을 중시하는 표현론을 펴고
는 있지만, 효용론적인 요소도 전혀 배제하지 않았기 때문이다.
가령, 농암은 '『시경』의 성정도 성인의 도이므로 그것을 맛보면
가히 싫어할 수 없어 학자는 몰신해야 한다.'[34]고 하며, 『시경』
의 성정을 개인의 자연스러운 감정으로 규정짓지 않고 성인의
도라고 하여 효용성을 견지함을 보여준다. 또한 삼연도 詩教로서
'溫柔敦厚'를 말한다.[35]

이를 통해서 농·연이 시론에서 표현론을 주로 말하였지만, 한
편 효용론를 전혀 배제하지 않았음을 알 수 있다. 그러나 의고성
과 관련된 기교론을 비판하면서 형성된 표현론이 효용론보다 우
위를 점하고 있어 표현론을 이들 시론의 특징으로 규정한 것이다.

문학에 있어 개인의 감정을 중시하는 표현론적인 주장은 농·연
이후 어렵지 않게 찾아볼 수 있다. 다음은 이와 관련된 내용이다.

① 무릇 시에서 귀한 것은 性情을 쏟아내고 興會에 기탁하여 사물에
　　나아가 스스로의 즐거움을 펴는 것이다.

② 사람 마음의 靈함이 발해서 소리가 된다. 소리는 마음 속에 있다가
　　어떤 계기에 부딪히게 되면 터져 나온다. 情感이 이 계기와 마주칠
　　때 韻律을 조성하여 문장을 이룬다.

③ 노래란 그 정을 말로 하는 것이다. 정이 말로 움직이고 말이 文으로
　　이루어진 것을 歌라고 한다.

④ 시는 마음이 감동됨으로 말미암아 말로 나타난 것이다.[36]

---

34) 『農巖集』 25, 讀法言.

35) 『三淵拾遺』 15, 與拙修齋趙公聖期 甲子. "夫詩之爲道 可一言以盡之 曰
　　溫柔敦厚."

36) ① 『屯菴集』 8, 詩話. "夫所貴乎詩者 爲陶寫性情 寄託興會 卽事卽物以
　　自舒娛也" ② 『耳溪全書』 17, 詩解. "人心之靈 發而爲聲 聲藏於內 機

①의 성정이라든가 ②의 영혼, ③의 정, ④의 마음 등을 언급한 것은 모두 시가 한 개인의 감정에서 유출됨을 말하기 위해서이다. 이들이 제시한 시 형상화의 과정은 문학이 어떤 역할을 담당해야 한다고 하는 효용성과는 전혀 무관하다. 또한 인위적인 기교를 통해서 시가 지어진다고 보는 견해와는 더욱 더 거리가 멀다. 따라서 이러한 견해들을 표현론으로 규정함이 타당할 것이다.

삼연의 다음 언급은 시에서 비유를 통한 표현 기법이 결국 시의 도를 얻는 한 방법임을 제시하고 있다.

> 그러므로 시에 있어 형상을 흩어 제시하는 방식엔 여러 가지가 있습니다. 산은 외로운데 언덕이 끊어진 듯한 것이 있는가 하면, 연못이 판판한데 여울이 구비치는 듯한 것도 있고, 구름이 높이 솟아오르는데 달빛이 흐르는 듯한 것도 있으며, 연꽃이 끊어졌으나 줄기는 이어진 듯한 것도 있다. 羚羊이 뿔을 벽에 걸어놓은 듯한 것도 있고 천리마가 냇물을 뛰어넘는 듯한 것도 있으며 풀섶 사이의 뱀을 보고 놀라는 듯한 것도 있으며, 연기 사이에 거미가 거꾸로 매달린 것도 있습니다. 장차 가려다가 문득 멈추는 듯한 것도 있고, 장차 날 듯하다가 숨기를 먼저하는 것도 있으며, 방황하는 듯한 것도 있고, 자꾸 뒤를 돌아보는 듯한 것도 있으며, 움푹 빠져 숨어버린 듯한 것도 불쑥 뛰어나온 것도 있습니다. 가지가지마다 바뀌는 모습은 비록 그 만 가지로 불어낸 것 같아도 요약해 보면, 優游해서 핍박하지 않고 含藏하여 나타나지 않았으니, 시의 도가 이에 돌아가게 되고 風雅의 門徑이 이에서 크게 서게되어 比興의 변화가 그 가운데에서 생생하게 될 것입니다.[37]

觸而生 神與機合 應律成章." ③『湛軒集』大東風謠序. "歌者 言其情也 情動於言 言成於文 謂之歌." ④『存齋集』艸誦後序. "詩由於心之所感 而形於言者也."

37)『三淵拾遺』15, 與拙修齋趙公聖期 甲子. "故詩之散形 有若山之孤而隴之 斷者焉 有若淵之平而湍之激者焉 有若雲陟而月流者焉 有若藕斷而絲連 者焉 有若羚羊之掛壁者焉 有若驥之跳澗者焉 有若草蛇之驚者焉 有若烟 蛛之懸者焉 有若將往而忽止者焉 有若將飛而先伏者焉 有若彷徨者焉 有 若眷顧者焉 有若淪匿者焉 有若突出者焉 種種變態 雖厥有萬其吹 而要 之優游不迫 含藏不暴 詩之道歸焉 風雅之門 於是乎大立 而比興之變 生

시에서 形을 제시하는 방법이 많음을 먼저 말하고서 그 구체적인 것을 언급하고 있다. 그리고서 수많은 모습을 그리더라도 안에 감추어서 밖에 직접 드러내지 않는 것이 詩道라고 이른다.

또한 삼연은 시의 수사도 강조하는데, 이는 『시경』에 대한 해석을 통해서이다.

먼저 『시경』의 大綱正을 '思無邪'로 들고서 여기에 다시 세 자를 덧보탠다면 '詞欲巧'가 필요하다고 한다.[38] '사무사'가 읽는 이에게 감동을 안겨주는 내용이라면, '사욕교'는 내용을 더욱 빛나게 할 수 있는 수사를 이른다고 하겠다. '사욕교'의 뜻을 이렇게 풀이하는 이유는 다음 『시경』「국풍」의 〈狼跋〉의 예를 들어 설명한 글 때문이다.

> '公孫碩膚'로 말해 놓은 것은 체면이 매우 좋다는 것이다. 詞欲巧는 바로 이를 이른 것이다. 만약 '공이 유언비어를 피해 낭패한 모습으로 달아났다'라고 하면 야함의 심함이 이보다 더함이 없을 것이다. 이른바 수사라고 하는 것은 다만 망언은 아니다. 그러므로 易도 忠信進德과 修辭居業 두 가지로 나누어 말했으니, 수사가 다만 충신만을 이른 것이 아님은 분명하다.[39]

公孫은 王孫과 비슷한 말로 주자 註에 周公을 가리킨다고 되어 있다. 그리고 碩膚는 허우대가 좋다는 의미이니, 公孫碩膚는 주공의 체면이 훌륭함을 간접적인 수사 방법을 써서 표현했다고 한다. 삼연은 이를 '사욕교'의 수사 방법으로 본다. 그 당시 주공이 成王을 섭정하고 있었는데, 管·蔡·翟·武庚 등이 그에 대한

生乎其中矣."

38) 『三淵集』35, 日錄庚子. "詩三百 一言以蔽之曰思無邪 大綱正矣 更欲添三字曰詞欲巧."

39) 『三淵集』35, 日錄庚子. "公孫碩膚之云 體面甚好 詞欲巧者 政謂是也 如云公避流言而狼狽出走 則野莫甚焉 所謂修辭 非但不妄語也 故易以忠信進德與修辭居業 兩下分說 則修辭之不但爲言忠信 可知矣."

나쁜 유언비어를 퍼뜨리는가 하면 임금도 소문을 믿고 자기를
알아주지 않았으나 성덕을 잃지 않음을 비유하여 쓴 시로 주자
는 풀이했다. 그래서 주자가 시의 수사 기법을 알아 시의 내용을
이해했음을 삼연은 강조한 것이다.

그리하여 시에 있어 託興取譬함과 命意는 의미에 있어서는 서
로 대립되나 조화를 이루어야함을 언급한다.

> 〈綠衣〉·〈燕燕〉·〈凱風〉·〈匏葉〉·〈谷風〉 등의 章으로써 보건
> 대 그 託興取譬하여 절절히 세밀한 데에 들어가고 종종 공교로움을
> 드러내었으니 공묘함을 가히 말할 수 없다. 지금 사람들이 시를 지을
> 때는 가령 命意는 비록 진실하고 정직하나 말의 운취가 서로 맞지
> 않으니 어찌 다른 사람을 감발시킬 수 있겠는가?[40]

〈녹의〉·〈연연〉·〈개풍〉·〈포엽〉·〈곡풍〉 등은 「국풍」 邶風
의 시들이다. 모두 興을 취해 비유하여 쓴 시이기 때문에 많은
사람들의 의견이 분분한 작품들이기도 하다. 가령 〈녹의〉의 경우
위나라 莊姜(衛莊公의 부인으로 齊나라 제후의 딸)이 자기 자신
을 슬퍼하여 지은 시로 註에 풀이되어 있는데, 포괄적으로 이해
하자면 첩에게 밀려난 정실이 자기 마음을 달래기 위해서 지은
시로 생각할 수도 있는 등 자기 상황에 맞추어 얼마든지 의미를
달리 할 수 있다.

다시 말해, 비유법을 써서 시가 더 공교롭게 되었는데, 지금 사
람들은 이 탁홍취비의 방법은 쓰지 않고 명의, 즉 생각하고 궁리
한 내용만 전달하는데 급급해 한다는 내용이다. 이럴 경우 시의
가장 중요한 역할인 감동의 임무를 완전히 수행할 수 없다라고
한다. 내용과 형식의 적절한 조화를 강조했다고 하겠다.

---

40) 『三淵集』 35, 日錄庚子. "且以綠衣燕燕凱風匏葉谷風等章觀之 其託興取
　　 譬 節節入細 種種呈巧 工妙不可言 今人爲詩 假令命意 雖眞實正直 而
　　 詞致不稱 則亦何能起發人乎."

이상은 농·연 시론의 특징을 표현론적 관점으로 규정했는데, 이는 시를 공용으로 생각하기보다는 시 그 자체를 순수한 것으로 바라볼 때 가능하다고 생각한다.

3. 興·神의 文藝美

농·연은 각각 興과 神이라고 하는 미의 범주를 중요하게 생각한다.41) 따라서 홍과 신을 미의 기준으로 삼아 작가와 작품평을 한다.

홍과 신은 본래 범상한 의미로 사용되던 용어이다. 그 쓰임을 보면 홍은 '홍이 난다', '홍겹다' 가 있고, 신은 '신이 난다', '신이 내리다' 등이 있다. 이렇게 평상적으로 사용하고 있는 말을 예술적인 미의 범주로 승화시켰다는 것은 일상어를 특수어로 만들었다는 의미한다. 또한 동양문화권에서 자주 논의되는 미적 범주인 氣나 格·意 외에 홍과 신을 시의 예술미로 여겼음은 특이한 현상으로 받아들일 수 있다. 따라서 여기서는 농·연이 변용하여 사용한 홍과 신의 개념 정리와 두 문예미를 함께 논의할 수 있는 방안을 모색하고자 한다. 둘을 한데 묶고자 함은 이들이 홍과 신이라고 하는 각각 다른 미의 범주를 강조하였지만, 이를 통한 지향점이 거의 같다고 생각되기 때문이다. 미의 범주를 통해 지향하는 바가 있었음은 이를 이용해 어떤 예술적 효과를 기대했다는 의미이다. 그러나 이러한 결론을 내리기에 앞서 먼저 몇

---

41) 그러나 농암의 경우 神을 전혀 이야기하지 않은 것은 아니고, 삼연의 경우 또한 興을 말하지 않은 것(앞 배경론에서 삼연이 홍을 중요하게 생각했음은 이미 엿보았다)은 아니다. 농암 시론의 미적 범주로 興을, 그리고 삼연 시론의 미적 범주로 神을 말함은 각기 가장 뚜렷하게 드러나는 특징만을 일컬은 것이다.

가지 사항을 살펴야 할 것이다.

첫째, 농·연은 어떤 경우에 흥과 신이 도래한다고 보았는가이다. 농암은 흥은 외계의 자연물인 景을 만나게 되면 일으켜질 수 있다고 하였고, 삼연은 신의 성격을 일정한 방위가 없는 것으로 규정하며 변화 불측한 의미로 파악한다.[42] 흥과 신이 도래하는 경우를 이렇게 말했음은 이 두 문예미의 본래 뜻과도 서로 상통한다.

흥은 원래 '起'(일어난다)의 뜻을 가진 글자체였는데, 후에 이것이 확대되어 외부의 경물을 통해서 감정을 일으킨다는 것으로까지 쓰이게 된다. 한편, 신은 변화 불측의 의미를 담고 있어 번개칠 때 구름 사이로 나타나는 번개불 모습을 본뜬 '申'에서 빌어오게 되었다고 한다.[43] 이러한 어원을 미루어 볼 때 흥과 신의 공통점은 순간적이고, 예측할 수 없으며, 예고가 없이 갑자기 도래하는 성질을 지녔다고 하겠다. 따라서 농·연이 흥과 신의 미적 범주를 강조했음은 시는 문과는 달리 어느 순간에 불현듯 따라올 수 있는 흥분의 상태나 영감의 느낌이 있을 때 창작되어지는 것으로 보았음을 알 수 있다. 이는 시를 인위적인 조작이나 목적성, 그리고 기교와는 무관하게 생각했다는 의미이다. 이렇듯 외계의 경을 접하고서 정이 자연스럽게 움직이거나 융합하는 것

---

42) 『農巖集』17, 答任大仲壬午. "盖所謂描寫景物 論說事情 詩之爲用 惟此二端 觀於三百篇 亦可見矣 然其言蟲魚鳥獸山川草木之狀 風雨日月雪霜寒暑之變 非止以留連光景而已 要以起興託喩 以發其歡愉怨苦感憤哀樂之情." 『三淵集』23, 何山集序. "夫詩何爲者也 原於性靈 假於物象 青黃之錯爲文 宮商之旋爲律 不可爲典 要惟變所適 神無方而易無體 詩亦如之 故象有所轉 雪中芭蕉可也 境有所奪 芥裏須彌可也 是豈可以安排拘滯爲哉."

43) 許愼의 『說文解字』에 의하면, 興은 '起也'로, 그리고 神은 '天神 引出萬物者也 從示 申聲'으로 풀이되어 있다.(李敦柱, 『漢字學總論』, 博英社, 1992, p.269, 706)

을 각각 興趣와 神融이라고 이르고 있다.44)

그러나 농·연의 홍과 신의 언급은 단순히 어원과 관련되어 쓰인 것이 아니라 복잡하고 다단하다는 특징을 보인다. 그것은 먼저 홍과 신이라는 용어를 여러 가지로 변용시켜 운용한 데에서도 알 수 있다. 즉, 농암은 홍을 興起·興趣·興象·興會·興寄 등으로, 그리고 삼연은 신을 神化·神行·神來·神融·神情·形神과 같이 다양하게 사용한다. 때문에 한가지 뜻으로 축소시켜 단정하게 되면 온전히 그 성격을 구명했다고 할 수 없다. 따라서 그 의미와 성격을 밝히기 위해서는 다각도의 고찰이 필요하다.

먼저 농·연이 말한 홍과 신은 시가 담아야 할 내적인 의미를 지녔다고 할 수 있다. 이러한 예는 어렵지 않게 찾을 수 있다.

① 나는 시는 성정의 산물이라고 하였다. 오직 천기에 깊은 자만이 능할 수 있다. 진실로 악착같이 전영한 이가 한갖 성병과 격률에 구구해하며 가슴속에서 뽑아내 아로새김으로 공교로움을 보여서 스스로를 시인이라고 하니 이들에게 어찌 眞詩가 있겠는가?

② 시라는 것은 성정의 발함이며 天機가 움직이는 것이다. 당인의 시는 이것을 얻었다. 때문에 初·盛·中·晚唐을 논할 것도 없이 대저 모

---

44) 외계를 접하고서 홍이 자연스럽게 도래될 수 있음은 국문시에서도 어렵지않게 찾을 수 있다. 그중 세 작품을 들어 보기로 한다. ① 고은 볕티 쬐얀논디 믉결이 기름굿다 / 그믈을 주여 두랴 낙시롤 노흘일가 / 濯纓歌의 홍이나니 고기도 니즐로다 ② 丹崖翠壁이 畵屛굳티 둘럿논디 / 巨口細鱗을 낟그나 몯낟그나 / 孤丹蓑笠에 興겨워 안잣노라 ③ 어와 져므러 간다 安息이 맏당토다 / ᄀᆞᄂᆞᆫ 눈 쓰린 길 블근 곳 홋더던디 홍치며 거러가서 / 雲月이 西峯의 넘도록 松窓을 비겨잇쟈. 모두 고산 윤선도의 〈漁父四時詞〉로 ①은 春詞 5이고, ②와 ③은 각각 冬詞 7과 10이다. ①의 경우는 '홍이 난다'고 했고, ②는 '홍겨워'라고 했으며, ③은 '홍치며'라고 해 국어의 맛을 한층 살려주고 있다. 이들의 공통점은 자연 경물 앞에서 자신의 감정 홍기를 꾸밈없이 유출시켰다는 데 있다.

두 자연에 가깝다. 지금은 이것을 알지 못하여 오로지 성색을 모상하
고 기격에 힘써서 고인을 추종하고자 하니, 곧 그 성음과 면모는 비
록 혹 방불할지라도 神情·興會는 도무지 서로 같지 않으니 이것이
明人들의 실수이다.

③ 초상화는 그 신정을 얻음을 귀하게 여긴다. 다만 형골만을 묘사할
　뿐이라면 곧 사람이 아니다. 시를 짓는 일 또한 그러하다. 그 형을
　본뜨다가 신을 잃어버리는 일은 그 玄黃을 생략하고 그 神駿을 얻
　는 것만 같지 못하다.45)

①은 농암의 글로 시는 성정의 산물이라고 하면서 聲病과 格律
등에 얽매이게 되면 진실되지 못하다라고 한다. 성병과 격률은 물
론 시의 본질 중 외적인 것을 가리킨다. ②에서는 ①에 담긴 내용
을 더 심화시켜 시는 성정의 발함이고 천기가 움직이는 것이라고
했다. 그러면서 唐詩는 이를 얻었는데, 다른 시대의 시는 聲色을
모방하거나 氣格에 힘써서 막연히 고인의 겉모양만을 따랐다고
한다. 그러니 혹 성음과 면모는 같다고 할지라도 정신과 홍회는
다르다고 이른다. 여기의 성색과 기격은 ①에서 말한 성병과 격률
을 지칭한다. 즉, 농암은 시의 본질은 내적인 것과 외적인 요소로
이루어져 있는데, 더 추구해야 할 것은 전자라고 본 것이다. ③에
서 삼연은 시 창작을 초상화에 비유해 언급하면서 초상화가 겉모
습만 본뜨게 되면 寫實的인 모습이 형상되지 않듯이 시도 마찬가
지로 形과 神 모두를 나타내야 함을 강조한다. 더 정확히 말하자
면, 형보다 신을 더 우위에 두고 있음을 알 수 있다.

이렇듯 농·연은 시의 내재적 본질미로 홍과 신을 들고서 외
적인 것에 비해 상대적으로 중요하게 생각한다. 내적인 본질이란
남과 다른 個性을 드러냄을 의미한다. 이는 그들이 각각 이상적

---

45) ①『農巖集』25, 松潭集跋. ②『農巖集』34, 雜識. ③『三淵集』19, 答
　　士敬別紙. "寫眞貴得其神情　只以形骨而已　則便非其人　作詩亦然　與其
　　摸形而遺神　不若略其玄黃而得其神駿也."

인 시인으로 읍취헌과 두보를 든 것을 통해서도 알 수 있다. 읍취헌에 대한 농암의 견해는 확고하다. 농암은 동국의 冠으로 추존되어 왔던 李奎報 대신 읍취헌을 절조로 추대해야 한다고 주장한다.[46) 그러면서 읍취헌 시의 특징에 대해 언급하기를 비록 黃庭堅·陳師道 등 중국의 江西詩派를 배우고 익혔으나 거기에 얽매이지 않았을 뿐 아니라 정신과 흥상이 唐人과 같다고 한다.[47) 강서시파는 두보를 시의 宗으로 삼고 그를 따르려고 했다. 그러나 두보의 시 정신보다는 字句를 모방하는 등 겉모양만 따라하는데 급급하였다. 그렇지만 읍취헌은 강서시파의 영향을 받기는 했어도 진정 시가 어떠해야 함을 알았다고 말한다. 즉, 내적인 본질인 신정과 흥상을 당인과 같이 얻었다는 것이다. 이는 읍취헌이 비록 강서시파의 영향을 받았으나 그것을 뛰어넘어 나름대로 개성을 표출했다는 것과 서로 통한다.

한편, 삼연은 두보를 神化를 잘한 시인으로 평가한다. 이는 중국 위나라 曹植과 비교하면서 나온 말로 조식은 뜻이 전인을 모방하는데 얽매여서 신화가 부족한 반면, 두보는 답습함이 없어 높게 되었다고 이른다.[48)

농·연은 모두 고인의 시를 배울 것을 강조한다. 그러나 겉모습을 본뜨는 그 자체에 대해서는 반대의 견해를 지니고 있었다. 다시 말해 그 시 정신을 익혀야 함을 주장했다고 하겠는데, 이는 남과 다른 자기만의 개성 창출과도 맞닿아 있다. 농·연은 이 개성이라는 것을 각각 흥과 신으로 대신했다고 하겠다.

개성은 自得이니 法古而創新 등의 말로 대체 가능하다. 삼연은 중국 邵雍의 易을 설명하는 가운데 자득이라는 용어를 사용한

---

46) 『農巖集』 34, 雜識.
47) 『農巖集』 34, 雜識.
48) 『三淵集』 19, 答士敬別紙.

다.49) 소옹은 『皇極經世書』를 통해 先天學이라고 하는 그의 우주론을 편다. 그의 우주론을 선천학이라고 하는 이유는 先天圖라는 圖象과 數를 중심으로 전개하고 있기 때문이다. 또한 소옹의 역은 道家的인 색채가 강하다는 특징을 지닌다. 이는 師承關係를 통해서도 알 수 있는데,50) 삼연은 소옹의 역을 볼 때 이러한 점에 주목한 듯하다. 즉, 소옹은 儒家的인 입장에서 역학을 한 이들, 가령 文王·周公·孔子·程子·朱子 등과는 달리 나름대로 자기를 드러낼 수 있는 개성있는 역학을 편다. 이 때문에 삼연은 소옹이 자득했다고 말한 것으로 추정된다.

이상은 농·연이 각각 흥과 신이라는 문예미를 추구했다는 데에 주목하여 그것의 의미와 성격을 구명하는데 주안점을 두고 고찰하였다. 이들이 시에서 흥과 신을 강조함은 '시는 시다워야 한다'는 의식이 저변에 깔려 있었기 때문에 가능했다. 두 사람은 모두 시와 문의 차이점을 인식하고서 흥과 신이라고 하는 미적 범주를 통해 시의 특징이 무엇인가를 확인시켜 주었다고 하겠다. 다시 말해 농·연은 시는 문과는 달리 어느 순간에 불현듯 따라올 수 있는 흥분의 상태나 영감의 느낌이 있을 때 창작된다고 보았다. 따라서 인위적인 조작과 기교와는 무관하다고 하는데, 이는 시론의 표현론적인 특성과 관련있는 사항이다. 특히, 흥과 신을 시의 내적 본질로 인식하고 자기만의 개성을 드러내는 것으

---

49) 『三淵集』 34, 日錄庚子. "洪範皇極篇 象非耦不立 數非奇不行 是故以數爲象則奇零而無用 揚子是也 以象爲數 則多耦而難通 邵子是也 其意精深 亦可謂自得矣."

50) 소옹에게 가장 많은 영향을 준 스승은 李之才(字;挺之, ?~1045)로 알려져 있다. 이지재는 陳搏 - 木虫放 - 穆修로 이어지는 先天圖學을 물려받은 것으로 알려져 왔는데, 이중 진단은 송초 도가로 이름이 난 인물로 평가되어왔다. 때문에 소옹의 先天易學을 도가적이라고도 한다. 李俸珪, 전게 논문, pp.5~8. 가노나이키·吳仁煥 역, 『中國哲學史』, 乙酉文化社, 1989, p.357 참조.

로 이해함은 당시의 의고성의 유행에 따른 반동으로 자기 표현
이라는 말과도 상통한다.

마지막으로 농·연이 시에서 흥과 신을 강조했음은 조선시대
다른 문인들이 문예미로써 언급했던 意·氣·格 등 외에 또 다
른 것을 첨가했다는데에 의의를 부여할 수 있을 것이다. 또한 이
두 흥·신 문예미의 사용 용례를 보면, 그것의 單字만을 쓴 경우
가 많았는데,51) 농암등은 여러 가지로 운용하였으니 그만큼 시
의 문예미로 본격 인정했음을 알 수 있겠다.

4. 後代에 끼친 影響과 意義

농·연은 시문을 道와 같이 중요시하여 마치 도학을 하듯이
시문을 익힐 것을 강조한다. 그리고 작시 방법을 제시하여 효용
론과 기교론이 만연해 있던 당대 문단의 분위기를 일신해 보고
자 노력하는가 하면, 흥과 신의 문예미를 통해 개성이 드러난 시
가 이상적임을 언급한다. 이러한 시론 전개는 결국 당시 매너리
즘에 빠져있던 문단에 새로운 활력을 제공하게 된다. 그래서 白
華子 洪愼猷는 '삼연이 문호를 따로 열어 조선에 새로운 분위기
가 일어났다.'라고 하였고, 知守齋 兪拓基와 東谿 趙龜命은 다음
과 같은 견해를 피력한다.

① 나의 선친은 삼연 선생에게 나아가 공부하였다. ……重澤·洛誦은
모두 선생의 齋와 樓의 이름이다. 이때 선생이 가르친 것은 대개 장
차 風雅를 고취시키고 漢魏를 추종하여 후세의 비루함을 씻어내어

---

51) 『高峯全集』 1 別紙, 武夷櫂歌和韻. "竊以爲朱子於九曲十章 因物起興
以寫胸中之趣." 『退溪集』 3, 陶山雜詠幷記. "隨意所適 逍遙徜徉 觸目
發興 遇景成趣." 『芝峰類說』 8, 文章部1. "故余斷之曰 文章以神爲主."

바로 잡고자 한 것이니, 바로『시경』삼백 편 다음에 나아가고자 한
것이다.

② 우리나라의 문예가 비록 성하다고는 하나 외국에 굽히거나 노력할
뿐이니, 중국에 나아간다면 하찮은 것으로 뽐내는 꼴이 될 것이다.
문장은 金昌協·昌翕 형제로부터, 그림은 尹斗緒로부터 비로소 정
밀하고 심오하여 바른 길로 향하게 되었다.[52]

지수재와 동계는 농·연을 추종했던 문인들이다. 동계는 시문
뿐 아니라 서화에도 관심을 가져 ②와 같은 언급을 한 것이고,
지수재는 농암 형제가 금강산 시에 발문을 써 주었던 兪命岳의
자제이다. 특히 ①에서 지수재는 삼연이 집단을 이루어 시문을
열었던 특정한 공간을 구체적으로 제시하고서, 당시 삼연이『시
경』과 같은 시문을 창달하는데 어느 정도 심혈을 기울였는지를
말해주고 있다.

또한 晉菴 李天輔는 당시 문단의 실상을 다음과 같이 적고 있다.

'내 일찍이 말하기를 "요즈음 시 짓는 자들이 삼연을 좇아가지 않
으면 다투어 괴상히 여긴다. 그러나 삼연과 같은 학식은 없으면서 한
갓 그의 奇만 배우는 까닭에 마침 족히 그 병통만 전수받을 뿐이니,
시가 쇠함에 삼연 또한 그 책임을 면하지 못할 것이다. 내 삼연에게
복종하지 않는 바는 아니나, 세상의 그를 따르는 무리들을 미워한
다."고 했더니, 듣는 이들이 모두 미친 소리라고 하였다. 지금 元伯
(鄭敾)의 그림을 보고 애오라지 이것을 써서 원백을 배우는 자들에
게 경계하노라.[53]

---

52) ①『知守齋集』15, 題沛節散響後. "我先君子之就學于三淵先生……重
澤洛誦 俱先生齋樓名 是時先生之所設敎 盖將以鼓發風雅 追從漢魏 一
洗後世之膚陋而掉鞅 直造于三百篇之後也." ②『東谿集』6, 題柳汝範家
藏尹孝彥扇譜帖. "我國文藝雖盛 堀彊於海外 可以進之中州 則趙客之玩
珇也 文章自金農巖兄弟 書畵自尹孝彥 始探精奧 而趨雅道."

53)『晉菴集』7, 酊元伯畵帖跋. "余嘗謂今之爲詩者 不步趨三淵 則人爭怪之
而無三淵學識 而徒學其奇 故適足以受其病 詩之衰 三淵又不得辭其責矣
吾非不服三淵 而惡世之群爲三淵者也 聞者皆以爲狂言 今觀元伯畵聊書

진암은 약관 때부터 삼연에게서 詩道를 물었던54) 문인이다. 위 글에서는 먼저 당시 많은 사람들이 삼연을 추종했다고 한다. 여기 서 진암이 진정 걱정하는 것은 삼연과 같은 학식은 쌓지 않으면서 기이함을 좇고자 한데 있다. 그러면 시는 자꾸 쇠하게 될 수밖에 없 을 것인데, 이에 대한 책임론을 펴고 있다. 그리하여 종국에는 '삼연 을 따르는 이들을 모두 미워한다.'라고 말하니, 많은 사람들이 이러 한 자신의 태도에 대해 반감을 갖더라는 이야기를 적고 있다.

여기서 의문이 가는 사항은 왜, 당시 삼연에게서 시문을 익혔던 문인이 이러한 언급을 했을 것인가이다. 이는 많은 이들이 삼연의 시문을 추종함으로서 생길 수 있는 전시대와 같은 또 다른 기교주 의의 만연을 우려한 것이라고 하겠다. 그만큼 당시 시문단에 미친 삼연의 영향 정도를 알 수 있게 해주는 부분임에 틀림없다.

이상은 당대인들의 기록에서 농·연의 문학적 위치를 가늠해 본 것이고, 이들 시론이 후대에 끼친 영향은 다음 세 가지라고 생각한다. 첫째, 문예 창작자의 폭을 넓혔다는 점과 둘째, 조선후 기 문단의 寫實主義의 이론적인 틀을 제공해 주었다는 것, 그리 고 세째 燕巖學派 형성에 간접적인 영향을 미쳤다는 점이다. 그 구체적인 내용을 살펴보면 다음과 같다.

첫째, 문예 창작자의 폭을 넓혔음은 委巷人들과 관련된 문제이 다. 농·연은 시문에 뛰어난 사람이라면 신분에 게의하지 않고 사귀었다. 이러한 교유 관계가 성립할 수 있었던 것은 개방된 사 고의 틀을 지니고 있었기 때문인데, 柳下 洪世泰를 대표로 들 수 있을 것이다. 유하는 직업이 譯官이었다. 역관은 신분상 중인에 속해 사대부 계층과 잘 어울릴 수 없었다. 그럼에도 불구하고 유 하는 농암을 스승이자 형으로 모셨고, 동갑내기인 삼연과는 忘形

此 以戒夫學元伯者."
54)『晋菴集』6, 送李槎川赴三陟序. "不侫弱冠時 從三淵金公問詩道."

之交를 맺어 자신의 어려운 처지를 스스럼없이 토로하기도 했다. 이는 순전히 詩友로 맺어진 것이다. 이러한 인연으로 농암은 유하에게 위항인들만의 詩選集 편찬을 권유한다.

시론적 측면에서 보자면, 유하를 비롯한 위항인들은 농·연의 天機論을 적극 받아들여 오히려 자신들이 사대부들보다도 天然스러운 시를 창작할 수 있다고 생각한다. 즉, 농암이 말한 '몸이 영욕의 경계를 벗어나고, 마음과 일과 행위의 겉에서 놀아 虛明靜一하여 이목의 가리운 바가 없어야 천기를 얻을 수 있다.'[55]는 것이나, 삼연이 '淸하고 通한 기상을 얻을 때 천진을 촉발함이 있다.'[56]라고 말하여 위항인들에겐 자신들이 시문을 지어야만 하는 당위성까지 부여했다고 하겠다. 비록 글재주는 뛰어나나 신분적 한계 때문에 자신의 자질을 마음껏 발휘하지 못했던 위항인들에게 농·연의 이와 같은 언급은 고무적이었던 것이다. 말하자면, 사대부의 보호 아래 시적 자질을 한껏 펼칠 수 있게 되었기 때문이다.

유하의 다음 천기에 대한 언급은 농·연의 논리를 받아들여 자신과 같은 위항인들의 옹호론으로 사용하고 있음을 보여준다.

> 가난한 선비들은 아래에서 고무되어 노래와 시를 지어서 스스로 읊는 것이 비록 그 학식이 넓지 못하고 자료를 취하는 것이 원대하지 못하나 天에서 얻은 까닭에 저절로 뛰어나고 맑으며 풍조가 唐에 가까워진다. 대저 그 경치를 읊은 것의 맑고 막히지 않음은 봄의 새소리이고, 서정의 비절함은 가을의 벌레소리와도 같구나. 느끼어 울리게 하는 것은 천기 중에 자연 유출되지 않음이 없은 즉, 이러한 것이 이른바 眞詩이다.[57]

학식이 넓지 못하고 자료를 취함이 원대하지 못하다는 것으로

---

55) 『農巖集』 24, 霽月堂記.
56) 『三淵集』 23, 西浦集序.
57) 『柳下集』 9, 海東遺珠序. 본 논문 제3장 각주 39) 참조.

유하는 위항인의 처지를 말하고서 오히려 그렇기 때문에 唐詩에
가깝다고 한다. 이를 천기의 논리로 설명하고서 자신과 같은 위
항인의 시는 자연스럽지 않음이 없으니 이것이 바로 참다운 시
라고 정의한다. 농·연의 천기나 천진이 형성될 수 있는 요건을
마치 위항인 자신들만이 갖추고 있는 듯한 언급이기도 하다. 이
러한 이유로 유하의 제자인 浣巖 鄭來僑는 유하 시를 평함에 천
기로써 설명하여 말하기를, '시에 뜻을 오로지 하여 神情이 이르
는 바 妙悟에 깊이 잠기고, 경치를 만나 글을 짓는 것은 천기가
유출하는 것이다.'58)라고 하였다. 이렇게 농·연의 천기 논의는
위항인 자신들이 시인으로서의 위치를 확고히 다지는데 사용했
을 뿐 아니라 詩評으로까지 적극 활용하였다. 농·연 이후 많은
사대부와 위항인들이 천기론을 펼친다. 사대부 천기론의 경우 약
산 오광운·진암 이천보·이계 홍량호 등이 위항문학을 변호해
주는 성격을 띠게 되는데, 이는 농·연 천기론을 어느 부분 이어
받았다고 해야할 것이다.

　따라서 농·연의 천기론은 사대부 계층이 주로 담당하던 한시
창작을 위항인들도 할 수 있게 만들어 창작 계층의 폭을 확대시
켰다는 의의를 부여할 수 있을 것이다. 또한 이는 단지 여기에
머무르지 않고 조선후기 서민 계층이 적극 문학의 주체자로 나
설 수 있는 문단 분위기를 조성하는 데도 일조했다고 생각한다.

　둘째, 농·연의 시론은 조선후기 사실주의 문예사조가 형성될
수 있는 이론적인 틀을 마련해 주었다.

　농암등의 시론은 擬古主義의 비판에서 출발한다. 擬古는 法古
와는 다르다. 법고는 옛사람의 시정신을 배우려고 하는데 반해,
의고는 옛사람의 겉에 드러나는 기교를 주로 닮으려 하기 때문

---

58)『浣巖集』4, 滄浪洪公墓誌銘. "尤專意於詩 神情所到 潛透妙悟 遇境擒
　　藻 天機流出."

이다. 구체적으로 말하자면, 조선중기 선조 이후 명 전후칠자의 무조건적인 法唐 분위기를 좇고자 하는 전시대나 당대의 문단 상황을 비판한 데서 이들 시론은 출발했다고 하겠다. 따라서 시론 내용도 어떻게 시를 창작할 것인가 하는 문제를 담고 있는 작시론을 주로 담았던 것이다. 이 작시론은 의고주의의 기교론과 시에 도를 담을 것을 강요하는 효용론을 함께 비판하면서 형성된 것이지만, 효용론보다도 기교론을 더 비판했다고 함은 이미 언급하였다.

농·연이 작시론에서 주로 이야기하고 있는 것은 시를 어떻게 형상화할 것인가 하는 문제와 산수시는 어떻게 창작하는 것인가였다. 이중 특히, 농암은 외계의 경에 내적인 정이 덧보태져 서로 혼란없이 융합할 때 가장 이상적인 시가 창작된다고 한다. 이 논리는 그 자신의 독창적인 것은 아니지만, 어떻게 하면 시에서 자기의 개성을 드러낼 수 있을 것인가 하는 작시 문제를 구체화시켰다는 데 의의가 있다. 또한 산수시의 표현 방법도 밝히는데, 한마디로 말해 '卽物而語皆眞하고 逐境而意輒新'해야 된다고 한다. 즉, 物을 만나서는 말은 모두 진실되게 하고, 의경을 좇을 때는 뜻을 참신하게 하라는 의미이다. 이는 다시 말해 어떤 산수를 시로 그릴 때 그것을 그대로 그려 독특한 개성을 드러내 보일 것을 강조한 것이다. 가령, 금강산의 어느 부분을 시로 형상화하려고 할 때 그리려고 하는 부분을 원모습과 똑같이 하여 시를 읽으면 마치 그곳에 간 듯한 기분을 느낄 수 있도록 하라는 주문이다. 산수시가 궁극적으로 지향해야 될 것은 사실주의임을 주장한 것이다.

한편, 삼연은 철저한 이론적 무장을 한 뒤에 시를 창작하라고 하는데, 이는 법고 정신을 드러낸 것이다. 그리고 농암과 마찬가지로 외계의 경과 내적인 정의 교융을 강조하는데, 정과 경이라

는 말 대신 神情과 形骨이라고 하는 말을 사용한다. 삼연은 이
둘 중 신정을 더 중요하게 생각하지만, 신정을 드러내기 위해서
는 형골도 필요하다라고 한다. 이는 '以形似神'과 상관되는 것으
로 이의 최고 경지는 예술 표현이 밖에서부터 안에 이르고 주체
로부터 객체에 이르를 때 최종적으로 진실한 객관의 단계에 도
달할 수 있다는 말이다. 즉, 자아의 세계화와 서로 통하는 의미로
이렇게 할 때 생동하는 사실적인 작품이 탄생한다고 삼연은 보
았다.

이러한 농·연의 논리는 槎川 李秉淵의 사실주의적인 시 창작
의 실천적인 면으로 이어진다. 특히, 사천은 삼연에게서 시도를
익히는데, 삼연 또한 그의 시적 재능을 매우 아꼈던 모양이다.
다음 기록은 이를 말해준다.

> 내가 약관 때 삼연공을 따라 다니며 시도에 대해 물었다. 논의가
> 당세의 시를 논하는데 이르자 곧 사천 이공을 일컬으며 '그의 시는
> 요즘 사람의 말이 아니다'고 하였다. 이 때에 이공의 시는 날로 소문
> 이 높아졌으니 대개 그 시작은 반드시 삼연의 말로 인한 것이 아님
> 이 없다.59)

당시 문단에서 차지한 삼연의 위치를 가늠해 볼 수 있는 내용
이기도 하지만, 더 중요한 것은 삼연이 사천의 시적 재능을 인정
했다는 점이다. 이는 바로 삼연 자신의 시 이론을 실천한 이가
사천임을 말하는 것이기도 하다. 그 이론이란 자아의 세계화를
통해 객관의 세계를 사실 그대로 자세히 묘사하는 사실주의 정
신의 다름 아니다. 특히, 사천의 금강산과 관련된 시들은 이러한
시 정신을 그대로 실천했다고 할 수 있다.60)

---

59) 『晋菴集』6, 送李槎川赴三陟序. "不佞弱冠時 從三淵金公問詩道 至論當
世之詩 輒稱槎川李公曰 其詩非今人語也 當是時公以詩日聞於世 盖其始
未必不因三淵公之言也."

여기서 주목해야 될 것은 농·연의 사실주의적인 시 이론은 조선후기 謙齋 鄭敾을 중심으로 한 서화의 眞景山水畵와도 밀접히 관련된다는 사실이다. 농암가와 이웃해 살았던 겸재는 양반임에도 불구하고 불우한 자신의 처지를 서화로 달랜다. 그러던 중 겸재의 재능을 인정한 농암의 아우인 老稼齋의 후원으로 서화인들과 서로 접촉하면서 화가로서의 위치를 다져간다. 이로서 농암가와 겸재의 인맥은 형성되는데, 더 나아가 농·연의 문인인 담헌과 사천과의 교유로 당시의 특징적인 문예 기류를 조성한다.

이렇듯 겸재의 진경산수화풍의 형성 배경에는 농·연을 중심으로 한 그 주변 인물들의 역할이 지대했는데, 조선적 산수 양식을 정형화한 진경산수화의 발달은 조선 성리학의 완성과도 관련이 깊다. 중국 성리학을 개창한 주자의 은거지를 그린 〈武夷九曲圖〉로 인하여 퇴계의 陶山十二曲, 율곡의 石潭九曲, 우암의 華陽九曲, 곡운의 谷雲九曲 등의 그림을 요구한 것은 이를 잘 말해준다.61) 즉, 儒家 隱逸思想의 실천적인 측면과 유관하다는 것이다. 이는 농·연이 가졌던 산수 취향, 특히 심심유곡을 즐겨 찾았던 것과 무관치 않다. 이는 비록 각기 다른 예술 장르에 관심을 가지고 있었지만, 예술 범주를 확대해 보자면 시와 그림은 서로 통할 수 있음을 보여주었다고 하겠다. 다시 말해 예술 장르의 相通性을 인정했다는 말과도 같다.62)

---

60) 농·연의 시 이론을 실천한 사천 시에 대해서는 강혜선(전게 논문, 1993)에 의해 논의되었다. 앞으로 이와 관련시켜 확대된 연구가 있어야 하리라고 생각한다.

61) 이태호, 전게서, p.111 참조. 참고로 현존하는 曺世傑의 〈谷雲九曲圖〉에 대해 농암이 跋文을 써주었는데(『農巖集』 25, 谷雲九曲圖跋), 이로 인해 농암의 서화에 대한 관심 정도를 어느 정도 알 수 있다.

62) 당시 농·연을 중심으로 한 白岳詞壇의 詩畵一致를 추구한 내용의 단편적인 언급은 崔淑仁의 「朝鮮後期 文學에 나타난 繪畵性 硏究」, 이화여자대학교 박사학위논문, 1989, pp.19~23 참조.

그리고 한가지 알아두어야 할 것은 농·연이 추구한 사실주의 풍은 星湖 李瀷을 중심으로 한 經學派의 그것과 다르다는 점이다. 성호는 철저한 道 중심의 문학론을 전개한다. 그러나 조선전기부터 있어온 전통적인 도 중심의 문학관을 극복하고 도를 보다 현실적이고 경세적인 측면에 중점을 둔다.[63] 이러한 경향은 문학의 표현 대상으로 무엇을 중시하느냐에서도 알 수 있다. 농암등은 속세와 떨어진 眞景의 세계를 예술적으로 형상화해서 그리려고 하는데 반해, 이익 등은 문학의 대상을 對社會的인 것에서 찾고자 하기 때문이다. 즉, 농·연, 그리고 이익 등은 모두 사실주의 경향을 지향했다는 공통점을 보기는 하지만, 전자가 사회의식과 무관한 산수 세계에 치중했다면, 후자는 사회에서의 도의 실천을 중시하여 현실에서 드러나는 부조리한 면을 낱낱이 고발하는 것을 문학이 담당해야 할 역할로 생각한다. 때문에 문학적 측면에서 보자면, 농·연을 중심으로 한 문인층이 이익등 경학파들보다도 더 순수문예적이라고 해야 할 것이다.

농·연이 후대에 끼친 영향 중 마지막으로 들 수 있는 것은 燕巖學派와의 관련성이다. 연암학파는 湛軒 洪大容과 燕巖 朴趾源을 중심으로 한 그 주변 인물들을 지칭하며, 北學에 경도된 특징을 보인다.

먼저 연암학파와 연결시키는 이유는 가문과 학문의 연계성 때문이다. 담헌과 연암은 老論 출신으로 洛論的인 성향을 띠었는데, 이는 가문의 내력에서도 확인할 수 있다. 담헌은 농암의 손자인 渼湖 金元行의 제자이고, 거슬러 올라가 미호는 담헌의 從祖인 洪龜祚의 사위로 집안간에 서로 관계를 맺는다. 또한 연암의

---

63) 『星湖僿說』 21, 不恥下問. "文者道之所寓也 著於上 則日月星辰 謂之天文 著於下 則山川草木 謂之地文 著兩間 則禮樂刑政儀章度數 謂之人文 易曰觀乎 人文化成天下是也……文者道之畵也."

경우 고모가 농암의 高弟이며 낙론의 주요 학자였던 杞園 魚有
鳳의 집안으로 출가하는 가운데 연암은 기원의 고제인 遺安齋
李輔天의 사위이자 제자로 따르게 된다. 이보천가도 물론 농암가
와 긴밀한 관계에 있었다. 농암가와 담헌 그리고 연암가와의 이
와 같은 밀접한 유대 관계는 결국 학문의 성격마저 비슷한 것을
지향하게 만든 한 요인이 되었을 것이다.

그러면 농·연의 시론과 연암학파의 관련성은 어디에서 찾아
야 할 것인가?

담헌의 〈大東風謠序〉에 나오는 다음의 언급은 농암등이 이상
적으로 생각하는 시가와 많은 부분에서 일치함을 보여준다.

> 노래란 정을 말로 표현한 것이다. 정이 움직여서 말로 나타나고
> 말이 문장을 이룬 것을 일컬어 노래라고 한다. 巧拙을 버리고 善惡
> 을 잊으며 자연에 의거하여 天機로부터 나온 것이 좋은 노래이다.
> ……오직 입에서 부르는 대로 노래해도 곡조를 이루고 말은 마음 깊
> 은 데서 솟아나고, 안배를 허락치 않아도 천진이 드러나니, 나무꾼과
> 농부들의 노래도 또한 자연에서 나온 것이 도리어 사대부들이 여기
> 저기서 뜯어모아 다듬어 놓은 것보다 낫다.64)

담헌은 노래란 정이 말로 된 것이라고 정의하고서 자연스럽게
흘러 나오는 것이 가장 이상적이라고 한다. 그리고 樵歌農謳와
사대부들의 시를 서로 비교한다. 전자는 꾸밈이 없는 가운데 천
연스럽게 흘러나오는 것이니, 인위적인 조작을 가한 사대부들의
시와 다를 수밖에 없다는 논리이다.

이러한 담헌의 주장은 전시대 西浦가 蕉童汲婦의 노래는 사대
부들의 시보다 진실하다고 한 내용과 흡사함을 알 수 있다. 또한

---

64)『湛軒書』上, 大東風謠序. "歌者 言其情也 情動於言 言成於文 謂之歌
舍巧拙 忘善惡 依乎自然 發乎天機 歌之善也……惟其信口成腔 而言出
衷曲 不容安排 而天眞呈露 則樵歌農謳亦出於自然者 反復勝於士大夫之
點竄敲推……."

이러한 서포의 견해를 농암등이 수용하여 천기와 천진의 논리로 설명함을 볼 때, 서포 → 농·연 → 담헌으로 이어지는 연계성을 추정할 수 있겠다. 그러나 담헌은 체계적이고 지속적인 문학이론을 펼치진 못하고, 연암에 와서야 비로소 그 실천적인 면이 실현됨을 보게 된다. 연암학파는 相對主義的인 인식 태도, 法古而創新의 시문을 익히는 방법, 사실주의적인 표현 기법 등을 지니고 있다는 특성을 보이는데, 이러한 것들은 전시대 농암등의 영향에서 어느 정도 유래되었다고 하겠다.

농·연은 의고주의의 매너리즘에 빠져있던 당시 조선 문단에 작시 방법을 체계적으로 제시하였고, 많은 이들이 이에 공감을 하여 18세기 이후 작시의 한 전형을 만들었다는 점에서 그 의의를 부여할 수 있을 것이다.

제5장 結 論

　조선시대 시의 창작 문제를 심도있게 다룬 경우는 그리 흔하지 않았다. 그러나 농·연은 달랐다. 어떻게 하면 개성을 드러낼 수 있는 시를 지을 수 있을 것인가를 항상 고민했기 때문이다. 본 논문은 이를 농·연의 작시론으로 규정하고 그 구체적인 내용과 함께 특성과 가치를 논했다.

　형성 배경은 두 방면에서 접근하였다. 첫째는 농·연의 산수 취향과 아울러 당시 교유했던 인물들 중 시론 형성과 관련된 이를 중심으로 살폈다. 이들이 활동했던 당시는 붕당의 정치로 인하여 혼란이 거듭되던 때였다. 임·병 양란 이후 효종조 때의 북벌 논의와 두 차례의 禮訟 論爭, 그리고 老·小의 분열은 당시의 시대적인 분위기가 어느 정도 혼란스러웠는지를 말해준다. 농암가는 노론의 핵심적 위치에 있었기 때문에 정쟁의 와중에서 부침을 할 수밖에 없었다. 이러한 이유로 농·연은 벼슬에 나가 뜻을 펼치기보다는 은거의 삶을 살아가게 된다. 이것이 산수 취향으로 나타난 것이다. 특히, 많은 산수 중 금강산에 대한 애착은 컸다. 농암이 두 차례, 그리고 삼연이 일곱 차례에 걸쳐 그 산을 유람했음은 이를 대변해 준다.

　교유 인물로는 졸수재와 담헌 및 사천 그리고 유하를 대표로 들었다. 졸수재의 관물 태도로 인한 시론 형성과 自得의 묘는 농·연에게까지 영향이 미친다. 그리고 담헌과 사천은 농·연의 문인들로 졸수재와는 달리 영향을 받았다고 할 수 있다. 농·연은 物을 드러낼 때는 핍진하게 해야 함을 강조하는데, 이를 사천은 시 창작에 응용하고, 담헌은 회화 비평에 활용하여 조선후기 사실주의의 문예를 형성하는데 일익을 담당한다. 그리고 당시 시문으로 뛰어났던 유하는 중인 신분임에도 불구하고 삼연과 忘形之交를 맺을 정도로 친분이 두터웠다. 이를 통해서 볼 때 농·연은 당색을 가리지 않고 학문적으로 공감대가 형성되면 친밀한 관계를 유지했고, 또한 신분에 관여치 않고 시문에 뛰어난 사람이면 그와 더불어 詩友로 지냈다고 하겠다.

둘째, 농·연의 시론도 결국 중국 시론의 영향을 일정 부분 수용했다고 하는 입장에서 그 관련성을 배경으로 들었다. 특히, 明末·淸初의 反擬古的인 시론과 妙悟·禪詩說의 수용을 중점 논했다.

당시 시문단의 의고성 짙은 경향에 대한 농·연의 비판은 혹독했다. 한시는 장르적인 특성상 중국의 영향을 지속적으로 받아왔는데, 특히 선조이후 명 前後七子의 영향은 지대했다. 전후칠자는 당시 江西詩派의 기교적인 시풍을 비판하면서 '詩必盛唐 文必秦漢'의 기치를 내건다. 즉, 시는 반드시 성당풍과 같이 짓고, 문은 반드시 先秦兩漢을 모범으로 해야한다는 논리이다. 이를 조선 문인들은 신선한 충격으로 받아들인다. 따라서 많은 이들의 호응을 얻으며 이러한 의고적인 문단 성격은 점차 만연되어 가는데, 이것이 굳어져 마치 唐詩를 닮아야만 좋은 시가 되는 것으로 인식하게 된다. 특히, 이를 부채질한 사람들이 비평가라고 할 수 있다. 비평과 창작의 관계는 서로 영향을 주고받는 관계에 있음을 생각할 때, 당시 의고성 짙은 시문을 짓는데 비평가도 한몫했다고 하겠다. 농·연은 비평가적 입장에서 이러한 의고성이 만연된 당시의 풍조를 위기의 상황으로 보았다.

시론의 전개는 네 방면에서 이루어졌다. 學詩와 天機, 作詩, 그리고 妙悟·禪詩說과의 관련성이 그것들이다.

첫째, 농·연은 法古를 하되, 개성을 드러낼 것을 주장하는데, 학시 방법에도 이를 적용한다. 이중 삼연은 주자의 학시법을 따른다. 주자는 시만 쓰는 시인은 분명 아니다. 그럼에도 학시를 함에 있어 옛것을 철저하게 이론化했다고 삼연은 인식했다. 때문에 주자는 비록 시인은 아닐지라도 시인 못지 않게 시를 잘 지었다고 한다. 그리고 구체적인 학시의 대상으로 〈이소〉와 『문선』·『당시품휘』·『고시선』 등을 들어 철저히 익힐 것을 권유한다. 즉, 삼연은 철저한 이론이 뒷받침되었을 때 좋은 시를 지을 수 있다고 본 것이다. 아울러 시도인 온유돈후를 드러내는 법도와 격, 절주 등을 터득하기 위해서는 材藻가 축적되어야 한다고도 하였다. 이러한 학시 방법의 제시는 시가를 '小技'로 보면서도 절대로 가벼이 보지 않았다는 증거가 된다.

그러나 삼연의 학시 방법을 여기에서만 그쳐 이해해서는 안된다. 비록 옛것을 익히더라도 거기에 머물지 말고 자기 나름의 시 세계를 펼쳐야 함을 강조하고 있기 때문이다. 다시 말해 시에는 법이 있기는 하나 반드시 거기에만 얽매일 필요는 없다고 본 것이다. 개성의 강조라고 하겠다.

둘째, 천기론에서는 그 개념과 그것의 시론적 전개를 살폈다. 농암은 천기를 人爲와 반대되는 '자연스러운 그 무엇'이라고 한다. 그리고 많은 사람들이 자연의 이치를 대하고도 그와 더불지 못한 이유가 천기가 얕기 때문이라고 하며, 그것을 없애려면 정신을 虛明靜一하게 하여 耳目을 가리우지 말 것을 권유한다.

농암의 천기 논의는 性情과 함께 이야기되고 있다는 특징을 지닌다. 性情論은 그동안 載道論이나 敎化論과 같은 개념으로 파악되는가 하면, 천기와는 서로 대립되는 것처럼 인식되기도 했다. 그러나 이는 재론의 여지를 남긴다고 하겠다. 농암이 말한 경우를 통해서 볼 때 천기와 성정은 서로 반대되는 의미를 담고 있지 않기 때문이다. 즉, 詩發於性情이라고 했을 때 이는 단지 시가 만들어지는 과정을 말했을 따름이지 시의 역할을 강조한 것은 아니다. 다시 말하자면, 성정은 시를 짓는 과정을 뜻하고 천기는 어떻게 시를 드러내느냐 하는 것과 연관된다고 하겠다. 따라서 둘은 서로 배치되는 것이 아니라 서로 보완하는 입장에 있다고 파악할 수 있다.

삼연은 농암과 달리 천기라는 말과 함께 天眞·天籟·天爲 등의 어휘도 혼용하여 사용한다. 농암과 또 한가지 다른 점은 천기의 성격이 다분히 莊子的이라는 것이다. 이는 전시대 谿谷 張維의 천기론과도 서로 맞닿을 수 있는 것으로 젊어서 장자의 세계에 한동안 심취해 있던 것이 글 속에서 은연중 드러났다고 하겠다.

또한 천기와 천리를 구분하여 전자는 인위성과 대립되는 것이고, 후자는 도덕적인 내용과 관련되는 것이라고 한다. 천기를 인위와 반대의 의미로 파악한 것은 농암과 같다고 하겠다. 그리고 『장자』大宗師篇의 '嗜欲深者 其天機淺'을 인용하여 기욕과 천기는 배치된다고 말한다. 또한 청하고 통한 기상이 있을 때 천진이 잘 드러난다고도 하였다. 천진은 천기의 다름 아니다. 이는 농암이 말한 허명정일하여 이목의 가리운 바가 없어야 천기가 잘 드러난다는 것과 유관한 것으로 위항인들도 시문을 창작할 수 있는 계기를 만들어 주었다고 하겠다.

그리고 삼연은 천기를 『시경』과도 연관시켜 雅보다도 風이 천진이 더 잘 드러났다고 한다. 여기서의 천진도 천기와 같은 의미로 풀이할 수 있다. 안배도 하지 않은 어린애들의 노래와 같은 풍을 천진이 잘 드러났다고 하는 것은 서포의 '樵歌農謳亦出於自然'과 연결된다고 보았다.

세째, 작시론에서는 관물관과 시의 형상화, 그리고 산수시의 표현 방법으로 나누어 고찰하였다. 관물 태도는 인식론의 문제이다. 농암은 〈三一亭記〉라는 樓亭記文을 통해 '사물을 잘 보는 사람들은 이치로써 象을 본다'라고 한다. 이는 현상적으로 드러난 것이 물의 전체인 양 보지말고 그 속에 내재된 理를 볼 것을 말한 것이다. 이렇게 하자면 我는 배제되어야 한다. 즉, 물을 물로써 바라볼 때 비로소 사물의 이치를 깨닫게 된다는 것과도 같다. 이러한 농암의 관물 태도는 작시론에서 주장하는 내재적인 본질을 중요시하는 것과 서로 관련을 맺는다고 결론지었다.

그리고 또한 삼연은 物과 我에 간격을 두지 않는 태도를 견지한다. 즉, 아와 물은 서로 격차가 없는 동등한 입장에 서 있는 것이다. 따라서 물과 아는 언제든지 융합할 수 있다. 그가 젊어서 장자의 철학 세계에 몰입하는 등 도가적인 성향을 많이 띠어 때문에 본 논고에서는 태도가 도가적 관물 태도를 전혀 배제할 수는 없다고 보았다. 이러한 物我一致의 태도는 작시상 情과 景이 간격없이 잘 융합할 때 가장 이상적인 시가 창작된다는 논리와 어느 정도 맞닿아 있다.

형상화는 그 과정과 미적 요소를 중심으로 논했다. 특히, 미적 요소로 興과 神을 들었다. 농암은 시는 정과 경이 만나 이루어진다라고 하였다. 좀더 구체적으로 말하자면, 외계의 많은 경물을 대하고서 興이 일어 정을 가탁할 때 시는 형상화된다고 보았는데, 바로 『시경』의 작시 원리를 근간으로 하여 이를 설명하고 있다. 즉, 『시경』은 정과 경이 서로 자연스럽게 융합된 이상적인 시의 경지를 이루고 있다고 했는가 하면, 또한 詩史的인 면에서 보자면, 唐詩가 경물을 묘사하거나 정을 말하는데 때때로 이상적인 시의 경지를 얻었다고도 말한다.

그러나 이러한 작시상의 과정인 형상화의 문제는 농암 스스로 고안해 냈다고 할 수 없다. 이미 『시경』서나 『문심조룡』에 비슷한 내용이 나와 있기 때문이다. 전혀 새로울 것이 없는 내용을 농암이 다시 언급한 것은 그것마저도 망각하는 당시 풍조에 대한 비판임과 아울러 각인의 의도가 있었다고 생각한다.

또한 농암은 '유련광경'에 그치지 말고, '기홍탁유'해야 한다고 했다. 이는 표현의 수사 기법적인 부비흥과 연관지을 수 있다. 즉, '유련광경'은 부에, '기홍탁유'는 비와 흥에 각각 대비해 볼 수도 있을 것이다. 이는 또한 여암의 포진·영묘와도 비교 가능하다. 즉, 부 - 유련광경 - 포진으로, 그리고 비흥 - 기홍탁유 - 영묘의 유대적인 관계를 설정해 보았다.

농암은 시와 문의 차이점을 인식하고 있었다. 그리고 이를 禪的인 용어를 사용해 설명한다. 시는 돈오에, 문은 점오에 비유하여 둘의 뚜렷한 차이를 인식시켜 준다. 말하자면, 시는 돌발적인 기록으로 인생의 지극한 경지를 깨닫는 돈오와도 같이 어느 순간 갑작스럽게 시흥이 일어 창작된다라고 본 것이다. 이는 중국 송 때 엄우가 시를 설명했던 방법과 동일하다. 그런데도 농암은 자신의 시에 대한 논리는 그와 다르다고 말한다. 엄우는 강서시파의 반동으로 자신의 시론을 형성하나, 시대성은 생각하지 않고 무조건적인 성당 모방을 강조한다. 아마도 그의 이러한 태도가 농암에게는 거슬렸을 것으로 보인다. 어느 누구보다도 개성과 시대성을 중요하게 생각했던 농암이었기에 시대를 망각한 엄우의 시에 대한 논의에 찬사를 보낼 수만은 없었던 것이다.

흥은 시인이 외계의 사물로부터 받아 촉발된 정서상의 파동이고, 취는 정취를 가리킨다고 할 수 있다. 농암은 이 둘을 함께 말하고 있다. 외물을 접하고서 마음의 동요를 일으키는 경우가 '흥'이고, 또한 어떤 예술 작품이 완성되려면 이에 덧붙여 다른 무엇이 필요한데 그것이 '취'라는 것이다. 이는 외계물을 접하였을 때 일어나는 자연스러운 감흥을 중요하게 생각했다는 의미이다. 이것이 바로 농암이 주장하고 싶은 시 형상화의 방법이라고 할 수 있다.

또한 농암은 이 흥취는 개개인이 모두 다 다르게 나타날 수 있다고 생각한다. 구체적으로는 시 작품의 내용과 품격 등에 있어 각 개인은 차이가 날 수밖에 없다고 하며, 비평 기준도 여기에 맞춘다. 따라서 명의 전후칠자와 조선의 문인들 중 의고를 중요하게 생각하는 이들에게는 혹평을 가한 반면, 읍취헌과 같이 비록 강서시파의 영향을 받았으나 나름대로 시의 영역을 개척한 이에게는 호평을 한다. 개성을 의미하는 흥을 기준으로 비평을 했음은 예술적 감식안을 가지고 보았다는 뜻인데, 그동안 비평가들이 法唐을 기준으로 비평했던 것과는 다르다고 하겠다.

삼연은 시 논리를 펼침에 있어 神이라는 용어를 자주 사용한다. 따라서 그 쓰인 의미를 파악하는 것이야말로 삼연 작시론의 요체를 밝히는 것이라고 생각한다. 또한 단지 신이라는 單字를 사용하지 않고, 神融·神化·神行·神來·神情·形神 등의 복합어를 쓰고 있다. 이는 농암이 흥을 말하면서 흥취·흥상·흥기 등의 용어를 사용한 것과 같은 맥락이다.

이러한 삼연의 신에 대한 의미는 세 부류로 분류했다. 구체적으로는 창작 주체를 나타내는 신, 창작 대상과 관련된 것, 작품과 연관된 것이 그것들이다. 그리고 이를 신융·신화·신행·신래·신정·형신 등과 연관지어 보았다. 즉, 창작 주체를 나타내는 신으로는 신융과 신래를, 창작 대상과는 신행과 형신을, 작품과 연관된 것으로는 신화와 신정을 들었다. 창작 주체를 나타내는 신융·신래 등은 인위성이 배제된 자연스러움의 의미를 담고 있다고 파악했다. 그리고 두 번째, 창작 대상과 관련된 신행·형신 등으로 쓰인 신의 의미는 내재적인 본질을 말한다고 보았다.

마지막 세 번째, 작품과 연관된 신화·신정 등은 모의와 반대되는 의미라고 결론지었다.

이렇듯 삼연이 신의 의미를 한가지로 고정시키지 않고 용어를 복합화시켜 사용하고 있음을 볼 때, 신 그 자체를 오묘하고 변화무쌍한 것으로 생각했다고 결론지었다.

퇴계와 율곡을 중심으로 한 조선중기 문인들은 산수를 통해 도를 얻으려고 했다. 이에 반해 농암은 산수를 통해 정취를 알려고 하여 자연스러운 흥을 담으려고 하였다. 때문에 생활 주변의 낮은 산수나 평범한 경관을 선호하지 않고 금강산과 같은 높고 수려한 곳을 찾았던 것이다. 금강산과 같은 험하고 흔하지 않은 산수가 詩興과 畵興 등을 잘 일으킬 것으로 보았기 때문이다.

그리고 산수를 시로 표현할 때는 산수의 모습 그대로를 그리라고 한다. 다시 말해, 금강산은 금강산답게 그려야 한다는 말이다. 이는 그동안 자연물을 寫實性과 무관하게 그리며, 몰개성적으로 표출한 것에 대한 비판이라고 하겠다. '卽物而語皆眞하고 逐境而意輒新'은 산수시를 어떻게 표현할 것인가? 하는 문제를 간단 명료하게 보여주었다고 여겨진다. 이러한 산수시의 사실적 표현 강조는 아우인 삼연을 거쳐 많은 문인 제자들에게 영향을 미친다. 특히, 당시 진경산수화로 이름을 날렸던 겸재과 관련성이 깊다고 하겠다.

그리고 시론의 마지막으로 妙悟·禪詩說과의 관련성을 들었다. 이 시론은 중국 南宋의 嚴羽와 淸初 王士禎이 주로 이야기했던 것인데, 시를 禪義로 파악한다는 특징을 가진다. 특히, 농·연의 '不落言筌, 水中之月 鏡中之象 言有盡而意無窮'과 같은 언급에서 시를 禪的인 것으로 보았음을 알 수 있었다.

마지막 장에서는 농·연의 시론에서 도출된 공통된 특징과 가치를 논했다. 농·연은 문과 시를 짓는 행위를 '末事'나 '小技'로 보았다. 이는 다른 조선시대 문인들이 가지고 있었던 시·문에 대한 보편적인 견해와 일맥상통한다. 그러나 이에 그치지 않고 문을 도와 동등하게 바라보며 그 중요성을 강조한다. 특히 삼연의 시에 대한 입장은 확실하다. 삼연은 시를 창작함에 전문적인 의식을 갖을 때에만 좋은 작품이 나올 수 있다고 보았기 때문이다.

두 번째, 농·연의 시론을 표현론적이라고 규정했다. 그것은 천기와 같은 시 창작의 과정에 대한 논의를 심도있게 함과 아울러 정·경 등의 융합이 잘될 때 이상적인 시가 지어진다고 보았기 때문이다.

이 표현론적인 시론은 중국의 전통적인 문학론을 따른 것으로 『書經』舜典에서 그 유래를 찾을 수 있다. 그러던 것이 고려말 이규보나 최자 등에 의해 잠깐 언급되고, 조선시대 접어들어서는 효용론적인 시론에 매몰되어 버린다. 물론 농·연에게서 효용론적 시론의 특성이 전혀 나타나지 않은 것은 아니지만, 그것은 전체 시론을 통해서 볼 때 그리 많은 부분을 차지하고 있지 않았다. 특히, 농·연의 표현론적인 시론은 의고성이 강한 기교주의의 반동으로 나타났다고 생각한다. 이 시론은 많은 이들의 공감대를 형성해 시의 이론을 다양화시켰다는 점에서 그 의의를 부여했다.

또한 표현론적 시론과 관련하여 농·연 모두 시의 여운을 강조했다는 것이다. 이는 작가와 독자가 상호 교융할 때 온전한 시가 이루어진다라고 하는 인식이 내재되어 있었기 때문이라고 여겼다.

마지막 세 번째, 흥과 신의 문예미를 추구한 것에 관심의 초점을 두었다. 앞에서 이미 언급한대로 농·연은 흥과 신을 다양한 용어로 복합화시켜 사용한다. 이들 흥과 신은 범상적으로 쓰이지만, 농·연은 시가 반드시 갖추어야 할 요인으로 본다. 또한 흥과 신은 내적인 의미와 함께 반의고적이며, 개성과 관련된 것으로 파악했음을 알 수 있었다. 이로써 농·연이 비록 각각 다른 문예미를 중시했지만, 지향하는 바는 같았음을 알 수 있었다.

지금까지 농·연의 작시론을 중심으로 시론을 이야기했다. 그리고 공통적으로 드러나는 특징적인 면까지 언급했다. 이러한 농·연의 시론은 당시 따르던 문인제자들이 중심이 되어 많은 이들의 호응을 얻는다. 그리고 단지 시 이론으로 멈추지 않고 직접 창작과 관련하여 그것을 적극적으로 받아들인다. 사천이 그 대표적인 경우라고 하겠다. 또한 조선의 강토를 중요시하는 사실주의 회화가 싹틀 수 있는 계기를 만들어 주었다는데 그 의의와 가치를 부여하였다.

【參考論著】

1.《文集類》

江漢集(黃景源)	過庭錄(朴宗采)
近齋集(朴胤源)	金陵集(南公轍)
南塘集(韓元震)	老洲集(吳熙常)
鹿門先生文集(任聖周)	農巖集(金昌協)
湛軒集(洪大容)	陶菴集(李縡)
東谿集(趙龜命)	頭陀草(李夏坤)
屯菴集(申昉)	梅泉集(黃玹)
渼湖集(金元行)	北軒集(金春澤)
三淵拾遺(金昌翕)	三淵集(金昌翕)
象村集(申欽)	恕菴集(申靖夏)
西坡集(吳道一)	西浦集(金萬重)
宋子大全(宋時烈)	安東金氏文獻錄
藥山遺稿(吳光運)	旅菴遺稿(申景濬)
巍巖集(李柬)	雩沙集(李世白)
柳下集(洪世泰)	栗谷全書(李珥)
耳溪集(洪良浩)	拙修齋集(趙聖期)
芝峰類說(李晬光)	知守齋集(兪拓基)
芝村集(李喜朝)	晉菴集(李天輔)
滄溪集(林泳)	退溪全書(李滉)

2.《實錄類》

景宗實錄
肅宗實錄
英祖實錄

3. 《經書類》

論語	大學
孟子	書經
詩經	莊子
中庸	

4. 《詩話類》

東詩話
南遷日錄
別本東人詩話
日得錄
靑邱詩話

5. 《編纂類》

趙鍾業編, 『韓國詩話叢編』 17

6. 《飜譯書》

감산 지음·오진탁 옮김, 『감산의 莊子 풀이』, 서광사, 1990.
梁慶遇 原著·李月英 譯注, 『霽湖詩話』, 한국문화사, 1995.
劉若愚 著·李章佑 譯, 『中國의 文學理論』, 동화출판공사, 1984.
劉勰 著·崔信浩 譯註, 『文心雕龍』, 현암사, 1975.
朱光潛 지음·鄭相泓 옮김, 『詩論』, 동문선, 1991.
周勳初 著·중국문학연구회 옮김, 『中國文學批評史』, 이론과 실천, 1992.
蔡儀 主編·姜慶鎬 譯, 『문예미학』, 동문선, 1989.
洪萬宗 原著·安大會 譯註, 『小華詩評』, 국학자료원, 1995.

7. 《單行本》

姜周鎭, 『朝鮮黨爭史研究』, 서울대학교 출판부, 1971.
金埈五, 『詩論』, 三知院, 1993.

金興圭, 『朝鮮後期의 詩經論과 詩意識』, 고려대학교 민족문화연구소, 1995.
閔丙秀, 『韓國漢詩史』, 태학사, 1996.
______, 『韓國漢文學槪論』, 태학사, 1996.
박충석·유근호 공저, 『조선조의 정치사상』, 평화출판사, 1980.
白琪洙, 『美學』, 서울대학교 출판부, 1993.
成均館大學校 儒學科 敎材編纂委員會, 『儒學原論』, 성균관대학교 출판부,
        1994.
安大會, 『朝鮮後期 詩話史硏究』, 국학자료원, 1995.
安輝濬, 『韓國繪畫史』, 일지사, 1980.
劉明鍾, 『朝鮮後期性理學』, 이문출판사, 1985.
유봉학, 『燕巖一派 北學思想 硏究』, 일지사, 1995.
尹浩鎭, 『漢詩의 意味構造』, 법인문화사, 1996.
李敦柱, 『漢字學總論』, 博英社, 1992.
李敏弘, 『朝鮮中期 詩歌의 理念과 美意識』, 성균관대학교 출판부, 1993.
李鍾默, 『海東江西詩派硏究』, 태학사, 1995.
이태호, 『조선후기 회화의 사실정신』, 학고재, 1996.
전형대 외 3인, 『한국고전시학사』, 기린원, 1988.
鄭大林, 『한국 고전문학비평의 이해』, 태학사, 1991.
鄭玉子, 『朝鮮後期知性史』, 일지사, 1991.
鄭堯一, 『漢文學批評論』, 집문당, 1994.
趙東一, 『韓國文學思想史試論』, 지식산업사, 1986.
趙鍾業, 『韓國詩話硏究』, 태학사, 1991.
車溶柱, 『韓國漢文學作家硏究』, 경인문화사, 1996.
崔英成, 『韓國儒學思想史IV』, 朝鮮後期篇 下, 아세아문화사, 1995.
崔珍源, 『國文學과 自然』, 성균관대학교 출판부, 1989.
鶴山趙鍾業先生停年退任記念會, 『東方詩話論叢』, 鶴山趙鍾業先生停年退念,
        1996.
洪瑀欽, 『漢詩論』, 영남대학교 출판부, 1991.

8. 《論文》

1) 〈학위논문〉

金英鎭, 「金昌協의 文學批評論」, 동국대학교 교육대학원 석사학위논문,
        1987.

朴守川,「芝峰類說 文章部 硏究」, 서울대학교 박사학위논문, 1987.

李相周,「澹軒 李夏坤 문학의 연구」, 성균관대학교 박사학위논문

李相鎭,「柳下 洪世泰 硏究」, 성균관대학교 석사학위논문, 1983.

李仙玉,「澹軒 李夏坤의 繪畵觀」, 서울대학교 석사학위논문, 1987.

李承洙,「金昌翕의 詩世界 硏究」, 한양대학교 석사학위논문, 1991.

李愛姬,「朝鮮後期의 人性과 物性에 대한 論爭의 연구」, 고려대학교 박사학
　　위논문, 1990.

李鍾虎,「三淵 金昌翕의 詩論에 관한 연구」, 성균관대학교 박사학위논
　　문,1991.

任侑炅,「英祖朝 四家의 文學論硏究」, 이화여자대학교 박사학위논문, 1991.

張源哲,「朝鮮後期 文學思想의 展開와 天機論」, 한국정신문화연구원 석사학
　　위논문, 1982.

진영미,「農巖 金昌協 詩論의 硏究」, 성균관대학교 박사학위논문, 1998.

蔡奐鍾,「農巖 金昌協 文學硏究」, 충남대학교 박사학위논문, 1994.

崔淑仁,「朝鮮後期 文學에 나타난 繪畵性 연구」, 이화여자대학교 박사학위
　　논문, 1989.

2) 〈일반논문〉

姜明官,「16세기 말 17세기 초 擬古文派의 수용과 秦漢古文派의 성립」,『한
　　국한문학연구』18, 1995.

강혜선,「槎川 李秉淵의 金剛山詩 연구」,『한국한문학연구』16, 1993.

金文植,「朝鮮後期 京畿學人의 漢宋折衷論」,『동양학 제5회 국제학술회의논
　　문집』, 성대 대동문화연구원, 1995.

金仁圭,「朝鮮後期 華夷論의 變容과 그 意義」,『東洋古典硏究』5, 동양고전
　　학회, 1995.

金載弘,「尹善道 詩의 形成動因」,『孤山硏究』4, 고산연구회,1990.

金宗吉,「中國詩理論에 있어서의 格의 개념」,『아세아연구』41호, 1971.

金惠淑,「韓國漢詩論에 있어서 天機에 대한 고찰(1)」,『한국한시연구』2, 태
　　학사, 1994.

金惠淑,「韓國漢詩論에 있어서 天機에 대한 고찰(2)」,『한국한시연구』3, 태
　　학사, 1995.

閔丙秀,「조선후기 漢詩의 새로운 경향에 대하여」,『한국한시연구』2, 태학
　　사, 1994.

朴明姬,「旅菴 申景濬의 詩論考」,『한국언어문학』35, 한국언어문학회, 1995.

朴明姬, 「農巖·三淵의 文道合一觀에 대하여」, 『한국고시가연구』 41, 한국고시가문학회, 1997.

朴焌圭, 「尹善道의 〈五友歌〉연구」, 『韓國古詩歌研究』 4, 한국고시가문학회, 1997.

安大會, 「三淵 金昌翕의 〈葛驛雜詠〉 研究」, 『한국한시연구1』, 한국한시학회, 새문사, 1993.

安輝濬, 「觀我齋稿의 繪畵史的 意義」, 『觀我齋稿』 解題, 1984,

吳壽京, 「燕岩學派의 시경향 朴齊家의 詩論」, 『한국한문학과 유교문화』, 蒼谷 金世漢교수정년퇴직 기념논총, 1991.

_____, 「法古創新論의 개념에 대한 검토」, 『한문학연구』 10, 계명한문학회, 1995.

유봉학, 「18·9세기 大明義理論과 對淸意識의 推移」, 『한신대학교 논문집』, 1988.

尹在敏, 「洪世泰의 문학사상」, 『한국문학사상사』, 계명문화사, 1991.

李乃沃, 「조선후기 寫實主義 繪畵의 사상적 배경」, 『擇窩許善道先生停年紀念 한국사학논총』, 1992.

李敏弘, 「朝鮮前期 自然美의 追求와 漢詩」, 『한국한문학연구』 15, 1992.

李成茂, 「朝鮮後期 性理學 序說」, 『淸溪史學』 1, 1984.

이승수, 「金昌翕의 生涯와 詩世界의 變貌」, 『한양어문연구』 9, 1991.

_____, 「拙修齋 趙聖期論」, 『한국학논집』 23, 한양대학교 한국학연구소, 1993.

_____, 「17세기말 天機論의 형성과 인식의 기반」, 『한국한문학연구』 18, 1995.

李迎春, 「尤菴 宋時烈의 尊周思想」, 『淸溪史學』 2, 1985.

李鍾默, 「趙聖期의 學問과 文學」, 『古典文學研究』 7, 1992.

_____, 「朝鮮前期 漢詩의 唐風의 특성과 한계」, 『한국한문학연구』 18, 1995.

李熙煥, 「老少論의 對立과 肅宗」, 『宋俊浩敎授 停年紀念論叢』, 1987.

任侑炅, 「委巷詩集 序·跋에 나타난 文學論」, 『泰東古典硏究』 4, 한림대학부설 태동고전연구소, 1988.

任侑炅, 「李天輔의 문학사상」, 『한국문학사상사』, 계명문화사, 1991.

_____, 「18세기 천기론의 특」, 『한국한문학연구』 19, 1996.

林熒澤, 「頭陀草 敍傳」, 『頭陀草』解題

全用宇, 「畿湖士林의 淵源 小考」, 『민족문화의 제문제』, 于江權兌遠敎授停年

紀念論叢, 1994

鄭景柱, 「고전시론에 있어서의 性情의 문제」, 『龍淵語文論集』 2, 부산대국문과, 1984.

鄭炳憲, 「漁父四時詞의 背景과 性格」, 『孤山研究』 3, 윤선도연구회, 1989.

鄭玉子, 「17세기 思想界의 再編과 禮論」, 『韓國文化』 10, 서울대 한국문화연구소, 1989.

鄭雨峰, 「金昌協詩論의 批評史的 意義」, 『어문논집』 31, 고대 국문과, 1992.

______, 「조선후기 문학이론에 있어 神의 범주」, 『한국한문학연구』 19, 1996.

鄭然峰, 「朝鮮前期 性情 論議와 張維의 天機論」, 『민족문화연구』 23호, 민족문화연구소, 1990.

______, 「張維의 문학사상」, 『한국문학사상사』, 계명문화사, 1991.

鄭雲采, 「윤선도의 한시와 시조에 나타난 興의 성격」, 『古詩歌研究』 1, 한국고시가연구회, 1993.

鄭 珉, 「16·7세기 學唐風의 性格과 그 風情」, 『한국한문학연구』 20, 1996.

趙鍾業, 「韓國詩話研究의 問題點과 展望」, 『한국한문학연구』 20, 1996.

蔡奐鍾, 「朝鮮後期 위항文學과 士大夫」, 『한국문학논총』 15, 한국문학회, 1994.

______, 「三淵 金昌翕의 社會詩 研究」, 『語文研究』 27, 어문연구회, 1995.

崔信浩, 「西浦漫筆에 나타난 批評의 특성」, 『한국학』 25, 일지사, 1981 겨울.

______, 「조선후기 시론의 몇 가지 성격」, 『민족문화연구』 18호, 민족문화연구소, 1984.

______, 「洪奭周의 '原詩'에 있어서 詩發於情의 문제」, 『한국한문학연구』 20, 1996.

崔完秀, 「謙齋眞景山水畵考」, 『澗松文華』 21(1981), 29(1985), 45(1993), 한국민족미술연구소.

韓正熙, 「朝鮮後期 繪畵에 미친 中國의 영향」, 『미술사학연구』 206, 한국미술사학회, 1995.

許敬震, 「許筠의 시론」, 『한국의 한문학』 2, 민음사, 1993.

洪瑀欽, 「退溪의 詩文에 나타난 山水觀」, 『한국한문학연구』 18, 1995.

황의열, 「이수광의 시론」, 『한국의 한문학』 2, 민음사, 1993.

제 2 부

18세기 문학비평의 양상

제1장 農巖 시론에 있어 興의
운용 양상과 의미

1. 머리말

17세기 말과 18세기 초는 明의 멸망과 淸의 창건, 北伐論의 대두, 朝鮮 中華主義의 華夷觀의 형성 등에서 보듯이 국내외적으로 급변의 시기였다. 이런 경우 지식인의 처세 방법은 여러 가지가 있었을 것인데, 農巖 金昌協은 모든 면에서 남다른 적극성을 보였다. 특히, 당시 문단을 총체적 위기상황으로 보고 시와 문의 본질에 대한 탐색을 시도하여 眞詩運動으로까지 확산시킨 점은 주목을 요한다. 이러한 일련의 그의 노력은 추종하던 후배 문인들에게 지대한 영향을 끼쳐 당시 문단에 신선한 충격을 주고도 남았다.

농암은 시론을 통해 天機와 性情, 情景의 융합 등 시 본질에 대한 물음과 답을 하였다. 뿐만 아니라 전시대까지 창작의 원동력으로만 인식되었던 興을 수용, 운용하여 시가 추구해야 할 본질이 어디에 있는지를 알려주었다. 이러한 그의 시에 대한 생각은 시의 전문성과 독자성을 인정한 결과로 후대 문인들이 실천했던 寫實主義風과 民族主義 고취로 이어진다는 점에서 의의가 자못 크다고 하겠다.

시학에서 흥은 賦比와 함께 표현의 한 방법으로 인식되어왔다.[1] 그런데 그 의미에 대한 설명이 명확하지 않아 많은 이들의 논란 대상이기도 하였는데[2], 대체로 '연상하는 것인데 상황에 처하여 정서가 환기되고 사물로 인하여 흥취가 일어나는 것'으로 그 개념을 정리할 수 있다. 이러한 흥은 시간의 경과와 함께 다른 말과 합성되어 운용되는데, 興起·興趣·興象·興會·興寄 등이 이에 해당된다. 이들은 합성되는 글자가 어떤 것이냐에 따라 의미를 달리하기도 하지만, 같은 글자가 합성된 경우라도 전체 문맥과 상황에 따라 새로운 뜻풀이가 가능해진다. 농암이 시론에서 논의한 흥도 마찬가지이다. 따라서 현상적으로 드러나는 글자 풀이만 해서는 운용된 흥의 의미를 파악하지 못할 수도 있다. 때문에 운용된 흥은 문맥적 상황을 따져 그 양상과 의미를 논의하게 될 것이다.[3]

이러한 내용을 본격 논의하기에 앞서 농암의 시에 대한 기본 견해를 살펴야 할 것으로 생각한다. 이를 통해 그의 문예의식의 정도를 가늠해 볼 수도 있으며, 시 창작에서 지향하고 있는 점이 무엇인지를 다소 읽어낼 수 있을 것이기 때문이다.

---

1) 한자에 있어 興은 '두 사람이 네 손으로 힘을 한데 모아 사물을 끌어올린다'로 풀이 된다. 두 사람이라 하면 복수의 개념이 포함된 것이고, 사물을 끌어올린다 하니 靜的이라기 보다 動的인 의미가 들어있음을 알 수 있다. 李敦柱,『漢字學總論』, 박영사, 1992, p.269.
2) 鄭衆,〈毛詩正義引〉, "興者 托事于物." 劉勰,『文心雕龍』比興. "比者附也 興者 起也 附理者切類以指事 起情者依微以擬議起情 故興體以立附理故比例以生."
3) 농암 시론 연구에서 흥을 논의한 경우는 鄭雨峰(「金昌協 詩論의 批評史的 意義」,『語文論集』31, 고대 국문과, 1992, pp.57~81)과 晉永美(『農巖 金昌協 詩論研究』, 보고사, 1999, pp.237~254)에 의해서 이루어졌다. 그러나 그 내용은 대체로 필자의 집필과 방향을 달리한다.

2. 農巖의 시에 대한 기본 견해

　농암은 문장을 '末事'4)나 '枝葉'5)으로 인식한다. 뿐만 아니라 당시 재주있는 선비들이 말장난에 불과한 詞章에 정신이 빠져 있음을 비판하기도 하는데,6) 이러한 태도는 문을 '載道之器'나 '貫道之器'로 본 조선조 다른 문인과 같은 보편적 시각이라고 하겠다. 그래서 學古의 일차적 대상으로 六經을 드는데,7) 그가 독서의 대상으로 경서에 치우치지 않고 班固의 『漢書』나 史馬遷의 『史記』, 그리고 唐宋八大家들의 문을 모아놓은 『八大家文抄』등 다양한 종류를 제시했음8)은 문을 대하는 태도가 다소 유연했음을 보여주는 반증이다. 더 나아가 시의 가치를 인정하여 가볍게 여길 수 없다9)라고 하는 견해는 도학자에게서 흔히 볼 수 없는

---

4) 『農巖集』 20, 答趙文命. "文章本末 事不足道."
5) 『農巖集』 20, 答趙文命. "學之者 又每失之好奇 只事枝葉 以此類不得造 古人藩籬此可爲戒也."
6) 『農巖集』 18, 答崔昌大壬申. "夫聖人之學與詞章末藝 其大小之分 人亦 孰不知之 而世之聰明才敏之士 率多沒溺於詞章 慿心敕精 終身不止 而 鮮肯俯首從事於聖人之門 何也 豈以道德性命 其理高遠 格致誠正 其事 繁難 學之未易成 而姑從其近且易者學之 求以成名而已耶 不然則背泰華 而適培塿 捨江河而觀溝澮 宜非人情也."
7) 『農巖集』 25, 讀法言. "六經 皆聖人之言 而其言者 皆道也 易二陰陽 詩 之性情 書之政事 禮之倫序 樂之和順 春秋之名分 卽所謂道者也……其 文與六經相表裏 雖有作者 不可及矣……六經 雖若簡奧未易明 然本其 始 固矢口以出肆筆以成 故讀之而不見其有礙也 味之而不見其可厭也 反 復之而無一言之或遺也 此其爲聖人之言 而學者所以沒身也."
8) 『農巖集』 11, 與崇謙丁丑. "汝若無意於學 則吾固絶望 不然則宜深悔前 非 大變舊套 所讀本書 須先嚴立課程 趲趁無怠 而以其間將漢史或八大 家文抄 一看四五板或六七板 逐句逐字 一一理會 其有未通 問于朋友 如 此日以爲常 至于數月之久 則文理漸通 意味漸深 自當有欲罷不能者矣."
9) 『農巖集』 11, 答子益. "無論詩語工拙 向來游歷跌宕之樂 顯顯於紙墨間

특이 사항으로 인식된다.

농암의 시에 대한 기본 견해는 문과 다르다는 인식에서 출발한다. 시가는 문장과는 달리 虛景과 閒事에서도 천기의 묘미와 성정의 진실함을 볼 수 있다라고 한다. 그리고 그러한 시를 읽는 이가 있다면 감동받아 시어 밖의 의미까지 얻게 될 것이라고 하며, 事理를 펼치고 故實을 늘어놓는 일 같은 것은 시인의 직분이 아니다[10]라고 주장한다. 이로써 시가 추구하는 본질적 측면이 어디에 있으며, 문과 다른 독자성이 무엇인지 간파했음을 알게 한다. 그리고 또한 시를 '성정의 산물'[11]이며, '성정의 발함과 천기가 움직이는 것'[12]이라고 하며, 성정과 천기를 들어 시의 개념을 정리한다. 시가 성정의 산물이라고 하는 입장은 여러 문인들의 언급에서 어렵지 않게 발견할 수 있다. 이러한 연유로 '性情論'이라는 용어를 쓰며, '載道論' 아니면 '教化論'과 같은 개념으로 파악하는가 하면, '性情之正'을 의미하여 '情'은 배제한 '性'만을 뜻하는 것이라고도 하였다.[13] 또한 조선후기에 나온 천기론은 중기 성정론의 반론에서 나온 것이라는 의견도 있었다.[14]

하지만, 詩發於性情 등의 언급은 시가 만들어지는 과정을 말한 것이지, 시가 무엇을 위해 어떤 역할을 해야함과는 무관한 듯하다. 즉, 시가 만들어지는 과정을 말한 것일 뿐 거기에는 원래 교화적이거나 재도적인 뜻이 담겨져 있지 않다는 의미이다. 그리고

雖在數十年之外 當如宿昔事矣 詩豈可輕也."
10) 『農巖集』12, 與趙成卿乙丑. "詩歌之道 與文章異者 正以其多道虛景 多道閒事 而古人之妙却多在此 盖雖曰虛景閒事 而天機活潑之妙 吾人性情之眞 實寓於其間 使人讀之 足以謳歌吟諷 感發興起 而得之於言意之表 此其妙 豈敷陳事理 排比故實 以爲詩者之所能及耶."
11) 『農巖集』25, 松潭集跋. "余謂詩者 性情之物也."
12) 『農巖集』34, 雜識. "詩者 性情之發而天機之動也."
13) 趙東一, 『韓國文學通史』3, 知識産業社, 1984, p.125.
   李敏弘, 『士林派文學研究』, 螢雪出版社, 1985.
14) 趙東一, 전게서, p.127.

또 만약 성정론의 반론으로 천기론이 형성되었다면, 농암이 성정과 천기를 동열에 놓고 이야기하지는 않았을 것이다. 결국 농암은 '榮辱을 떨치고 虛明靜一하게 눈과 귀를 가리지 않을 때 천기를 만날 수 있다'[15]라고 하여 천기의 득실은 신분과 무관하다는 논리로까지 나아가 조선후기 여항인들의 입지를 넓혀주는 결정적 역할을 하였다.

이러한 시에 대한 본질적 탐구는 결국 당시 문단에 만연해 있던 擬古的 성향에 반기를 드는 결과를 낳는다.

> 송인의 시는 고실과 의론을 주로 하니 이것은 시가의 큰 병이다. 明人이 이것을 공박한 것은 옳다. 그러나 그들이 한 것은 반드시 송인을 능가하지 못하고 어떤 것은 도리어 송인에게 미치지 못하니 어찌된 것인가? ……명인은 법규에 너무 얽매여 움직이는 것이 모방을 겪게 되어 '效響'이나 '邯鄲學步'가 되니 천진을 회복할 수 없는 것이다. 이것이 명인이 도리어 송인의 아래에 있는 것이다.[16]

이는 思辨的 성향을 보이는 송시와 함께 구태의연한 법식에 얽매여 헤어나오지 못하는 명시를 비판한 내용이다. 명인은 명때 문단을 이끌었던 前後七子를 주로 가리킨다. 이들은 '문은 반드시 秦漢을 배우며, 시는 반드시 盛唐을 익힌다'라는 구호 아래 허식이 심하고 萎弱한 문풍을 쇄신하고 복고를 제창하여 문예사조상 복고운동이 광범위하게 확산될 수 있는 계기를 만들었다. 결국 이들의 영향력은 백 년이 넘는 세월동안 건재하면서 中唐 이전의 시가를 모은 시선집이 발간되는 등 문단을 고착화시켰다. 농암이 명시에 대해 염려한 것이 바로 이 점이다. 복고주의로 치

---

15) 『農巖集』 24, 霽月堂記. "夫惟身超乎榮辱之境 心游乎事爲之表 虛明靜一 耳目無所蔽 則其於物也 有以觀其深 而吾之心 固泯然與天機會矣."

16) 『農巖集』 34, 雜識. "宋人之詩 以故實議論爲主 此詩家大病也 明人攻之是矣 然其自爲也 未必勝之 而或反不及焉 何也……明人太拘繩墨 動涉摸擬 效響學步 無復天眞 此其所以反出宋人下也歟."

닫다보면 처음 의도와는 달리 개성이 매몰되어버리는 시를 생산해 낼 수밖에 없을 것이기 때문이다.

이러한 전후칠자의 복고주의적 이론은 조선 문단에까지 깊이 파고들어 작시의 원리 뿐 아니라 시평의 기준으로 이용되기까지 한다. 이때 문단의 성함을 일컬어 '穆陵盛世'라 지칭하는데, 시에 있어 당풍을 닮으려는 분위기가 문단에 만연해 있었다. 따라서 시·공간을 초월한 공상 세계를 그리는 등 현실과 다소 동떨어진 배경을 형상화하기도 하였다. 농암은 이러한 사정을 잘 알고서 '선조 이전의 시를 읽으면 그 사람을 가히 볼 수 있으나, 선조 이후의 시는 그 사람을 가히 볼 수 없다'[17]라고 하여 문단의 폐해가 심함을 지적하기도 하였다. 그래서 '시는 진실로 당을 배워야 할 것이지만, 반드시 당과 같을 필요는 없다'[18]라는 논리를 펴며, 시 창작의 개성론을 주장한다.

농암은 문학가이기 이전에 분명 도학가였다. 그럼에도 불구하고 성리학적 권위주의에서 탈피하여 문학의 독자적 영역을 찾고자 하는 모습도 보여주고 있다. 이는 문학의 가치를 효용에 두려는 단선적 사고의 탈피요, 반의고를 강조함으로써 진정한 시란 무엇인지를 보여주려는 자세라고 하겠다.

3. 興의 운용 양상

예술 현상은 작품을 지은 創者와 作品, 그리고 그 작품을 감상하는 享受者에 의해 실현된다고 하겠다. 작품을 창작하는 작자는

---

17) 『農巖集』 34, 雜識. "是以讀穆廟以前詩 則其人猶可見 而讀穆廟以後詩 其人殆不可見 此詩道盛衰之辨也."
18) 『農巖集』 34, 雜識. "詩固當學唐 亦不必似唐."

외계의 사물을 접한 후 그의 사상과 감정을 덧붙여 형상화의 방법을 택할 것이고, 그러한 작품을 수용하여 감상하는 향수자는 문학 작품만이 느낄 수 있는 감동을 맛보게 될 것이다.[19]

때문에 농암이 시론에서 운용한 흥도 이러한 기준에 따라 논의할 수 있을 것이다. 즉, 농암은 시론을 통해 시는 어떻게 지을 것인가? 하는 창작의 원리를 주로 제시하고 있을 뿐 아니라 좋은 작품을 대했을 때 수용자는 어떤 감동을 받을 수 있을 것인가 하는 측면에서 흥을 운용하고 있기 때문이다. 따라서 시를 짓는 창자의 입장에 선 흥과 작품을 감상하는 향수자의 입장에 선 흥으로 구분하여 논의할 것이다.

1) 創者의 興

작품을 창작함은 곧, 형상화 과정의 다른 말이다. 중국의 고대 시론을 보면, 이러한 창작에 대한 과정을 설명한 경우를 어렵지 않게 접할 수 있는데, 그 대표적인 예로『詩經』〈毛詩序〉의 '시라는 것은 뜻이 가는 바이다. 마음이 있으면 뜻이 되고, 말로 나오면 시가 된다'[20]일 것이다. 이런 시 형상화 과정은 전형으로 받아들

---

19) 예술 현상의 요소는 작자와 작품, 독자 외에 우주를 포함하여 네 가지로 볼 수도 있다. 이 네 요소들은 서로 순환하는 가운데 그 과정이 실현된다고 할 수 있다. 즉, 자연(우주)은 작가에게 영향을 주고, 작가는 그것에 감동한다. 이러한 반응을 벗어나서 작가는 한 작품을 창조한다. 또한 작품이 독자에게 이르렀을 때 그 작품은 독자를 감동시킨다. 마지막으로 자연에 대한 독자의 반응이 작품에 대한 그의 경험에 의하여 수식화된다. 동시에 작품에 대한 독자의 반응은 자연히 그에게 영향을 끼친 방식에 따라 영향을 받으며, 작품에 대한 반응에 의거하여 그는 작가의 마음과 통할 수도 있으며, 작가의 자연에 대한 반응을 재포착할 수도 있으므로 그 순환은 동시에 거꾸로 돌아가기도 한다. 이러한 순환 원리에 대한 자세한 설명은 劉若愚 著・李章佑 譯,『中國의 文學理論』, 同和出版公社, 1984, pp.31~32.

20)『詩經』〈毛詩序〉, "詩者 志之所之也 在心爲志 發言爲詩."

여지게 되나, 뜻 [志] 이 아닌 외물을 접한 주체가 흥을 일으키어 작품을 창작한다는 논리도 어렵지 않게 찾아볼 수 있다. 가령, 寓興觸物·因物起興·卽事寓興·卽事記興·觸物生興 등의 말로 표현되는 경우가 이에 해당된다. 농암이 정과 경이 융합되어 가는 과정 중에 언급한 '起興託喩'21)도 같은 맥락에서 바라보아야 할 것이다. 이는 외계의 경물을 접한 작자가 접촉된 물에 감응을 받아 생기는 창작의 동인으로 생각할 수 있을 것인데, 농암이 주로 운용한 흥은 이보다 훨씬 복잡하고 多段한 양상을 띤다. 그리고 때로는 외형상 운용된 흥의 뜻이 같을지라도 문맥을 통해서 볼 때 의미를 달리하는 경우도 있다. 따라서 운용된 흥의 含意를 따지기 위해서는 전체 문맥과 상황을 통해 엿보아야 할 것이다.

첫 번째, 興에 會가 붙어 '興會'라고 운용한 경우이다.

> 시라는 것은 性情의 발함이며 天機가 움직이는 것이다. 唐人의 시는 이것을 얻었다. 때문에 初·盛·中·晚唐을 논할 것도 없이 대저 모두 자연에 가깝다. 지금은 이것을 알지 못하여 오로지 聲色을 모상하고 氣格을 힘써서 고인을 추종하니, 곧 그 聲音과 面貌는 비록 혹 방불할지라도 神情과 興會는 도무지 서로 같지 않으니 이것이 明人들의 실수이다.22)

이의 문맥을 파악하기 위해서는 어구가 놓인 상황을 알아야 한다. 당인과 명인, 성정과 천기, 성음·면모와 신정·흥회는 서로 대립되어 있으면서 전체 문의 의미를 파악하는데 결정적 역할을 담당할 뿐 아니라 농암 자신이 생각하는 가장 이상적인 시

---

21) 『農巖集』 17, 答任大仲壬午. "盖所謂描寫景物 論說事情 詩之爲用 惟此二端 觀於三百篇 亦可見矣 然其言蟲魚鳥獸山川草木之狀 風雨日月雪霜寒暑之變 非止以留連光景而已 要以起興託喩 以發其歡愉怨苦感憤哀樂之情 則初未嘗判而爲二也."

22) 『農巖集』 34, 雜識. "詩者 性情之發而天機之動也 唐人詩 有得於此 故無論初盛中晚 大抵皆近自然 今不知此 而專欲摸象聲色 黽勉氣格 以追蹈古人 則其聲音面貌 雖或髣髴 而神情興會 都不相似 此明人之失也."

의 경지는 무엇인지도 알게 한다.

농암이 생각하는 가장 이상적인 시의 경지는 唐詩이다. 당시는 성정이 발산되고 천기가 움직여 나온 자연스런 시이기 때문이다. 반면, 성색을 모방하고 기격을 힘쓴 명시는 비록 성음·면모는 혹 같을지라도 신정·흥회는 다르다라고 하였다. 이러한 글의 내용은 결국 흥회가 문자 그대로의 뜻인 '興의 集積'으로 풀이할 수 없는 이유가 되기도 하며, 거기에다 신정이라는 말과 同列에 놓여있어 의미 파악이 쉽지 않음을 알게 한다.

'神情'은 '神'과 '情'의 합성어이다. 그리고 '興會'는 흥이 집적된 것이지만, 흥 그 자체에서도 알 수 있듯이 내면에서 이는 어떤 움직임이라고 할 수 있다. 따라서 신정·흥회는 외적인 것과는 그다지 상관이 없는 은밀한 가운데 만들어지는 내적인 그 어떤 것이라고 정의할 수 있겠다.23) 따라서 농암이 다른 글에서 '興會所到'24) 라고 할 때의 흥회와는 서로 다른 의미로 파악해야 할 것으로 생각한다.[그 이유는 후술할 내용에 있음] 오히려 흥에 상을 더해 '興象'이라고 운용한 다음의 의미와 서로 연결시킬 수 있을 것이다.

> 내가 항상 읍취헌의 시를 이를 땐 바로 안평대군의 서체와 서로 비슷하다고 하였다. 안평은 비록 松雪體를 본받았으나 왕휘지와 왕유의 필화를 법삼았다. 읍취헌은 비록 黃·陳을 스승 삼았으나 그

---

23) 지금까지 신정과 흥회는 '物象을 통하여 인간의 오묘한 감정이 형용할 수 없는 경지에서 누릴 수 있는 즐거움'(蔡奐鍾, 「農巖 金昌協 文學研究」, 충남대학교 박사학위논문, 1993, p.148)이라고 한다거나 '신정은 외모나 형식의 영역이 아닌 내용이나 정신의 영역이며, 흥회는 흥과 정의 만남으로 이루어졌다'(晋永美, 전게서, pp.214~254)고 하는 논의들이 있었다. 신정·흥회를 정신적이며 내면의 문제로 본 이러한 견해들은 필자와 큰 차이를 보이지는 않는다.

24) 『農巖集』 34, 雜識. "挹翠軒雖學黃陳 而天才絶高 不爲所縛 故辭致淸渾 格力縱逸 至其興會所到 天眞瀾漫 氣機洋溢 似不犯人力 此則恐非黃陳所得圉也."

神情·興象이 당인과 같으니 이 모두 천재가 높기 때문이다.[25]

보통 挹翠軒 朴誾의 시를 '唐詩의 情境과 宋詩의 事實을 겸비'[26]했다고 하여 비록 송의 黃庭堅·陳師道와 같은 江西詩派에서 시학을 익혔으나 거기에 매몰되지 않고 自得의 묘미를 보였다고 평한다. 즉, 여기서의 신정·홍상도 앞에서 보았던 신정·홍회와 같이 외적 허실의 반대 개념인 내면적 측면을 말하며, 또한 자신만의 독특한 시세계 창출을 의미한다고 하겠다.

두 번째 홍의 운용과 의미는 산수시 창작의 방법적 측면을 제시한 '興象'에서 찾을 수 있다.

> 우리나라에 산수를 말한다면 금강산이 으뜸이어서 전에부터 시인들이 노래하고 읊조린 것이 많다. 그러나 금강산의 빼어난 경관을 닮게 표현한 말을 한마디라도 구하려했지만, 끝내 얻을 수 없었다. 무릇 조물주는 신이하고 빼어나며 맑고 화려한 기를 이 산에 모이게 하여 기이한 봉우리와 깎아지른 절벽을 만들기도 하고, 맑은 샘과 깊은 골짜기를 만들기도 하며 아름다운 나무, 기이한 꽃, 금빛모래, 은빛자갈 등을 만들기도 하였다. 그 뛰어남이 이같이 오묘한 데도 세상에 시를 짓는 자가 바야흐로 또한 비근함을 즐겨 익히고 더럽고 진부한 것을 인습하여, 일찍이 그 깊은 생각을 일치시켜서 獨創的인 어투를 발하지 못하니, 그 천기를 움직임이 얕아 興象이 不遠하며 사물을 命한 것이 조악해 묘사가 진실하지 못하였다. 이것을 가지고 산수에 나아가니 어찌 능히 표현할 수 있었겠는가?[27]

---

25) 『農巖集』34, 雜識. "余嘗謂挹翠之詩 正與安平書相似 安平書 雖規摹松雪 而其筆畫則二王也 挹翠詩 雖師法黃陳 而其神情興象 猶唐人也 此皆天才高故爾."

26) 『弘齋全書』165, 日得錄. "挹翠之詩 以唐人之情境 兼宋人之事實 其天才絶高處 雖置之中朝諸家 未必多讓."

27) 『農巖集』21, 兪命岳李夢相二生東遊詩序. "語山水於東方 金剛爲大 而自前世詩人歌詠甚多 然求一言之克肖其勝 卒不可得 夫造物者 專以神秀淑麗之氣 鍾之於是山 以而爲奇峰峭壁 以而爲淸泉邃谷 以而爲嘉木異卉 金砂銀礫 其爲勝亦妙矣 而世之爲詩者 方且樂習卑近 因陋而襲陳 未嘗一致其深思 以發獨創之語 其動乎天機也淺 而興象不遠 命乎事物者粗

금강산은 기이한 봉우리, 깎아지른 절벽, 맑은 샘과 골짜기, 아름다운 나무 등 그야말로 빼어난 승지를 갖추어 많은 시인들의 동경 대상이었지만, 그 실상을 시로 온전히 형상화한 이는 없었다고 농암은 말한다. 또한 산의 형세가 뛰어나고 오묘한데도 불구하고 그것을 온전히 드러내지 못하고, 비근함과 진부함만을 이어 받아 독창성이 없었다고 하였다. 그리고 독창성 실패의 원인으로 '얕은 천기와 불원한 흥상'을 들었다. 이는 반대로 생각해 '천기와 흥상이 깊다'면, 독창적 어투를 발해 묘사가 진실하게 될 것이라는 논리로 해석할 수 있다.

홍상론의 시작은 중국 당대 殷璠으로부터 시작한다. 은번은 齊梁詩歌가 詞藻와 聲律 등 형식미를 추구하여 홍상이 없다는 것으로 홍상론을 제기한다.

> 기량이 항아리 정도밖에 안되어 피상적으로만 배운 무리들은 고인들을 宮商徵羽를 구별하지 않고, 詞句를 質朴·素朴하게 썼다고 책하며, 본받는 것을 부끄럽게 여겼다. 이에 이단을 공격하고 터무니없이 천착하였다. (그 결과) 이치는 부족하고 말은 늘 남아 興象이 전혀 없고, 다만 輕艷만을 귀하게 여겼다. (그러하니) 비록 글이 상자를 가득 채운들 무엇에 쓸 수 있을까?[28]

이러한 홍상론은 제량 문학이 四聲論을 통한 청각 쾌감을 추구하는 한편 巧構形似를 통한 形象語를 구사하여 총체적 감각 쾌감을 추구하는 것을 비판하는 입장에서 나온 것이다. 감각적 쾌감만을 자극하는데 전일한 제량 문학은 유가 계열의 지식인들에 의해 '綺麗' 또는 '綺靡'라는 비판을 받으며 개혁의 대상으로

而描寫不眞 以此而之乎山水 夫安能有所發."

28) 殷璠, 〈河嶽英靈集序〉, "挈瓶膚受之流 責古人不辨宮商徵羽 詞句質素 恥相師範 於是攻異端 妄穿鑿 理則不足 言常有餘 都無興象 但貴輕艷 雖滿篋笥 將何用之." 元鍾禮, 「神韻의 美的 特徵」, 『中國文學』 30, 韓國中國語文學會, 1998, 126면에서 재인용.

삼았는데, 은번은 당시 이러한 문단 상황을 감지하고 거기에 반대의 의미를 가진 홍상을 주장하였다. 그래서 제량 문학은 '爲文而造情'하여 홍상이 없고, 성당시는 '爲情而造文'하여 홍상이 있다고 하였다.[29]

또한, 홍상은 표현 수법상 直寫해야 한다는 특징도 가지고 있는데, 은번은 孟浩然의 시구인 '重山遙對酒 孤嶼共題詩(뭇산들 멀리 보이는 가운데 술을 대하고 외로운 섬에서 함께 시를 짓네)'라는 시에 대해 홍상과 典故的 事實을 다 갖추었다고 하였다. 이는 내용이 아닌 창작의 방법적 측면을 두고 한 평으로 홍상과 관련된 부분은 '重山遙對酒' 부분이요, 전고적 사실과 관련된 부분은 '孤嶼共題詩'라고 할 수 있다. 따라서 이런 경우 홍상은 전고를 쓰지 않고 자기 가슴속의 감흥을 직서한 문체를 지칭한다고 해야 할 것이다. 이상과 같이 은번이 말한 홍상은 直敍手法으로 표백한 순수 감흥을 의미한다고 하겠다.[30]

이렇듯 은번은 당시 시단에 흐르고 있는 시의 내용과 그 내용을 표현해내는 방법을 비판하며 홍상론을 폈는데, 농암이 위에서 말한 홍상도 문맥을 통해서 볼 때 은번이 주장했던 근거와 일면 연결시켜 볼 수 있다. 즉, 농암은 '세상의 시인들이 비근하며 더럽고 진부한 말을 즐겨 사용해 독창적이지 못하다'라고 했는가 하면, '묘사가 진실하지 못하다'라고 하였다. 그리고 이러한 두 가지는 결국 깊지 않은 천기·홍상과 서로 결부되어 있다고 보았다. 즉, 농암은 깊은 천기와 홍상의 발함은 시의 내용을 실질적으로 만들 뿐 아니라 표현 방법도 정미롭게 해 寫實的 묘사를 할 수 있을 것으로 생각하였다. '사물에 즉하여 말이 모두 진실하고 의경을 좇아 뜻이 문득 새롭다[31]'고 한 글 내용은 산수시 제작

---

29) 元鍾禮, 전게 논문, pp.126~127.
30) 元鍾禮, 전게 논문, p.128.

의 이상적 경지를 언급한 것으로 깊은 천기·흥상과 서로 관련
된다고 하겠다. 즉, '물에 즉하여 말이 모두 진실되다'라고 이른
것은 경을 만났을 때 사실 그대로 묘사함을 말하며, '의경을 좇아
서는 뜻이 문득 새롭다'고 했는데, 이는 산수의 경치를 보고서
단지 거기에 멈추지 않고 나름대로 각자의 정을 넣어 意境을 창
출함을 뜻한다.

농암은 58년의 생애동안 산수를 짝하여 즐기는 시간을 많이
보냈다. 산수에 대한 애정은 때로 꿈속으로까지 이어지는가 하
면32), 산수 유람을 하고 난 뒤에는 〈遊松京記〉·〈東遊記〉·〈東
征賦〉·〈西遊記〉·〈東征記〉등의 賦·記를 남기기까지 하였다.33)
뿐만 아니라, 시가와 산수를 동일시하기까지 하는데34), 농암의
산수에 대한 이러한 애정은 결국 시 창작의 방법적 측면에 대한
깊이있는 성찰로까지 이어졌다고 하겠다.

세 번째, 농암은 興을 會와 결합하여 운용하는데, 전체 문맥의
의미를 따져 살피면 첫 번째에서 보았던 '흥회'와는 성격을 달리
함을 알 수 있다.

> 읍취헌은 비록 黃庭堅·陳師道을 배웠으나 天才가 높아 구속됨이
> 없었다. 그러므로 辭致가 淸渾하고 格力이 縱逸하여 興會가 이른 바
> 에 이르러서는 天眞이 瀾漫하고 氣機가 洋溢하여 인력으로 할 것이
> 아닌 것과 같이 하니, 이는 黃·陳을 배워 얽매인 바가 아니다.35)

---

31) 『農巖集』 21, 兪命岳李夢相二生東游詩序. "卽物而語皆眞 逐境而意輒新."
32) 『農巖集』 34, 雜識. "余夜夢游山水極多 自游金剛還 八九年間 夢踏毗盧
   萬瀑之間者不可記 往往遇奇異光景 殆不能名言 此豈亦好之篤故耶."
33) 특히, 농암을 중심으로 한 그 문인들의 금강산에 대한 관심과 문학적
   표현은 思潮的 성격을 띠고 나타날 정도로 보편화되어 있었다. 이에
   대해서는 강혜선, 「槎川 李秉淵의 金剛山詩 硏究」, 『韓國漢文學硏究』
   16, 1993, pp.281~301.
34) 『農巖集』 21, 兪命岳李夢相二生東游詩序. "詩歌之妙 與山水相通 夫淸逈
   峻茂 奇麗幽壯 其爲態多變 其爲境難窮 望之而神聳 卽之而心融 此山水
   之勝也 而詩歌亦然 故二者相値 而精氣互注焉."

농암은 평소 역대 문인들 중 읍취헌이 가장 훌륭하다고 평하였다.[36] 그 이유로 천재가 높아 강서시파에 구속되지 않았기 때문이라고 한다. 농암이 읍취헌에게 했던 비슷한 평은 조선조 다른 문인들에게서도 발견되는데,[37] 많은 이들이 읍취헌이 가진 천재성을 인정했기 때문이다.

마찬가지로 위 글의 '흥회'의 함의를 파악하기 위해서는 전체 문맥을 잘 살펴야 한다. 문맥을 보면, '흥회가 이르니 천진이 난만해지고 기기가 넘쳐서 사람의 힘으로 억지로 한 것 같지 않다'라고 하였다. 이는 흥회 자체가 정적인 상태에 놓여있지 않고, 동적이며 때와 장소를 불문하고 다가올 수 있는 의미로 보아야함을 뜻한다. 따라서 이 '興會所到'는 시인이 객관 경물을 바라볼 때 자연스럽게 일어나는 미적 감흥의 고양된 순간으로 오늘날 비평의 개념을 빌자면 '靈感'과 같은 것[38]이라고 할 수 있다. 예술적 천재에 있어서 영감은 초인간적인 신비로운 능력이 돌연히 생겨 자기의 의지나 사고에서 떠나 반무의식적 상태나 또는 열광과 恍游狀態에서 창작을 하게되어 단순히 기발한 妙想의 구상이나 무의미한 열광과 구별된다고 할 때[39] 예술 창작의 중요한 요인임에 분명하다.

결국 농암은 위 글을 통해 좋은 시를 짓기 위한 조건으로 '흥

---

35) 『農巖集』 34, 雜識. "挹翠軒雖學黃陳 而天才絶高 不爲所縛 故辭致淸渾 格力縱逸 至其興會所到 天眞瀾漫 氣機洋溢 似不犯人力 此則恐非黃陳 所得囿也."

36) 趙鍾業 編, 『韓國詩話叢編』 6, 別本 東人詩話 201면. "農巖之於取吾東者 惟翠軒訥齋蘇齋三家而已." 『農巖集』 34, 雜識. "論文章於東國 固難 以一人斷爲冠首 然文則當推牧隱爲大家 詩則當推挹翠爲絶調."

37) 『象村集』 6, 晴窓軟談 下. "挹翠軒之詩 一倣蘇黃 而天才甚高 得之自 然." 『西浦集』 西浦漫筆, "翠軒之才 實三百年一人." 『弘齋全書』 165, 日得錄. "挹翠詩天機宕逸 性情有可見處."

38) 鄭雨峰, 전게 논문, pp.205~206.

39) 白琪洙, 『美學』, 서울대학교 출판부, 1993, p.170.

회소도'를 제시했다고 보는데, 시의 경계는 直覺을 사용하여 나오는 것으로 直覺的인 지의 내용이지 名理的인 지의 내용이 아니라고[40] 하는 운문의 장르 특성을 언급한 대목이기도 하다.

네 번째, 흥에 취를 결합하여 '興趣'로 운용한 경우이다.

> 지금 반드시 경물을 묘사하는 것으로 본색을 삼아서 비유한다면 頓悟가 되고, 사정을 논설하는 것은 본색이 아니니 비유컨대 漸悟라 하겠다. 이 논한 것이 비록 嚴羽를 바탕에 둔 것 같지만 사실은 같지 아니함이 있다. 대개 저 이른바 本色과 悟門이라고 하는 것은 다만 興趣를 빛내 언어의 말절에 떨어지지 않는데 있다. 마치 물속의 달과 거울 속의 모양과 같아서 말은 다함이 있으나 뜻은 그치지 않는 것이다. 이는 경물을 묘사하고 정을 말하는데 선택하지 않아도 모두 그 묘함이 있는 것이니, 어찌 지금 사람의 이른 바이겠는가?[41]

흥취는 창자와 향수자 모두와 관련된 경우라고 보아야 할 것이다. 흥이 창자가 일으키는 감응이라면, 취는 작품을 받아들인 향수자가 느끼는 운치이기 때문이다. 위 글은 시가 다른 문학 장르와 어떤 점에서 달라야 하는가를 '본색'[42]이라는 말로 대신하여 언급하였다. 시의 본색은 문장과 다르기 때문에 재주와 학식을 가지고 써서는 안된다는 논리이다. 그 구체적 시의 본색으로 '興趣玲瓏 不落言筌 如水中之月鏡中之象 言有盡而意無窮'을 들고 있다. 이와 같은 논리는 嚴羽의 「滄浪詩話」에서도 찾을 수 있다.

> 성당의 여러 시인들은 오로지 興趣에 있다. 그러므로 그 묘처는

---

40) 朱光潛 지음·鄭相泓 옮김, 『詩論』, 東文選, 1991, p.77.

41) 『農巖集』 17, 答任大仲壬午. "今必以描寫景物者 爲本色而譬之悟禪 論說事情者 非本色而譬之漸敎 此論雖似本於嚴羽卿 而實有不同者 盖彼所謂本色悟門 只在於興趣玲瓏 不落言筌 如水中之月 鏡中之象 言有盡而意無窮 不揀寫景言情 皆有此妙 夫豈如今者之云哉."

42) 엄우는 「창랑시화」〈시법〉에서 '시는 모름지기 本色을 드러내야 하고 當行을 가져야 한다'(須是本色 須是當行)라고 하였다. 여기서 당행도 본색과 비슷한 의미로 파악할 수 있겠다.

투명 영롱하여서 마치 허공 가운데의 소리, 相 가운데의 빛깔, 물 속
의 달, 거울 속의 모양과 같이 말은 다하여도 뜻은 다함이 없었다.[43]

  엄우의 시론은 재주와 학식으로 시를 짓는 강서시파와 천박하
고 번잡함으로 시를 짓는 四靈과 江湖詩派를 반대하는 입장에서
출발하였다. 때문에 시를 이해할 때도 상반된 견해 두 가지를 가
지고 때로는 '무릇 시에는 특별한 재질이 있는데, 배움과 관련된
것은 아니다. 또 시에는 특별한 취향이 있는데, 이치와 관련된 것
은 아니다'[44]라고 했는가 하면, '시를 배우는 사람은 식견을 위주
로 해야 한다'[45]라고 하였다. 또한 '이치의 길로만 나아가지 말고
말의 통발에 빠져서도 안된다'[46]라고 하여 추상적인 설교와 잡
다한 경전 인용을 배격하였다. 그리고 시의 최고의 경지는 '妙悟'
에 있다라고 하며, 시를 禪과 관련지어 논의하였다. 묘오는 정확
한 설명이 없어 그 의미 파악이 쉽지 않은데, 대체로 '영양이 뿔
을 나무에 걸어 찾을 수 없다'[47]는 것과 연관지어 이해함이 통설
이다. 이와 같이 엄우는 시의 독자성을 강조하고, 문예 미학적 측
면에서 흥취를 말했을 뿐 아니라 시에 있어 여운의 중요성을 다

---

43) 嚴羽, 「滄浪詩話」, "盛唐諸人惟在興趣……故其妙處透徹玲瓏 不可湊泊
   如空中之音 相中之色 水中之月 鏡中之象 言有盡而意無窮."
44) 嚴羽, 「滄浪詩話」, "夫詩有別材 非關書也 詩有別趣 非關理也."
45) 嚴羽, 「滄浪詩話」, "學詩者 以識爲主."
46) 嚴羽, 「滄浪詩話」, "不涉理路 不落言筌." '言筌'이라는 말은 원래 莊子
   에서 비롯되었다. 『莊子』外物篇, 筌者所以在魚 得魚而忘筌 蹄者所以
   在兎 得兎而忘蹄 言者所以在意 得意而忘言. 장자에 있어 언어는 통발
   이나 덫처럼 수단이다. 마찬가지로 엄우에 있어 언어 또한 수단이다.
   다만 의미를 전하고 파악하기 위한 수단이 아니라 시의 情感을 표현
   하는 수단일 따름이다. 결국 엄우는 언어에 대한 장자의 논의를 철학
   적 관점에서 문학 예술의 관점으로 전환시킨 셈이다. 李宇正, 「興趣
   辨析 - 嚴羽 詩論을 中心으로」, 『중국인문과학』 12, 중국인문과학연구
   회, 1993, p.312.
47) 嚴羽, 「滄浪詩話」, "羚羊掛角 無迹可求."

시 한번 되새겨주고 있다.

농암이 결국 시의 본색으로 든 흥취는 문예 미학적 측면에서 이해할 수 있는 것으로 당시에 만연해 있던 기교 위주의 의고주의와 시의 독자성을 인정하지 않는 문단에 대한 비판에서 출발했다고 하겠다.

2) 享受者의 興

진정한 시를 접한 독자, 즉 향수자는 어떤 태도로 그 작품을 대할 것인가? 그러한 모습을 볼 수 있는 대표적인 예로 『논어』에 나온 다음의 내용이 있다.

> 시란 사람의 감정과 의지를 일으킬 수 있고, 풍속의 성쇠를 살필 수 있으며, 서로 의견을 같이하는 이로 하여금 무리를 짓게 할 수 있고, 위정자의 통치에 원망을 토로할 수 있다. 가까이로는 아비를 섬기고, 멀리는 군주를 받들며, 새나 짐승, 풀, 나무 등의 이름을 많이 깨칠 수 있다.[48]

공자는 시의 공리성을 강조한 나머지 시는 '興·觀·群·怨'할 수 있다고 하였다. 이는 궁극적으로 정치와 교화의 측면에서 시가 지니는 실용적인 기능을 강조한 것이지 감정에 의해 자연스럽게 일어나는 그 무엇은 아닌 것이다. 또한 '시에서 일으켜 예로써 서며 음악으로 이룬다'[49]라고 하여 문학의 효용은 생활의 각 방면에서 실현된다고 보았다. 이러한 공자의 시관은 후대 유학자들에게 이어져 정치·교화를 부합시키는데 원용하는 결과를 낳았다. 그런 의미에서 같은 유학자이지만, 시가와 문장을 차별하

---

48) 『論語』 爲政篇. "詩 可以興 可以觀 可以群 可以怨 邇之事父 遠之事君 多識于鳥獸草木之名."
49) 『論語』 泰伯篇, "興于詩 立于禮 成于樂."

며 시가의 묘를 이해한 농암의 시각은 색다르게 받아들여진다. 따라서 향수자의 입장에서 말하는 홍도 유학자들이 효용적 가치로써 이해했던 것과 차원을 달리한다.

> 시가의 도와 문장이 다른 것은 진정 虛景閒事를 많이 이야기하는 것이니, 고인의 묘가 도리어 여기에 많이 있습니다. 대개 비록 허경한사라고는 말하지만 天機의 활발한 묘와 우리들의 性情의 참다움은 실로 그 사이에 있으니, 사람들로 하여금 그것을 읽게 하면 謳歌吟諷하고 感發興起하여 말과 생각의 밖의 것을 얻을 것입니다. 이것이 그 묘이니, 어찌 사리를 펼쳐놓고 고실을 늘어놓은 것으로 시를 짓는 자들이 능히 미칠 바이겠습니까? 그런 즉 지금의 시를 논하는 자들이 고인의 허경한사의 묘를 얻지 못한 것을 아프게 여겨야지, 허경한사가 병된다고 여기는 것은 부당한 것입니다.[50]

먼저, 시가와 문장의 차이를 虛景閒事에서 찾았다. 허경은 실존하지는 않지만 마음 속에 그려지는 경물이라 할 수 있고[51], 한사는 생활 속의 분주한 일과는 다른 한가로운 일을 뜻한다. 농암은 이러한 허경과 한사에서도 얼마든지 천기의 묘와 성정의 참다움이 있어 향수자가 그것을 작품으로 대하게 되면 노래부르고 감동되어 홍을 일으킬 뿐 아니라 '言意之表'를 얻게 될 것이라고 하였다. 따라서 여기서 말하는 홍은 문학적 감동을 의미하는 것으로 이해할 수 있다. 중요한 사실은 감동을 받아 홍을 일으키게

---

50) 『農嚴集』 12, 與趙成卿乙丑. "詩歌之道 與文章異者 正以其多道虛景 多道閒事 而古人之妙却多在此 盖雖曰虛景閒事 而天機活潑之妙 吾人性情之眞 實寓於其間 使人讀之 足以謳歌吟諷 感發興起 而得之於言意之表 此其妙 豈敷陳事理 排比故實 以爲詩者之所能及耶 然則今之論爲 詩者病不得古人虛閒之妙而已 不當槪以虛閒爲病也."

51) 삼연도 '시 또한 물상이 옮기는 바가 있기에 눈 속에 파초가 있다고 해도 옳고 境에 빼앗긴 바가 있어 겨자 속에 수미산이라 해도 옳다'라고 하여 시에서 허경의 중요성을 언급하였다. 『三淵集』 23, 何山集序. "詩何爲者也……故象有所轉 雪中芭蕉可也 境有所奪 芥裏須彌可也 是豈可以安排拘滯爲哉."

되면, 말과 뜻에 드러나지 않은 부분까지 얻을 수 있다라고 언급한 것이다. '언의지표'는 '言外의 意趣'니, '言外의 含蓄'·'言外의 興趣'라는 말로 바꿀 수 있는 것으로 중국 만당 때 司空圖의 '韻外之致'·'象外之象'[52]라는 말과 상통한다. 사공도는 시가 작품에 담긴 함의는 마땅히 심오하고 멀어야 하며, 언어적인 묘사의 한계를 넘어서야 함을 강조하였다.

위 인용 글은 도학적 입장을 견지하고 시를 바라본 拙修齋 趙聖期에게 농암 자신은 반대되는 생각을 가지고 있음을 보인 내용이다. 비록 허경과 한사를 형상화한 시이지만, 향수자가 문학적 감동을 받게 된다면 그것으로도 시의 역할은 다했다고 보는 입장이다. 이럴 때에만 文面에 드러난 것을 뛰어넘어 글자와 글자 사이, 행과 행 사이에 나열된 언어의 의미까지 알 수 있다고 하였다.

4. 興의 지향과 의미

지금까지 농암의 시에 대한 기본 입장과 시론에 있어 흥의 운용 양상을 살폈다. 그런데 흥의 운용 양상을 살펴보면, 繼起的으로 이어지며 지향하는 방향이 한 곳임을 읽어낼 수 있다. 이러한 지향점을 읽어내기 위해서는 흥이 운용된 문맥의 앞 뒤 상황을 파악해야 한다. 가령, 당시 문단을 비판하는 경우는 부정적으로

---

52) 司空圖, 〈與李生論詩序〉, "近而不浮 遠而不盡 然後可以言韻外之致耳." 〈與極浦書〉, "戴容州云 詩歌之景 如藍田日暖 良玉生烟 可望而不可置于眉睫之前也 象外之象 景外之景 豈容易可談哉." 운외지치·상외지상은 여운·함축과 동일 개념이다. 이는 鍾嶸의 '文已盡而意有餘'와 劉勰의 '隱也者 文外重旨也', 그리고 고려말 李齊賢이 언급한 '言可盡而味不盡'과도 상통한다. 뿐만 아니라 서양 시론에서 나오는 집약성(concentration)·조직의 긴밀성(moreclosely organized)과도 연결된다. 金埈五, 『詩論』, 三知院, 1993, p.37.

쓰였는데, 그 부정적인 것을 거꾸로 긍정화시키면 추구하는 지향 방향을 모색할 수도 있다.

농암이 운용한 홍 중에 부정문과 함께 거론된 경우는 神情·興會, 그리고 興象이다. 신정·홍회는 성음·면모와 서로 대립된 의미를 띠며 '神情興會 都不相似'라고 하였고, 홍상은 '興象不遠'이라 하여 당대인의 산수시 창작이 올바르지 못함을 꼬집었다. 따라서 농암이 시에서 추구하는 것은 '신정·홍회를 서로 닮는 것'이고, '홍상이 깊어지는 것'임을 알 수 있다. 그 외에 오늘날 靈感과 같은 개념인 興會所到와 작품을 창작할 때 느끼는 감홍력과 취향의 뜻이 복합적으로 어울린 興趣, 그리고 작품을 읽는 향수자가 느끼는 興起 등을 언급했는데, 이는 시의 장르적 특성과 관련된 본질 문제라고 해야 할 것이다.

이러한 정황을 통해서 보면, 결국 농암은 홍의 운용을 통해서 시의 본질에 대한 문제를 심도있게 다루었다고 하겠다. 이는 그의 眞詩論과도 연결되며, 시의 궁극적 방향을 설정해주었다고 할 수 있다.

> 나는 시는 性情의 산물이라고 하였다. 오직 천기에 깊은 자만이 능할 수 있다. 진실로 악착같이 전영한 이가 한갖 聲病과 格率에 구구해하며 가슴 속에서 뽑아내 아로새김으로 공교로움을 보여서 스스로를 시인이라고 하니 이들에게 어찌 眞詩가 있겠는가?53)

농암은 시에서 자연스러운 성정과 천기를 강조하였다. 성병과 격률은 앞에서 보았던 성색·기격의 다른 말로 당대 시인들의 잘못된 學詩 태도를 비판한 것이다. 그렇다고 학시 대상으로 '옛 것'을 배격한 것은 아니고, 옛것을 익히되 '聲音과 面貌의 겉치레

---

53) 『農巖集』 25, 松潭集跋. "余謂詩者 性情之物也 惟深於天機者能之 苟以齷齪顚冥之夫 而徒區區於聲病格調 搯擢胃腎 雕鎪見工 而自命以詩人 此豈復有眞詩也哉."

를 본뜨지 말고 性情과 學問의 진실함을 구하고, 尺寸·繩墨의 사이에서 고인을 본받지 말며 규모의 큼과 기상의 온전한 것을 얻으라'54)고 한다. 이는 분명히 擬古와는 그 차원을 달리한다. 따라서 이렇듯 의고의 태도를 가장 배격했기 때문에 의고에 주력해 시를 짓는 明代의 시는 議論을 본색으로 삼는 宋詩보다도 오히려 낮다고 평했던 것이다. 따라서 농암의 진시론은 당시 유행처럼 번져있던 의고주의에 대한 반론55)에서부터 시작해 진정한 창작법에 대한 제시로 귀결되었다고 하겠다. 그 귀결점에서 만나는 말은 바로 '法古而創新'이다. 법고창신은 自得의 경지와 같은 말로 이를 잘 실천한 사람으로 농암은 읍취헌을 들었다. 읍취헌은 비록 송대 강서시파를 학시의 대상으로 삼았지만, 자득의 경지에 올라 당시에 가까운 율조를 가지게 되었음을 그 근거로 삼았다. 때문에 '흥이 모여 갑자기 이르는' 상황에서도 자연스런 시구를 읊었다고 한다. 또한 시에서의 흥취의 중요성과 함께 어떤 작품에서 흥이 일어날 수 있는가를 구체적으로 제시하였다. 이는 창자는 물론이고 향수자의 입장까지 고려한 것으로 또 다른 측면에서 시가 지향해야 할 바를 제시했다는 의미를 가진다.

한가지 덧붙일 것은 농암의 시론이 중국의 청초 王士禎의 神韻說과 관련이 있을 것인가 하는 문제이다. 왕사정은 중국의 역대 시론 중 鍾嶸과 司空圖·嚴羽의 것을 적극 받아들여 당시 문단에 만연해 있던 의고주의를 배격하고 禪으로 시를 깨우치려고

---

54) 『農巖集』18. 答崔昌大壬申. "勿索古人於聲音面貌之外 而必求其性情之眞 問學之實 勿效古人於尺寸繩墨之間 而必得其規模之大 氣象之全 優游以抒其意……."

55) 농암의 의고주의에 대한 반대의 배경으로 중국의 명말 청초를 대표하는 문인인 錢謙益의 영향도 무시할 순 없을 것이다. 전겸익과 조선후기 한문학과의 관련성에 대한 논의는 이경수, 『漢詩四家의 清代詩 受容研究』, 태학사, 1995와 金允朝, 「조선후기 한문학에 있어서 錢謙益」, 『大東漢文學』13, 大東漢文學會, 2000, pp.71~88 참조.

하였다. 여러 사람의 이론을 받아들이다보니 그의 시론은 복합적
이라는 인상을 받는데, 특히 창작의 방법으로 '홍상'·'홍회'·'홍
취' 등의 홍을 운용하였다. 이런 이유로 그 동안 농암을 연구한
많은 이들이 왕사정과의 관련성을 추적해보려고 했지만, 자료의
불충분으로 확신을 갖지 못했던 것으로 안다.[56] 이는 심도있는
연구가 밑바탕 되었을 때 가능하다고 보고 후일을 기다린다. 그
리고 왕사정과의 관련 문제가 반드시 중국 문학에 대한 추종이
라고 생각하기보다는 농암 시론 형성에 있어 한 부분으로 인정
하는 태도로 바라보아야 할 것이다.

5. 맺음말

본 논고는 농암이 시론에서 논의한 興의 운용 양상과 의미를
연구하는데 목적을 두었다. 농암은 도학자임에도 불구하고 시와
문에 대해 진지한 논의를 하였다. 특히, 시론을 통해 天機, 性情,
情景의 融合 등 시 본질에 대한 물음과 답을 했는가 하면, 창작
의 원동력으로 인식되어 온 홍을 수용, 興起·興趣·興象·興
會·興寄 등과 같이 운용하여 시가 추구해야 할 진정한 방향이
어디에 있는지 제시하였다.

농암이 시론에서 논한 홍은 운용의 성격상 창자, 즉 작자와 관
련된 것과 향수자, 즉 독자와 관련된 것으로 대별할 수 있다. 이
중 작품을 대하고 난 향수자가 느끼는 홍보다는 창자의 입장에

---

56) 농암의 경우와는 달리 삼연은 충분한 자료로 인해 왕사정과의 관련성
    을 추적해 볼 수 있다. 특히, 삼연은 시론에서 '神'을 운용하여 시에 대
    한 그의 생각을 정리했는데, 눈여겨보아야 할 대목이다. 신운설에 대
    한 문제는 元鍾禮, 전게 논문 참조.

서 논의된 흥이 내용의 양적인 면에서 많음을 알 수 있었다. 게다가 창자의 입장에서 논의된 흥도 운용된 양상에 따라 각기 다른 의미를 지녀 농암이 흥을 다각도로 사용하여 시론에 적용했음을 보여주었다.

먼저 창자의 입장에서 흥은 네 가지로 운용되어 쓰였다. 첫째, 은밀한 가운데 만들어지는 내적인 그 어떤 것, 둘째 시의 내용을 실질적으로 하고 표현 방법을 寫實的으로 묘사하는 것, 셋째 운문의 장르적 특성을 고려한 흥, 그리고 마지막으로 문예미학적 입장에서 흥을 운용하였음을 알 수 있었다. 그리고 향수자의 입장에서 운용한 흥은 문학적 감동을 의미하는 것으로 이해할 수 있겠다.

【參考論著】

1. 《文集類》

農巖集	三淵集
象村集	西浦集
弘齋全書	

2. 《經書類》

論語	詩經
莊子	

3. 《詩話類》

文心雕龍	滄浪詩話

4. 《編纂類》

趙鍾業 編, 『韓國詩話叢編』6.

5. 《論著》

강혜선, 「槎川 李秉淵의 金剛山詩 硏究」, 『韓國漢文學硏究』16, 1993.
金允朝, 「조선후기 한문학에 있어서 錢謙益」, 『大東漢文學』13, 大東漢文學
　　　　會, 2000.
金埈五, 『詩論』, 三知院, 1993.
박명희, 「朝鮮後期 詩論 硏究-農巖·三淵 詩論을 中心으로-」, 전남대학교
　　　　박사학위논문, 1998.
白琪洙, 『美學』, 서울대학교 출판부, 1993.
元鍾禮, 「神韻의 美的 特徵」, 『中國文學』30, 韓國中國語文學會, 1998.
劉若愚 著·이장우 譯, 『中國의 文學理論』, 同和出版公社, 1984.

이경수, 『漢詩四家의 淸代詩 受容硏究』, 태학사, 1995.

李敦柱, 『漢字學總論』, 博英社, 1992.

李敏弘, 『士林派 文學硏究』, 螢雪出版社, 1985.

李宇正, 「興趣 辨析－嚴羽 詩論을 中心으로」, 『중국인문과학』 12, 중국인문과학연구회, 1993.

鄭雨峰, 「金昌協 詩論의 批評史的 意義」, 『語文論集』 31, 고려대학교 국문과, 1992.

趙東一, 『韓國文學通史』 3, 知識産業社, 1984.

晉永美, 『農巖 金昌協 詩論 硏究』, 보고사, 1999.

蔡奐鍾, 「農巖 金昌協 文學硏究」, 충남대학교 박사학위논문, 1993.

제2장 農巖 金昌協의 古文 作文論

1. 머리말

본고에서는 農巖 金昌協의 문집인『農巖集』34 雜識에 있는 문학론 중 文論에 속하는 고문 작법론과 실재 작품을 통한 문학 이론의 실천적 측면을 고찰하고자 한다.

농암 문학론의 주요 내용을 담고 있는「農巖雜識」를 보면, '무엇을'이라는 내용적 측면과 함께 '어떻게'라는 기법면의 문제도 그냥 지나치지 않았음을 알 수 있다. 특히, 고문 중에서도 碑誌文 1)를 어떻게 쓸 것인가 하는 면에 많은 부분 할애하고 있음은 눈여겨보아야 할 대목이다.

보통 비지문의 모습은 죽은 자의 世系를 쓰고 名字, 行治, 壽年, 卒葬年月과 子孫에 대한 기록을 하는 등 문장 형식이 천편일률적으로 고정화되어 있다는 특징을 보인다. 또한 죽은 자에 대

---

1) 碑誌文은 그 기록을 새겨놓은 장소와 위치에 따라 조금씩 명칭을 달리한다. 크게 보아서 비지문은 대략 세 가지로 나눌 수 있다. 첫째, 묘의 내부에 매몰하는 것으로 墓誌, 壙誌, 墳版, 墓版文 등이 있고, 둘째 묘의 외부에 설치하는 것으로는 墓碑, 墓表, 墓碣 등이 있으며, 세째 관직이 특히 높은 경우에 묘소에 들어가는 길 입구에 세우는 神道碑가 있다. 또한, 문장의 끝에 운문으로 쓰여진 銘文이 첨가될 수도 있다. 예컨대 墓誌文의 뒤에 銘文이 함께 쓰였을 경우 墓誌銘이라고 한다.

하여 무조건적인 찬사를 아끼질 않는다. 이렇게 하면, 비록 후손들은 고무적인 일로 받아들일 수 있을지언정 객관적이지 못하고 진실성까지 잃을 수 있는 소지가 다분하다. 농암의 비지문에 대한 이러한 관심 표명은 비지문의 폐단이 만연해 있던 당시 문단 내부의 폐해를 시정해 보고자 하는 노력의 일면이라고 볼 수 있다. 특히 17세기 당쟁의 渦中에서 발생했던 懷尼事件의 尹宣擧 墓誌銘과 三田渡 墓誌銘 등 일련의 묘문 문제가 당쟁사의 새로운 시비거리로 등장했는데,2) 이런 점들이 바로 비지문에 대한 관심을 일으킬 수 있었던 역사적 계기가 되었던 것이다. 또한 비지문의 비형식성에 일정한 형식을 부여함과 동시에 실용문에서는 무시될 수 있는 문예미까지 가미하여 문학성 있는 문장으로 만들려는 의도도 있었으리라고 본다.

농암은 모두 28편의 碑誌文을 지었는데, 墓誌銘 18편과 神道碑銘 1편, 墓碣銘 3편, 墓表 6편 등이 그것들이다. 이들은 대부분 농암 자신과 관련이 있는 친인척이나 여인, 그리고 요절한 인물들의 생전 행적을 그렸다.

여기서는 농암의 고문 작문론이 작품에 어느 정도 실재 적용이 되었는가 하는데 초점을 두고자 한다.3) 문학이론과 창작의

---

2) 李成茂 외, 『조선후기 당쟁의 종합적 검토』, 한국정신문화연구원, 1992, pp.154~168, pp.183~197.
3) 농암 고문론에 대한 연구는 주로 비지류에 치중되어 있는데, 그 주요 논의를 정리하면 다음과 같다.
강혜선, 「농암 김창협의 묘지명 연구」, 『한국 고문의 이론과 전개』, 태학사, 1998.
김영진, 「김창협의 문학 이론」, 『한국의 한문학』 2, 민음사, 1991.
박두원, 「농암 김창협의 문론에 관한 연구」, 국민대학교 석사학위논문, 1983.
박영호, 「조선중기 고문론 연구」, 경북대학교 박사학위논문, 1992.
_____, 「조선중기 고문론의 성격 연구」, 『한국 고문의 이론과 전개』, 태학사, 1998.

문제는 별개가 아님에도 불구하고, 실재 작품을 통해서 이론적인
면을 도출해 낸다는 것은 쉬운 일이 아니다. 내용을 전개시키는
데 있어 형식적 기법이 얼마만큼 잘 지켜지느냐에 따라서 한 예
술작품의 미적 가치가 평가되는데, 창작하는 입장에서는 이것 또
한 難題이기 때문이다.

　이러한 작문 기법에 대한 고찰에 앞서서 그 작법론이 나오기
까지의 사고틀로서 文과 道의 관계 설정은 어떻게 했는지 살펴
야 하리라고 본다.

2. 古文論의 形成

　고문은 흔히 문체면에서 騈文과 대립적인 개념으로, 그리고 다
소 尙古主義와 관련하여 '時文'·'今文'과는 상대적인 의미로 정
리할 수 있다. 그러나 이는 고문에 대한 지극히 피상적인 개념
파악이고, 裏面은 복잡한 모습으로 얽혀있음을 볼 수 있다. 그 이
유는 고문이란 용어 자체가 함축하고 있는 의미가 시대와 개인
에 따라서 다르게 쓰였기 때문이다. 그래서 고문을 연구했던 이
들의 일차적 관심 대상은 바로 고문에 대한 개념 정의인데,4) 아

안영길, 「농암 김창협의 산문 연구」, 『한국학논집』 14, 단국한문학회,
1996.
오석환, 「농암의 〈陽谷吳公神道碑銘〉분석」, 『한국학논집』 14, 단국한
문학회, 1996.
______, 「농암 비지류 산문문학 연구」, 『한국학논집』 18, 2000.
이종호, 「조선조 고문론과 비지류 산문」, 『한국한문학연구』 창립 20주
년 특집호, 1996.
4) 고문에 대한 그동안의 개념 정의를 보면 다음과 같다.
金都鍊은 고문의 성격을 '독창적으로 自家를 이룬 글, 時宜에 맞는 평이하
고 간결한 글, 陳腐語를 완전히 鎔解하여 起承轉結 등 문법에 맞추어 쓴
글'로 정의하였다. (「고문의 원류와 성격」, 『한국학논집』 2, 1979)

직까지도 완전한 이론 정립은 확립되지 않았다고 본다. 한국 고
전비평사 중 文論의 史的 體系가 세워졌을 때 한국적인 고문 개
념이 형성될 수 있을 것이며, 어느 한 시대나 개인의 고문에 대
한 인식 태도를 보고서 전체 고문의 보편적인 개념 정의로 파악
한다면 부분으로 인한 전체의 오류가 파생될 수도 있다. 따라서
여기서는 농암의 고문 성격 규정에 대해 살피되, 다른 고문론자
에 의해서 또 다른 개념 정의가 형성될 수 있다는 점을 인정하기
로 한다. 이를 위해서는 먼저 도와 문의 관계를 어떻게 설정했는
지 알아보아야 할 것이다. 그 이유는 도를 우선시하여 문을 보는
것과 문을 우선시하여 도를 보는 것은 문학의 성격을 각각 다른
형태로 파악할 수 있기 때문이다.

　고려 말 중국 宋의 유학이 東漸한 후 조선초 유학적 사고 의식
에 젖어있던 문인들은 도와 문을 主從關係로 인식하여 문은 한
갓 도를 실어나르는 도구에 불과하다는 생각이 팽배해 있었다.
文以載道, 文以明道, 文以貫道 등의 말은 개념에서 조금씩 차이
를 보일지언정 도와 문의 관계를 先後로 파악한 것은 같다. 즉,
문은 도라고 하는 내용만 전달하면 그 임무는 모두 끝나는 것으

沈慶昊는 '고문이란 중국 시민사회의 발흥을 배경으로 하여 陳隋이래
의 駢儷文을 지양하고 형성된 唐宋古文, 혹은 그것을 모범으로 하는
문체'로 정의하고, 고문의 성격에 대해서는 '唐宋古文은 經典에 근원을
두고 道統을 밝힌다는 내용면과 함께 音調에 대한 고려와 서술대상의
초점 부각이라는 형식면을 아울러 중시하였다'고 한다.(「조선후기 고
문의 형식미」, 『관악어문연구』 13, 1988)
鄭珉은 고문의 성격에 대하여 '고문이란 내용에 있어서 성현의 의리
도덕을 담고, 표현면에서는 일체의 수식을 배제함으로써 전달의 효용
을 극대화한 글'로 규정하고, 그 작법의 원리로서 '獨創性, 自然性, 簡
潔性'을 들고 '이것이 고문의 형식미를 구성하는 기본 원리이다. 내용
과 형식의 합일, 그리고 표현상 형식미의 추구, 이 두 가지가 고문의
근저를 형성하는 기본축이다'라고 하였다. (『조선후기 고문론 연구』,
아세아문화사, 1989)

로 생각하여 형식적 기법면은 거의 많은 부분 도외시하였다. 이 것이 조선전기 道學家들이 생각했던 도와 문에 대한 관계 설정 의 전형적인 모습이다. 그런데 이런 도학적 분위기의 학문 풍토 중에도 浮華한 修飾과 雕琢 위주의 詞章이 없었던 것도 아닌데, 도학가가 實質的인 내용 위주의 문을 창작했다면, 사장파는 문장 의 외적인 면과 형식에 치중했다는 상반된 특징을 보인다. 따라 서 내용 위주의 문은 외적인 형식과 문예미학적 기교를 도외시 했고, 형식 위주의 글은 내용에 있어 浮靡함을 면하기 어려웠다. 때문에 당시 이러한 점들을 아우를 수 있는 고문가의 역할이 필 요하였다. 문장을 씀에 내용과 형식의 조화, 내적인 것과 외적인 것의 융합이 절실하였기 때문이다.

농암도 표면적으로는 聖人의 學을 내용으로 하는 도를 本으로 하고 사장을 末로 보는, 다른 도학가와 같은 입장에 서 있었음은 사실이다. 다음 글은 이러한 실정을 알려준다.

> ① 대저 성인의 학문과 詞章末藝 그 대소의 나눔을 사람들이 또한 누가 알지 못하겠습니까마는 세상의 총명하고 재주있는 선비들이 모두 사장에 빠져있어 마음을 쏟아 정신을 해쳐가며 종신토록 그만두지 못하고, 성인의 門에 머리를 종사함이 적은 것은 무엇 때문입니까?

> ② 文詞의 폐단은 利祿의 유혹보다 심하다. 세상의 고명한 文學之士들은 모두 그들의 능력을 스스로 자만하여 즐겨 성인의 학문에 종사하지 않았다. 혹 이미 이에 뜻을 두고도 또한 장점으로 여기는 것에만 곤고히 하여 마침내 도에는 깊이 나아갈 수가 없었다.5)

①에서는 문학에 대한 昆侖 崔昌大의 물음에 대하여 당시 문

---

5) ①『農巖集』18, 答崔昌大壬申. "夫聖人之學 與詞章末藝 其大小之分 人 亦孰不知之 而世之聰明才敏之士 率多沒溺於詞章 憊心敝精 終身不止 而鮮肯俯首從事於聖人之門 何也." ②『農巖集』26, 靜觀齋言行述. "文 詞之蔽 盖甚於利祿之誘矣 世之高明文學之士類 皆自喜其能 不肯從事於 聖人之學 或旣有志焉 而亦困於所長 終不能深造乎道也."

단의 사장 폐해가 심함을 우려하여 성인의 학문은 그것에 비해 큰 것에 속하기 때문에 도학 위주의 학문에 정심할 것을 말하고 있다. 또한 성인의 도를 얻을 수 있는 방법으로 '窮理居敬과 進德修業에 나아갈 것'6)도 주장한다. ②에서도 또한 문사에 지나치게 매달리는 문학인에 대해 비판하면서 문이라는 것은 도에 나아가기 위한 하나의 수단과 과정에 불과하다는 도학가적 입장을 고수한다.

그러나 농암의 이러한 생각은 조선전기 순수한 도학가와는 구별할 필요가 있다. 표면적으로는 이렇게 문장보다 도를 주장한 듯 하지만 裏面에 들어가 보면, 문의 순수한 면을 부정했던 것은 아니기 때문이다. 여기서의 문은 다소 사장의 뜻도 포함이 된 문학 형식을 의미한다.

> 그러나 가령 師儒된 자가 그의 학문과 행동이 족히 배우는 자들의 존경을 받게되고 또 능히 성심으로 서로 더불어 강마하기를 게을리하지 않는다면 비록 課試程法의 가운데라도 또한 교양의 실질이 없겠는가?7)

도학가적 입장에서는 과거의 문체 또한 말단으로 여겨 배격했을 것인데, 농암은 교양의 실질을 쌓을 수 있는 것이라면 그것도 인정해야 한다고 하여 완고한 도학가의 사고틀보다 다소 유연한 태도를 보이고 있다.

문과 도를 상호 보완적인 관계로 파악한다는 말은 그만큼 문의 文藝美學的인 가치를 인정했다는 의미이다. 得魚忘筌8)하는,

---

6) 『農巖集』18, 答崔昌大壬申. "……移之於窮理居敬進德修業之實 俛焉日有孳孳而不懈焉 則其進於道也 孰禦."

7) 『農巖集』26, 諭太學諸生文. "然使爲師儒者 其問學行義 足爲學子所尊敬 而又能誠心相與講劘不倦 則雖於課試程法之中 亦豈無敎養之實."

8) 『莊子』外物篇에 '筌者所以在魚 得魚而忘筌'이라는 말이 있다. 이는 '고기를 잡으려고 통발을 친다. 그러나 일단 고기를 잡고나면 통발은

즉 목적에 도달하기 위한 수단으로만 문을 인정한 것이 아닌 고기도 중요하지만 고기를 잡는데 썼던 통발도 버릴 수 없다는 비유로 이해할 수 있다.

또한 古人과 당시 문인들의 작문 태도 비교에 대한 견해에서는 문을 도의 종속적인 개념으로 파악하진 않는다.

> 대개 고인들이 글을 지음에는 다만 자기의 뜻에 의거하여 사실에 따라 곧바로 썼지만 말뜻은 저절로 충분하였다. 그러므로 후인들이 그것을 읽으면 또한 진실하여 맛이 있음을 깨닫게 된다. 오늘날 사람들은 걸핏하면 古文 인용하기를 좋아하여 빌어와서 꾸미고 과장하기에 힘쓰지만 필경에는 다만 하나의 상투어만 이루게 된다.9)

여기에서 중요한 것은 '只據己意 隨事直書'하는 고인들의 문장 쓰는 기술이다. '己意'는 문장에 있어 내용으로 꾸밈이 없는 진실된 생각을 의미하고, '直書'는 문장을 쓰는 기술로서 과장됨이 없는 객관적 묘사를 뜻한다. 즉, 전자는 글에 있어 내용 부분에 해당한다면, 후자는 형식적인 면이 될 것이다. 윗 글은 즉, 문장의 형식과 내용의 이상적 조화를 언급했다고 할 수 있다. 이는 글쓰기의 내용과 형식을 모두 다 중요하게 생각한다는 것으로 『논어』의 '文質이 彬彬해야 君子라 할 수 있다'10)는 뜻과 일맥상통한다. 또한 '문'과 '도' 관계 설정에 있어 고문가들이 文道合一을 주장한 것과 서로 부합되는 점이기도 하다. 따라서 농암은 '只據己意 隨事直書'하는 것을 고문의 요체로 생각했음을 확인할 수 있다.

그러면 시기적으로 어느 때의 文이 古文이 되느냐 하는 時代

이미 관심의 대상이 아니다'라는 의미를 담고 있다.

9) 『農巖集』 18, 答權燮. "盖古人爲文 只據己意 隨事直書 而語意自足 故後人讀之 亦覺眞實有味 今人動喜引用古文 假借粧點 務爲張大 而畢竟只成一副套語."

10) 『論語』〈雍也〉, "質勝文則野 文勝質則史 文質彬彬後君子."

性의 문제가 뒤따른다. '古文'의 '古'는 '옛'(old)이라는 어느 한 시대를 지칭하는 고정적인 개념이 아니다. 오히려 '典範'(classic)의 의미가 더 강하다.[11] 典範은 전형적인 틀로서 당시 秦漢의 언어만을 그대로 이어서 摸擬하는 明代 擬古文派들[12]을 비판하는 농암의 모습에서 그가 생각하는 고문관을 엿볼 수 있다.

① 弇州는 고인들의 提挈 錯綜하는 妙法을 알지 못하고 다만 字句를 摸擬하여 흉내내려고 하였다.

② 于鱗의 무리들이 옛것을 배움에 처음부터 정신을 이해하여 요묘함을 깨닫지 못하고, 다만 언어만을 摸擬하였다. 때문에 唐詩를 배우고자 하면 모름지기 唐人의 언어를 사용하였고, 漢文을 배우고자 하면 모름지기 漢人의 문자만 사용하였다.[13]

①에서는 王世貞이 古人을 본받으려고 했으나 창작 정신이나 작문 기법은 알지 못하여 字句만을 모방하는 정도에서 그쳤음을 이르렀고, ②에서는 올바른 學古의 자세는 모름지기 '神解妙悟'해야 할 것인데, '言語摸擬'에만 전념하는 擬古文派를 비판하였다. 그래서 그들은 唐詩를 배울 때는 唐人의 언어를 썼고, 漢文을 배울 때는 꼭 漢人의 문자를 써서 한·당인과 같아지려고 했다는 것이다. 문장을 지을 때는 한·당 그때 당시의 내면적인 정신을 본받아야 좋은 글이 될 수 있을텐데, 명대의 전후칠자들은 그렇지 않았음을 언급한 대목이다. 겉으로 드러나는 모습만 본떠서

---

11) 鄭珉, 전게서, p.17.
12) 明代의 古文派는 唐宋八大家의 고문을 존숭하는 순정고문파와 秦漢古文을 중시하는 擬古文派로 나눌 수 있다. 순정고문파의 대표적인 사람으로는 王守仁, 王愼中, 唐順之, 歸有光, 茅坤 등이 있고, 의고문파로는 前後七子가 해당된다.
13) ①『農巖集』34, 雜識. "弇州 不知古人提挈錯綜之妙 而只欲以句字步趣摸擬……." ②『農巖集』34, 雜識. "于鱗輩 學古初無神解妙悟 而徒以言語摸擬 故欲學唐詩 須用唐人語 欲學漢文 須用漢人字."

그러면 고인들이 지었던 글과 같이 오래 기억될 수 있을 것이라는 잘못된 생각에 대한 비판이라고 하겠다. 전후칠자들이 한대의 문장과 당대의 시를 본받으려고 함은 문에서의 한과 시에서의 당을 전범으로 삼는 시문 창작의 전통을 이어받은 것이다. 그러나 한문이나 당시가 글의 원칙과도 같이 여기게 된 데는 그 만큼 당시의 시대적인 상황에 잘 부응했기 때문으로 풀이되는데, 명대 전후칠자들은 바로 그 '시대적인 상황'을 간과했던 것이다.

따라서 지금까지 했던 명대 전후칠자에 대한 비판과 다음의 唐詩에 대한 언급에서 농암 고문관을 정리할 수 있다.

> 시는 진실로 唐을 배우는 것이 마땅하지만 또한 반드시 唐과 같을 필요는 없다. 唐人의 시는 性情을 興寄하는 것을 중심으로 여기고 故實을 議論하는 것을 일삼지 않으니 이것이 본받을 만하다. 그러나 唐人은 스스로 唐人이고 今人은 스스로 今人이다. 서로의 거리가 천 백여 년인데 그 聲音과 氣調를 하나도 다르지 않게 하고자 하니 이러한 이치의 세는 반드시 없는 것이다.14)

시론을 통한 농암의 의식 표출이지만, 이를 통해서 알 수 있는 것은 시가 반드시 당시와 같을 필요는 없다는 생각으로 今人은 금인 나름대로 독창성 있는 글을 지어야 함을 이르렀다고 하겠다. 唐人은 당인 나름대로 금인은 금인 나름대로 나타내야 하는 진솔함이 있을 것임을 강조한 대목이기도 하다.

그러므로 농암이 생각하는 고문은 고인의 문장을 이어받아 거기에 머물지 않고, 내적인 정신 추구를 할 뿐 아니라 당시대의 상황에 맞춘 典範의 글을 말한다고 하겠다.

---

14) 『農巖集』34, 雜識. "詩固當學唐 亦不必似唐 唐人之詩 主於性情興寄 而不事故實議論 此其可法也 然唐人自唐人 今人自今人 相去千百載之間 而欲其聲音氣調無一不同 此理勢之所必無也."

3. 古文 作文論

1) 簡潔・嚴正함의 추구

농암 비지론에서 자주 거론되는 중국 문인으로는 韓愈, 歐陽修
그리고 明代의 錢兼益, 王世貞, 茅坤, 歸有光 등이다. 이 중 前後
七子의 한 사람인 왕세정을 제외하고 조금씩 차이는 있지만, 好
意的인 평가를 내린다. 특히, 한유와 구양수의 비교 평가는 많은
부분에서 하고 있는데,15) 이는 이들이 비지문에 대한 일가견을
가지고 작품 창작을 했다는 점에서일 것으로 추정된다. 그러나
한유가 문장을 지음에 있어 陳言을 제거하려고 힘쓴데 대해서
는16) 독창성이 있어 본받을 만하지만, '字句는 또한 때때로 너무
생소하고 奇僻한 곳이 있다'17)라고 하여 모든 경우 好評을 하지
는 않는다. 반면, 구양수에 대해서는 그의 비지론은 모두 본받을
만하다고 기술한다. 주목되는 사항은 구양수 비지문 구성의 간엄
함에 깊은 관심을 보였다는 점이다. 이 간엄함을 碑誌가 史傳과
다를 수 있는 점으로 인식하는데, 구양수의 비지 문장은 사전의
법을 응용했으나 그것과 다른 특성을 살렸음을 강조한다.

---

15)『農巖集』34, 雜識, ① "韓公碑誌多奇崛險譎 不得史漢序事法 故於風神
　　或少遒逸 至於歐陽公碑誌之文 可謂獨得史遷之髓." ② "韓碑多直敍 歐
　　碑多錯綜 韓體謹嚴 其奇在於句字陶鑄 歐語雅馴 其奇在於篇章變化" ③
　　"韓格正而力大 歐調逸而機圓" ④ "韓本尙書左氏之法 歐得風騷太史之
　　旨" ⑤ "韓文鼓舞讀之 使人氣作 歐文詠歎讀之 使人心醉."
16)『農巖集』34, 雜識. "退之爲文 務去陳言 陳言 非專指俗下庸常語也 凡
　　經古人所已道者皆是."
17)『農巖集』34, 雜識. "其句字 亦時太生割奇僻處."

> 碑誌와 史傳은 문체가 대략 같은데, 사전은 오히려 該贍함을 중심으로 삼고 비지에 이르러서는 한결같이 簡嚴함을 중심으로 삼는다. ……歐陽公이 비록 史馬遷을 배웠으나 그가 비지를 지음에 다 사전체를 쓰지 않는 것도 또한 이 때문이다. 明人에 이르러서는 비로소 순전히 사전체를 사용하여 비지를 지었으니 그들은 또한 고인의 敘事하는 법도를 알지 못했다. 그러므로 그 문장이 드디어 體要가 없어지게 되었으니 비지에서 간엄한 법도가 일소되었다.[18]

該贍하다는 말은 '여러가지 말을 갖추어 넉넉하다'라는 뜻이고, 簡嚴함이란 간단하면서도 엄정하다는 뜻으로 꼭 하고 싶은 말만을 엄격하게 함을 이른다. 史傳과 碑誌文의 가장 큰 차이점은 죽은 자에 대해서 褒貶이 가능하냐 그렇지 않느냐이다. 비지문은 褒할 수는 있어도 貶하는 경우는 거의 없는 것이 상례처럼 되어 있다. 따라서 보다 더 객관적인 안목에서 죽은 자를 판단해야 하기 때문에 엄정함을 요하는 것이다.

그러면 簡하다는 말은 무슨 뜻인가? 이는 단지 句字만을 줄이는 것을 말하지는 않는다. 전체적인 敘事文脈을 줄이고 줄여서 죽은 자의 생애 전반의 특징적인 局面을 간단히 기술함을 의미한다. 즉, 죽은 자의 살아생전의 행실 중에서 가장 특징적인 면이 있으면 그것을 중심으로 해서 글의 구성이 짜여져야 한다는 뜻이기도 하다. 따라서 농암은 구양수의 〈王范二文正公碑〉와 王世貞의 〈商販婦女傳〉을 비교하여, 전자는 두 비문을 짓는데 불과 二千言을 채우지 않았다고 하고, 후자는 商販婦女가 范成大나 王旦과 서로 비할 바가 아닌데도 累百千言으로 묘사했다고 한다. 또한 구양수는 두 인물의 大節을 드러내는데 치중했는가 하면, 왕세정은 세세한 곳까지 낱낱이 서술하여 긴 문장이 되었다고

---

18) 『農巖集』 34, 雜識. "碑誌與史傳 文體略同 而史傳猶以該贍爲主 至於碑誌 則一主於簡嚴……歐陽公雖學司馬遷 而其爲碑誌 猶不盡用史傳體 亦以此耳 至明人 始純用史傳體爲碑誌 而又不識古人敘事之法 故其文遂無體要 而碑誌簡嚴之法 掃地矣."

이른다. 그러면서 '簡'의 의미를 잘못 파악하여 단지 句字의 줄임
으로 생각하는 명대 전후칠자를 비판하였다.[19)

농암은 簡의 실제를 구양수의 비문을 통해서 언급하고 있는데,
'구양수는 〈王文正公碑〉에서는 宰相事業을, 〈胡安正公碑文〉에서
는 師道를, 〈梅聖兪墓〉에서는 詩學을 서술하여 다른 事行은 모두
생략했으나 體要가 있다'[20)라고 한다. 宰相事業, 師道, 詩學 등은
세 사람의 평소 행실 중에서 가장 특징적인 한 국면이 되는 것이
다. 따라서 농암은 이러한 특징적인 면을 중심으로 해서 쓰면 문
장의 구성도 짜임새 있을 것이고, 한 인물을 오래도록 기억할 수
있을 것으로 보았다.

文에서의 '簡'의 유래는 구양수의 '簡而有法'에서 찾을 수 있는
데, 문은 형식상의 簡과 내용상의 法을 모두 충족시켜야 한다는
말이다. 그런데 구양수도 원래 시문을 배워 과거에 급제했던 사
람으로 친구 尹洙를 만난 후부터 고문을 짓기 시작한다. 구양수
는 윤수가 죽자 그의 묘지명 〈尹師魯墓誌銘〉을 쓰게 되는데, 그
의 문장에 대해 비평하기를 '簡而有法'이라는 말로 함축한다. 그
리고 또한 '윤수의 문장은 春秋에서 나와 간엄하다'라고 덧붙인
다. 문장의 필법이 '簡'하다라는 말에 윤수의 후손들은 결국 구양
수가 혹 윤수의 문장을 과소평가한 것이 아니냐라는 의심을 하
게 되어 구양수는 簡에 담겨 있는 깊은 뜻을 다시 부연 설명하는

---

19) 『農巖集』 34, 雜識. "古人之簡 簡於篇法 明人之簡 簡於句字 古人之詳
　　詳於大體 明人之詳 詳於小事 故歐陽公作王范二文正碑 其文不滿二千言
　　而其作相事業與平生大節 摸寫殆盡 衾州作商販婦女誌傳 其人瑣瑣無足
　　記 而其文動累百千言 此可見工拙之辨也." '簡'의 의미가 단순히 句字의
　　줄임이 아닌 篇法과 章法의 긴밀한 구성이라는 것은 조선후기 문장가
　　인 李宜顯도 주장한다. 『陶谷集』 28 陶峽叢說. "近來稱文者 輒以簡之一
　　字爲言 句字務爲短澁 簡之爲言 豈但以句字求之哉 篇法章法 無不皆然."
20) 『農巖集』 34, 雜識. "歐文王文正碑 專敍相業 胡安定表 專敍師道 梅聖
　　兪誌 專敍詩學 他事行皆略之 其敍事有體 要如此"

데까지 이른다. 즉, 구양수는 簡而有法을 '문장은 간단하지만 뜻은 깊다'는 微言大義의 뜻으로 이해시킨다. 따라서 후에 구양수도 윤수의 영향을 받아 문을 지을 때는 간하면서도 법도가 있는 簡嚴法을 쓰게 되었다. 구양수 비지문이 110편 정도인데, 이러한 법도에 의해서 쓰여진 것이 많음은 이를 증명한다.

농암은 간엄법과 비슷한 '料簡'을 작문의 법도로 삼을 것을 권하는데,21) 이는 단련의 뜻이라고 한다. 그만큼 문장 수련 과정에서 간엄성을 지키는 것은 많은 세월동안 단련의 과정을 거친 연후에야 가능하다는 뜻으로 이해할 수 있겠다.

2) 운용상 伸縮性의 강조

무슨 글이든지 주제가 있게 마련이다. 여기서 말하는 운용법이란 글의 주제 전달을 위해서 꼭 필요한 형식적인 틀을 이르는데, 서사의 한 기법으로 이해할 수 있다. 앞에서 이미 서술했듯이 농암은 구양수의 문장 형태를 가장 이상적인 것으로 생각했다. 구양수가 문장을 씀에 비록 사전체를 이어받았지만 비지문의 특징을 최대한 살리기 위해 簡嚴法을 취하여 어느 한 개인의 특징을 주력 전달했기 때문이다. 이에 덧붙여 농암은 구양수가 그러했듯이 문장의 운용에 대해서도 깊은 관심을 보인다. 錯綜關節, 提挈綱領, 提挈錯綜, 屬辭比事, 伸縮變化 등은 각각 어휘의 뜻풀이에서 조금씩 차이를 보이지만, 농암이 말한 문장 운용과 관련된 용어들이다. 이 운용법은 간엄성과 깊은 관련을 맺는데, 죽은 자를 간엄하게 드러내 보이기 위해서는 행적을 모두 열거할 수 없으니 때문에 때로는 시간적 순서도 무시해야 됨을 말한다. 죽은 자

---

21) 李喜朝, 「芝村雜記」 『農巖集』 別集 4, 附錄. "農兄又謂 文不可太易 勸
　　余於作文時 必料簡 料簡旣鍛鍊之意也 歐陽公亦嘗如此云"

가 가지고 있는 특징적인 면을 주제라는 말로 대체하면 그것을 드러내 보이기 위해서는 구성에 구성을 거듭하여 글을 읽는 사람으로 하여금 죽은 자의 면모를 뚜렷이 드러내야 함을 이른 것이라고도 할 수 있다.

그래서 농암은 비지문에서 이러한 운용이 중요한데도 불구하고, 그렇게 하지 못하는 왕세정을 구양수와 비교하여 비판한다.

> 지금 구양수의 모든 비지문을 읽어보면, 그 綱領을 提挈하고 關節을 錯綜함에 종종 법이 있어 간단하면서도 능히 갖추어져 있으며, 자세하면서도 번잡하지 않으며, 의도는 閑暇하지만 情事은 曲盡히 하여 風神生色한 곳은 왕왕 그림과 같다. 茅坤이 太史公의 정수를 얻었다고 하는 것은 이것이다. 王世貞은 고인의 제설과 착종의 묘를 모른다. 다만 句字로써 본뜨려 하였다. 때문에 그 비지와 서사를 함에 巨細와 輕重을 묻지도 않고 모두 쓰고 갖추어 실었다. 그래서 번거롭고 한가하며, 외람되고 자잘한 것들이 篇牘에 흘러 넘친다. 綱領이나 안목도 능히 끌어내고 조사해 모으지도 못하여 首尾와 本末의 伸縮變化가 전혀 없다.22)

농암은 綱領을 提挈하고 關節을 錯綜함에 구양수는 법도가 있게 하였고, 왕세정은 그것도 없이 무조건 세세한 사항까지 늘어놓아 伸縮變化가 없는 글을 썼다고 보았다. 提挈한다는 것은 '제시한다'는 뜻으로 글에서 가장 으뜸되는 큰 줄거리를 드러냄을 提挈綱領이라 할 수 있고, 錯綜은 '서로 섞여 얽힌다'는 뜻으로 關節, 즉 단락들이 서로 긴밀한 관계를 유지하는 것을 關節錯綜이라 이른다. 글에서 신축변화가 있느냐 없느냐의 판단 기준을 강령제설과 관절착종이라는 측면에서 파악하고 있음을 알 수 있다.

---

22) 『農巖集』 34, 雜識. "今讀歐公諸碑誌 其提挈綱領 錯綜關節 種種有法 簡而能該 詳而不繁 意度閑暇而情事曲盡 風神生色處 又往往如畵 茅鹿門以爲得太史公之髓者此也 弇州不知古人提挈錯綜之妙 而只欲以句字步趣模擬 故其爲碑誌敍事 不問巨細輕重 悉書具載 煩冗猥瑣 動盈篇牘 綱領眼目 未能挈出點注 首尾本末 全無伸縮變化……."

농암은 이와 같은 안목으로 한유와 구양수의 글에 대해서도 '한유는 直敍의 방법을 쓰는 것으로 구양수는 錯綜이 많아 篇章變化에 기발한 특징이 있음'을 언급하기도 하였다.23) 또한 편장변화 운용의 미를 잘 살린 작품으로 史馬遷『史記』의 〈信陵君傳〉과 〈灌夫傳〉 그리고 구양수의 〈王文正公碑〉를 예거한다. 〈신릉군전〉은 '선비를 예우하고 어진 이에게 낮추고 어려움에 임해서는 힘을 얻는 것'을 案으로 삼았고, 〈관부전〉은 '田과 竇 두 집안의 은혜와 원한 그리고 서로 다투어 빼앗는 것'을 案으로 삼아 단락을 긴요하게 하여 상세함과 묘함을 더욱 많이 얻었다고 강조한다.24)

案은 글을 쓰는데 있어 가장 요긴하고 특징적으로 드러내야 하는 것으로 주제와 근접하다. 농암은 사마천의 『사기』가 거의 모두 이러한 안에 의하여 글의 本末이 서로 편장 운용하였다고 하면서 이렇게 함으로서 더욱더 자세하고 묘함을 얻었다고 보았다. 그리고 마찬가지 구양수의 〈왕문정비〉도 같은 형식적 틀을 가지고 있다고 한다. 〈왕문정비〉는 北宋 眞宗年間에 재상을 지냈던 王旦에 대한 비문이다. 이 비문 내용에서 농암이 관심을 보인 것은 왕단의 官歷과 行蹟에 대한 부분이다. 농암은 세 단계로 나누어 구양수 문장의 편장운용의 묘미에 대해 언급하였는데, 특히 '屬辭比事'란 말은 쓴다. 이는 年月의 순서는 상관치 않고 사건에 따라 적절한 例話를 붙임을 뜻한다.25) 농암이 〈왕문정비〉에서 특히 주목한 것은 왕단의 생활 즉, 연월의 순차적인 행적이 아니라 宰相의 지위에서 임무 수행을 얼마나 잘 했는가를 묘사한 구

---

23) 『農巖集』 34, 雜識. "韓碑多直敍 歐碑多錯綜 韓體謹嚴 其奇在於句字陶鑄 歐語雅馴 其奇在於篇章變化."

24) 『農巖集』 34, 雜識. "信陵君傳 專以禮士下賢 臨難得力爲案 灌夫傳 專以田竇兩家恩怨傾奪爲案 迎侯生及罵坐處 正其緊要關節 故敍得愈詳愈妙……."

25) 『農巖集』 34, 雜識. "歐文碑誌敍事 一用屬辭比事之法 不但以年月先後爲次序 如王文正碑……."

양수의 문장술에 있었던 것이다.

농암이 비지문의 운용상 신축성을 강조한 것은 죽은 자의 행적을 적는데 있어 문장 단락간의 유기적인 관계를 유지해 후세 독자들에게 거부감없이 받아들여질 수 있도록 노력해야 함을 이른 말이기도 하다.

4. 작품의 실재

1) 〈從妹兪氏婦墓誌銘〉의 경우

이 작품의 전체적인 내용은 크게 6단락으로 나눌 수 있다. 1단락은 사촌 누이동생의 죽음 원인과 그로 인한 남편과 백부의 슬픔(吾伯父谷雲先生~豈能久而不衰哉), 2단락은 구체적으로 망자의 위인과 행실을 예거한 부분(妹之賢固吾之所知~此尤伯父之所甚哀也)으로 전체 내용 중 많은 부분을 차지하고 있다. 그리고 3단락에서는 生沒의 정확한 날짜를 언급했고(妹生於癸卯~無子有也), 4단락은 先系에 대한 소개(我金爲安東~君之考也), 5단락은 葬地와 請託사실(妹之葬地~伯父之哀而已)을, 그리고 마지막 6단락에서는 銘을 운문체로 덧붙였다.

다시 총결하면, 1단락은 도입부이고, 2단락은 전개부, 3단락에서 5단락까지는 결말 부분이 된다. 먼저 1단락 도입부에서 망자 죽음의 구체적인 원인으로 천연두를 언급함으로서 보통 비지문이 쓰는 요식적인 글의 형태를 벗어나서 읽는 이로 하여금 실감을 느끼게 한다. 이렇게 죽음의 원인을 사실적으로 언급하고 나서 백부인 金壽增과 망자의 남편이 느끼는 슬픔이 얼마나 컸는가를 보여주려 하고 있다. 그리고 나서 구체적으로 글을 전개시키고 있는데, 망자의 죽음이 주위의 많은 사람들에게 슬픔으로 남게 되었던 것은 바로 망자 살아생전의 위인됨과 행실이 남달랐기 때문이라고 하며 예거와 함께 이야기한다. 즉, 농암이 이 글의 案으로 삼은 것은 賢과 貞, 孝라고 할 수 있는데, 隨事直書함으로서 찬사 일변도가 아닌 객관성 유지에 힘을 기울이고 있음을 알 수 있다.

먼저 從妹가 현숙한 여인이었다는 것을 두 가지 일을 들어 보여주고 있다. 한 예로 종매의 남편이 어려서 부모님을 여의었는데, 제사를 주재해야 할 맏형부부마저 세상을 떠, 부모님 제사를 지내지 못하고 있다가 누이가 시집가 가정을 이루고 나서야 제사를 지낼 수 있었는데, 그것도 정결하고 치성으로 하여 시집가 있는 4년 동안 밤낮으로 노력함을 게을리하지 않았다고 적고 있다.26) 그리고 또 한 예로 재물에 대한 이야기를 하여 君(망자의 남편)에게 누를 끼치지 않은 점을 예시하였다.27)

賢과 관련된 사실적인 예를 들고나서 다시 나머지 두 안에 대한 것을 예시하는데, 종매는 살아생전에 현숙하고 정결했을 뿐만 아니라 부모님께 효도를 다하였음을 말한다. 정결에 대한 예거로는 한 가지를, 효와 관련된 것으로는 두 가지를 들어 보이는데, 이로써 보면 더 구체적인 사실을 제시하고 있는 안은 효와 관련된 것이라고 하겠다.

어머니 曹夫人이 일찍이 귓병으로 수년동안 고생할 때 근심하는 마음으로 울음을 그치지 않더니 점점 자라서는 그 고충을 대

---

26)『農巖集』27, 從妹兪氏婦墓誌銘.“始君幼喪其父母 伯兄甫受室而夫婦俱死 君又癯然多疾 而獨與一弱弟 伶俜同居 歲時伏臘幾無以祭祀 及妹歸而君始得成其爲家 於是兪氏之宗 始有季女之奠 而其潔齋致誠 克稱君孝思 以至恤同氣睦宗黨 皆如君之志而無憾 盖四年之間 夙興夜寐 黽勉拮据 勤亦至矣.”
27)『農巖集』27, 從妹兪氏婦墓誌銘.“而財賄之談 未嘗一及於君 是不惟助君成家 而又使君忘其家矣 不賢而能若是乎 君雖欲無悼於其亡 得乎.”

신 견디었고, 가정 살림이 어려움에 닥치자 다만 비녀 하나라도 아낌없이 파는가 하면, 맛있는 음식이 있으면, 먼저 입에 대는 일이 없었다고 한다.[28] 또 다른 효를 실천했던 사실로 시집가서 늘 부모님을 생각하여 시인과 같이 늘 외우고 탄식하기를 '여자가 부모형제와 멀리 떨어져 한달 중 반만 어버이 곁에서 시중을 들 수 있다면 소원이 없겠다'[29]는 내용을 대화체로 엮어 입체감을 더해주었다.

여기까지의 내용이 글의 핵심적인 부분으로 종매의 일생 중 가장 중요한 사안을 안으로 삼아 망자가 어떤 인물이었다는 것을 확연히 보여주려 하였다. 이로써 무조건적인 찬사로만 일관하지 않고 많은 일들 중 몇 가지만 예거함으로써 간결함과 엄정함을 보였다고 하겠다. 그리고 전개부분 마지막에서 다시 한번 종매의 죽음에 이르기 전 상황을 말하고 있는데, 당시 어머니 조부인만 임종을 지켜보았고 아버지인 농암의 백부는 마지막 가는 길을 지켜보지 못했으니, '이 또한 효심이 지극했기 때문이다'라고 하여[30] 다소 역설적인 어투로 전개를 끝마치고 있다.

따라서 이 비지문은 작자의 사촌 누이를 대상으로 했기 때문에 침소봉대하여 浮華輕靡한 찬사만을 능사로 나열하여 통속적인 비지문이 될 수도 있었을텐데, 賢과 貞·孝를 안으로 삼아 많은 사실들을 꾸밈없이 直書함으로서 어느 정도 객관성 확보에

---

28) 『農巖集』 27, 從妹兪氏婦墓誌銘. "母曹夫人嘗患耳聾 甫數歲耳 已能涕泣憂念 傳道言語 稍長 卽代幹其蠱 嘗値家用缺 只一釵 賣之無所愛 一味之甘不先入口."

29) 『農巖集』 27, 從妹兪氏婦墓誌銘. "始妹旣嫁而猶眷戀父母 不忍遠去 就旁近營屋以居 嘗誦詩人語而歎曰 女子有行 遠父母兄弟 使我得一月中半侍親側 則志願畢矣."

30) 『農巖集』 27, 從妹兪氏婦墓誌銘. "及疾 伯父適出宰東峽 曹夫人亟歸視之 則瘡甚眼不可開 猶手摩肌膚 以致其戀慕 而卒以不得面訣大人 於邑以死 嗚呼其孝心之篤如此 此尤伯父之所甚哀也."

주력하였다. 그리고 처음 도입부에서는 죽음의 원인과 그로 인한 주위 사람들의 슬픔을 극대화시켜 시작하였는데, 이러한 사실을 전개부분 마지막에서 다시 한번 구체화함으로서 운용방법에 있어 그저 시간적인 나열이 아닌 신축성 있는 구성법을 따르고 있음을 알 수 있다.

2) 〈曹生命衡墓誌銘〉의 경우

銘을 제외한 이 작품의 전체 내용 분류는 크게 7단락으로 나눌 수 있다. 1단락은 命衡의 소개와 爲人됨, 2단락은 글의 청탁, 3단락은 명형 先系에 대한 언급과 농암 가문과의 연계성, 4단락은 명형의 어머니 李夫人이 지은 誄詞를 통한 망자 위인됨의 실제, 5단락은 명형의 早死를 다시 한번 생각하면서 誌를 짓게 된 연유와 명형의 葬地를 6-7단락으로 연결시켜 끝을 맺고 있다.

이 중에서 가장 중요한 내용을 담고 있는 것은 1·4단락이다. 이 두 단락의 내용은 모두 망자의 위인됨에 대한 언급으로 자칫 잘못하면 글쓴이의 주관성이 개입되어 찬사 일변도로 쓰여질 가능성이 다분한데, 농암은 이러한 것을 없애기 위해서 그에 대한 典據로써 명형의 어머니 이부인이 지은 뇌사를 제시하면서 읽는 이로 하여금 신뢰감을 느끼게 한다.

> 하물며 孺人의 현숙함은 본디 친척간에도 잘 알려져 있었는데, (자식을) 친애하면서도 글에서는 넘침이 없어 사람들이 모두 믿으니 내가 이에 또 무엇을 의심하겠는가?31)

자식에 대한 기록이기 때문에 과장도 충분히 있을 수 있겠지만, 이유인의 평소 행실이 다른 사람들에게 믿음을 주기 때문에

---

31) 『農巖集』 27, 曹生命衡墓誌銘. "況孺人之賢 素著親黨間 其不以暱愛而 溢於辭 人皆信之 余於是又何間焉."

그가 지은 뇌사를 그대로 믿고 비지문에 인용해 쓰더라도 틀림이 없을 것이라는 말이다. 그래서 처음 1단락에서 명형의 위인됨에 대해 '淸明端懿篤行而力學'이라고 간단하면서도 명확하게 제시할 수 있었을 것이다. 이 말은 청명하고 성실하면서 독실하게 행하고 학문에 힘쓴다는 뜻으로 즉, 농암은 명형의 비지문을 쓰는 안으로써 이 네 가지를 든 것이다. 다소 구체적이지 못하고 추상적인 안을 제시했지만, 4단락에서 안의 실재적인 면을 보여주어 1단락과 4단락간의 연계성을 생각케 한다. 4단락에 나열된 안의 실제는 물론 이유인이 지은 뇌사에 의한 것으로 세 가지를 들었다.

① 君은 어려서부터 장난을 좋아하지 아니하였고, 장성해서는 더욱 침착하고 태연하여 言笑에 구속되지 아니하였고 喜怒를 급히 하지 아니하였다. 衣帶와 몸가짐을 반드시 삼가하여 비록 편안하고 친한 경우일지라도 항상 공경한 듯하였다.

② 세 살에 아버지를 잃었는데, 매양 그 어머니가 哭泣하는 것을 보면 그 얼굴에 슬픔을 띠고 어머니가 조금이라도 식사를 해야만 기꺼이 음식을 먹었다. 나이 들어 장가를 들어서도 오히려 차마 조금이라도 어머니 곁을 떠나지 아니하며 화열한 얼굴빛에 결코 조금이라도 그 어머니를 거스리는 일이 없었다.

③ 말을 배우면서 곧 글을 알고 이미 이어서 스스로 課程을 세워 이른 아침부터 밤늦게까지 각고면려하여 조금도 쉬지 않았다. ……이에 그의 문사와 식견이 바야흐로 날로 샘이 이르는 듯하였으나 마침내 죽게 되니 성취를 보지 못함에 애석하도다.[32]

---

32) ①『農巖集』27. 曹生命衡墓誌銘. "君弱不好弄 長益凝重 言笑不苟 喜怒不遽 衣帶容止必飭 雖燕昵 亦穆如也." ②"三歲而孤 每見母哭泣 其容有慽 必母少食 乃肯食 旣年長有室矣 猶不忍少去母側 愉色婉容 絶無毫髮違忤." ③"學語卽知書 已更自立課程 蚤夜刻厲 不少休息……於是其文辭識解 方日泉達 而竟死不及有成 惜哉."

①은 성실하고 단정한 모습을 ②는 어머니에 대한 효를, ③은 학문에 힘썼으나 끝내 이루지 못함을 언급하고 있다. 이는 앞에서 보였던 '淸明·端懿·篤行·力學'을 안으로 한 명형의 행실을 구체화시켰다고 하겠다. 먼저 1단락에서 안을 간단하게 제시하고 나서 4단락에서 다시 한번 구체적인 안을 전개시킴으로서 關節, 즉 단락들이 서로 有機的인 관계를 맺어 伸縮 變化있는 비지문을 형성하였다. 또한 농암의 창작 정신이 잘 드러난 銘을 보면, 네 가지의 안 중에서 어떤 것을 綱領으로 삼았는지 알 수 있다.

> 장성하여 어머니 그리기를
> 어릴 때 품안에서처럼 하였네
> 아침이나 밤이나
> 곁을 떠나지 못하였네
> 누가 말하였는가! 효심이란
> 처자 때문에 줄어든다고
> 모두가 천박한 시속에 끌리는데
> 홀로 고풍을 짝하였네
> 오호 그 뜻
> 비록 죽은들 묻힐손가!
> 그 미덕 열거하여
> 뒷사람들 권면코자 하네
> 그 어머니에게 고하노니
> 길이 슬퍼하지 마소서
>
> 長而戀母　如未免懷
> 我晨我昏　宛宛依依
> 孰云孝心　妻子於衰
> 薄俗靡靡　獨與古偕
> 嗚呼此意　雖死不埋
> 我列其美　用勸後來
> 敢告令母　其勿永哀[33]

효를 강령으로 삼아 운문으로 서술하되, 명형 개인에 대한 지

---

[33] 『農巖集』 27, 曹生命衡墓誌銘.

나친 美辭麗句와 찬사 대신에 효에 대한 실천적인 면을 주로 언급하였다.

5. 맺음말

지금까지 농암 문학론 중 고문에 대한 작법과 작품을 통한 실천성을 살폈다. 그 구체적 전개에 앞서 문과 도의 관계 설정 양상과 고문의 시대적 개념을 통한 농암의 고문관을 엿보았다.

첫째, 농암은 문을 도의 종속적인 개념으로 파악했던 조선전기 도학가와 다소 다르게 문의 형식적이고 기법적인 면까지 중요하게 생각했다. 또한 고문이란 '정신은 古人을 배우되 當代에 적합한 진솔함을 나타내어 전범으로 남을 수 있는 문장'이라 개념 정의하고, 또한 중국 명대 의고주의를 비판하였다.

둘째, 碑誌文은 簡潔·嚴正하고, 운용에 있어서는 伸縮變化가 있어야 하는 것으로 보았다. 이 둘의 작문 이론은 모두 중국 북송 때의 구양수와 관련이 있는데, 농암은 비지문의 이론으로 가장 이상적인 것이 구양수의 것이라고 생각했음을 알 수 있다. 비지문이 간결·엄정해야 되는 이유는 죽은 자를 서술하는데 있어 무조건적인 칭찬 위주의 기술보다는 어느 특징적인 사항을 중심으로 그 삶의 면모를 드러낸다면 후세 사람들에게 깊이 각인될 수 있을 것이고, 또한 비지문은 후손들의 부탁을 들어 쓰는 경우가 많은데, 그러다 보면 貶하기보다는 襃하기가 쉬워서 보다 더 객관적이기 위해서는 엄정함이 요구되기 때문이다.

그리고 농암은 비지문의 성격이 실용문이기 때문에 미적인 가치 확보가 되지 않을 수도 있을 것인데, 신축변화의 방법으로 서술하게 되면 문예적인 면까지 얻을 수 있을 것으로 보았다.

마지막으로 작품을 통한 농암 문학이론의 실천적 측면을 〈從妹兪氏婦墓誌銘〉과 〈曹生命衡墓誌銘〉 두 비지문을 통해서 엿보았다. 두 작품 모두 망자의 살아생전의 행적 중 가장 뚜렷한 것을 案으로 삼아 그 안에 따라서 사실을 直書했으며, 비지문의 천편일률적인 修辭的 형식에 얽매이기 보다는 주로 達意的인데 치중했음을 알 수 있었다.

【參考論著】

1. 《文集類》

農巖集　　　　　　　芝村集

2. 《經書類》

論語　　　　　　　　莊子

3. 《論著》

강혜선, 「농암 김창협의 묘지명 연구」, 『한국 고문의 이론과 전개』, 태학사, 1998.

김도련, 「고문의 원류와 성격」, 『한국학논집』 2, 1979.

김영진, 「김창협의 문학 이론」, 『한국의 한문학』 2, 민음사, 1991.

박두원, 「농암 김창협의 문론에 관한 연구」, 국민대학교 석사학위논문, 1983.

박영호, 「조선중기 고문론 연구」, 경북대학교 박사학위논문, 1992.

＿＿＿＿, 「조선중기 고문론의 성격 연구」, 『한국 고문의 이론과 전개』, 태학사, 1998.

심경호, 「조선후기 고문의 형식미」, 『관악어문연구』 13, 1988.

안영길, 「농암 김창협의 산문 연구」, 『한국학논집』 14, 단국한문학회, 1996.

오석환, 「농암의 〈陽谷吳公神道碑銘〉 분석」, 『한국학논집』 14, 단국한문학회, 1996.

＿＿＿＿, 「농암 비지류 산문문학 연구」, 『한국학논집』 18, 2000.

李成茂 외, 『조선후기 당쟁의 종합적 검토』, 한국정신문화연구원, 1992.

이종호, 「조선조 고문론과 비지류 산문」, 『한국한문학연구』 창립 20주년 특집호, 1996.

정　민, 『조선후기 고문론 연구』, 아세아문화사, 1989.

제3장 三淵 金昌翕의 詩經論

1. 머리말

『詩經』은 중국의 가장 오래된 시가 선집으로 알려져 있으며, 거기에는 모두 305편의 시가 실어져 있어 통상 '詩 三百'이라고도 한다. 그 중 많은 작품이 일반 백성들의 진솔한 감정을 담고 있어 중국 뿐 아니라 동양 서정시가의 원형으로 인정받아 왔다. 그런데 이러한 『시경』에 대한 해석은 개인에 따라 혹은 사회의 학문적 분위기와 사상적 추이에 따라 다르게 나타났는데, 漢唐을 시작으로 宋-淸 시대에 가장 치열하게 진행되었다.

먼저 '罷黜百家 表章六經'을 정책으로 내세운 한은 유가를 국가의 정치이념으로 받아들였다. 따라서 이 영향을 지대하게 받아 『시경』 해석도 정치적이고 도덕적인 면에 附會하였다. 이런 사정은 많은 시들을 諷刺 또는 諷諫으로 풀이한 毛詩序를 통해 읽어낼 수 있다. 한나라 때 諫書로 정착된 『시경』은 이후 六朝 - 隋 - 唐에 이르기까지 거의 변함없이 받아들여진다. 그러나 송대에 접어들자 한당의 訓詁學的 분위기에 대한 비판적 입장이 대두되는데, 歐陽修·蘇轍·鄭樵, 그리고 朱子 등에 의해서 이루어졌다. 특히, 주자는 많은 부분 모시의 영향을 받았으나 시서의 내용만큼은 나름대로 해석하여 결국 모시는 믿을 것이 못된다는 입장을 분명히 하였다. 이러한 송대 주자의 『시경』 해석은 元 - 明을 거치며 불변의 존재로서 가치를 인정받게 되었다. 뿐만 아니라 주자는 조선조 많은 이들의 『시경』 해석에도 지대한 영향을 미치는데, 주로 그를 옹호하고 추종하는 세력들은 절대시하였다. 그런데 淸代에 접어들자 『시경』을 또다시 해석하는 풍토가 조성되었다. 이때에는 먼저 송대의 학풍을 반대하는 입장에서 한·당의 훈고학적 분위기를 좇으며 고증해서 시를 보려고 하였다. 또한 이런 고증적 분위기에서도 한과 송 어느 한쪽도 따르지 않고 시를 예술적으로 파악하려고 한 경향도 나타났다. 결국 청의 反朱的이고 고증적인 『시경』 해석은 조선후기 문인들에게도 영향을 미치는 결과를 가져와 학문적으로 치열한 논쟁의 여지를 남겼다.

이런 논쟁의 근본적 원인은 여러 가지로 논의할 수 있겠으나 결국 『시경』 자체가 가지고 있는 복합성 때문으로 귀결된다. 즉, 史馬遷의 『史記』에 실린 孔子 刪詩說로부터 시작해 毛傳과 詩序의 신뢰성 등 어느 것 하나 정확한 근거를 남기지 않은 상황에서 해석은 분분하게 나뉘어질 수밖에 없었다.

三淵 金昌翕의 『시경』에 대한 해석도 중국과 조선조 많은 이들이 문제점으로 인식해온 범주를 넘어서지는 않는다.[1] 가령, 國

---

1) 삼연은 그가 세상을 뜨기 불과 2~3전에 『시경』 논의를 하였다. 체계적인 논리를 개진한 것이 아니고 일기문을 통해 산발적이고 즉흥적으로 서술했다는 특징을 가진다. 즉, 『시경』을 읽다가 잘못되었다고 생각되거나 자신이 평소 가졌던 시각과 다른 점이 발견되면 구체적 근거까지 들어가며 견해를 정리하고 있어 태도에 있어 고증적이기까지 하다. 이러한 삼연의 시경론에 대한 연구는 李鍾虎(「三淵 金昌翕의 詩經解釋에 나타난 文藝志向」, 『대동문화연구』 31, 성대 대동문화연구소, 1996)에 의해 이미 이루어졌다. 그는 여기서 삼연의 시경론은 문예를 지향하는 측면에서 논의되었다고 규정하고, 風雅論, 比興論, 國風論 등 세 범주로 나누어 논리를 전개하였다. 그런데 그 내용에 있어서 공감되는 부분이 많기는 하지만, 논의 자체를 함께 아울러도 무방한 경

風의 淫詩를 刺淫詩로 볼 것인가, 淫者 自作詩로 볼 것인가 하는 문제에서부터 시작하여 詩序(毛詩序)의 내용을 어디까지 믿을 수 있을 것인가 등에 대해 논의하였다. 또한 風·雅·頌·賦·比·興 등 六義에 대한 그의 소견을 밝혔는가 하면, 『시경』 작품을 구체적으로 들어 나름대로 해석해보려는 태도도 보여주었다. 따라서 본 논고는 이러한 삼연의 시경 논의 범주를 淫詩說, 六義論, 작품해석 등으로 규정하고 이에 대한 구체적 사실들을 정리해보고자 한다. 특히, 작품해석에서는 어떠한 특징을 드러내며, 그리고 그 의미는 무엇인가 등을 구명하게 될 것이다. 이러한 삼연의 시경론 실상이 드러나면 그가 지닌 사상의 단면 뿐 아니라 그가 시론을 통해 궁극적으로 지향했던 점을 읽어낼 수 있을 것이다.

2. 淫詩說에 대한 견해

주자는 『시경』을 해석함에 있어 한당 유학자들의 견해를 많은 부분 수용하였지만, 淫詩說만은 독자적 견해를 가지고 있었다. 이 음시설의 요체는 『시경』 국풍의 많은 작품은 그 내용상 남녀의 정을 표현했다는 것으로 귀결된다. 물론 한당 때의 『시경』 해석에서도 음시로 규정하여 분류한 시가 있었지만, 주자는 음시

우를 굳이 나누어서 나열하고 있음을 알 수 있다. 가령, 풍아와 비흥 부분을 육의론이라는 이름으로 통합해도 별 무리는 없을 것 같다. 그리고 한가지 중요한 사실은 삼연은 여러 곳에서 음시설에 대한 견해를 피력하고 있는데, 이에 대한 논의는 거의 하지 않고 있다. 물론 '문예지향'이라는 틀에 맞추다보니 음시설이 별로 중요한 문제가 되지 않았을 것 같다. 그러나 삼연의 시경론을 전체적으로 조감해 보면 음시설이 중요한 것은 분명하다.

규정을 좀더 포괄적이고 구체적으로 하였다.2) 이러한 음시설이
『시경』논의에서 중요한 문제로 인식되는 이유는 바로 음시설을
어떻게 전개하느냐에 따라 국풍을 바라보는 시각이 달라질 수밖
에 없기 때문이다.

　　다음 내용은 주자가 국풍, 특히 정풍을 음시로 규정하고 있음
을 보여주는 대목이다.

> 내가 이제 정풍의 시를 보니 〈叔于田〉과 같은 시를 제외한 〈狡童〉·
> 〈子衿〉 같은 시들은 모두 음란한 시들이다. (그런데) 시를 말하는 이
> 들이 잘못하여 昭公을 풍자한 것이라느니, 학교가 폐함을 풍자한 것
> 이라느니 한다. 衛風의 시들은 남자가 부인을 희롱한 것이니 차라리
> 옳다 하겠으나 정풍의 시들은 이와 달리 부인이 남자를 희롱한 것이
> 많다. 이러한 까닭으로 성인이 鄭聲을 더욱 싫어하신 것이다.3)

　　모시서와 주자의 『시집전』을 보면 위에서 언급한 〈숙우전〉·
〈교동〉·〈자궁〉 등의 주제가 각각 다름을 알 수 있다. 가령, 〈교
동〉의 경우 모시서에서는 '鄭나라 태자인 忽을 풍자한 시'4)라고
보았고, 주자는 '음녀가 거절을 당하여 그 사람을 희롱한 말'5)로

---

2) 모시서에서 본 음시는 모두 15편이고, 주자가 음시로 규정한 작품은
　29편이다. 물론 보는 이에 따라 29편 설에 대해서는 몇 편의 가감이
　있다. 이는 주자가 음시를 애매하게 규정한 때문이다. (元代 馬端臨은
　『文獻通考』에서 24수로 규정하였고, 何定生은 『詩經今論』에서 27편이
　라고 보았다. 또한 程元敏은 29편을 주자가 음시로 파악했다고 주장하
　였다. 본 논고는 29편 규정이 범연히 알려진 설이기에 이를 따르기로
　한다.) 이렇듯 편수에서도 각기 다른 입장을 보이고 있지만, 더 중요
　한 사실은 모시서 15편에는 鄭風의 시가 단 1편 뿐인데, 주자의 29편
　에는 정풍이 무려 14편이나 포함되어 있다는 점이다. 정풍은 모두 21
　편인데 14편을 음시로 규정한 것은 정풍 자체를 음란한 남녀의 애정
　시로 규정했다는 증거이다.
3) 『朱子語類』80, 章5. "某今看得鄭詩 自叔于田等詩之外 如狡童子衿等篇
　皆淫亂之詩 而說詩者誤以爲刺昭公刺學校廢耳 衛詩尙可 猶是男子戲婦
　人 鄭詩則不然 多是婦人戲男子 所以聖人尤惡鄭聲也."
4) 「鄭風」, 〈狡童〉 毛詩序. "狡童 刺忽也."

보았다. 또한 〈자긍〉시에 대해서도 모시서에서는 '학교가 폐지됨을 풍자한 시'[6]라고 한 반면, 주자는 '음분의 시'[7]라고 규정하였다. 위 인용문에서 언급된 작품의 주제를 각기 다르게 본다고 함은 바로 이를 두고 하는 말이다. 그리고 같은 남녀의 정을 읊은 시이지만, 위풍의 시는 남자가 여자를 희롱한 시이기 때문에 정풍과 같이 음란하지 않다는 논리를 편다. 이러한 견해는 송대 유학을 대표하는 주자의 입장에서는 당연히 그러했을 것이다. 마지막에서 주자는 '성인이 鄭聲을 싫어한다'고 하여 鄭詩와 정성을 동일시하였다. 주자의 이 논지의 출발은 『論語』 衛靈公篇의 '정나라의 음악을 몰아내고 아첨배를 멀리하라. 정나라의 음악은 음란하고 아첨하는 사람은 위태롭다'[8]고 한 말과, 같은 책 陽貨篇의 '정나라 음악이 아악을 어지럽히는 것을 미워한다'[9]고 한 언급에서이다. 그러나 당대나 후대 학자들은 주자가 어떤 일정한 증거도 없이 '聲'과 '詩'를 동일시한 오류를 범한 것으로 판단하였다. 즉, 주자를 비판하는 학자들은 '성'은 음악이지 시가 아니라는 입장을 취했던 것이다. 따라서 주자의 음시설을 비판할 때 빼놓지 않고 이를 언급하게 되었다.

주자는 한당 『시경』 해석의 견강부회적인 태도에서 진일보한 모습을 보이기는 하였지만, 많은 시를 음시로 규정함으로서 논란의 여지를 남겼다. 특히, 같은 시대 가장 절친했던 인물인 呂祖謙(1137~1181, 자는 伯恭, 호는 東萊)과의 음시론에 대한 논쟁은 많은 이들의 입에 회자되었던 듯하다. 삼연의 다음 언급은 이를 알게 한다.

---

5) 『詩集傳』「鄭風」, 〈狡童〉 小註. "此亦淫女見絶 而戲其人之詞."
6) 「鄭風」, 〈子衿〉 毛詩序. "子衿 刺學校廢也."
7) 『詩集傳』「鄭風」, 〈子衿〉 小註. "此亦淫奔之詞."
8) 『論語』 衛靈公篇. "放鄭聲 遠佞人 鄭聲淫 佞人殆."
9) 『論語』 陽貨篇. "惡鄭聲之亂雅樂也."

용풍의 〈桑中〉 시는 주자와 여동래가 여러 번 다투어 변론하였다.
주자는 스스로 지었다라고 하였고, 여동래는 비방하는 자의 말이라
고 하였으니 그 설이 심히 크도다. 여동래가 반드시 비방하는 자가
지었다라고 함은 대개 '思無邪'를 살려서 본 것이 아니고, 삼 백 편
에 구속되어서이다. 모두 종묘에서 음악으로 연주되고도 특별히 이
같은 시를 알지 못한 것은 처음에는 削黜을 행하기 위해서 채집하였
고, 마지막에는 때로 存肄했을 따름이기 때문이다. ……다만 3장에서
차례대로 배열한 성명은 姜·弋·庸인데 세 명의 여인이 한 남자에
게만 용납한 것이 아니니 음란함이 두루 퍼졌다. 어찌 음란한 무리가
서로 쫓아 지어 한 편의 시만을 만들었겠는가? 呂氏가 반드시 刺詩
로 만들고자 한 것은 아마도 이 때문인가 보다.10)

용풍의 〈상중〉 시를 놓고 주자와 여조겸이 서로 설왕설래한
이유는 바로 작품의 작자 문제 때문이었다. 주자는 '음자가 스스
로 지은 것(淫詩 自作說)'이라고 하였고, 여조겸는 제3자가 잘못
된 풍정을 보고 풍자하기 위해서 지었다고 주장하였다. 물론 삼
연은 주자의 편에 서서 여조겸의 시각이 잘못되었음을 꼬집었는
데,11) 여조겸이 '사무사'의 시정신을 모르고 『시경』을 해석했기
때문이라고 한다. 그러나 삼연도 세 명의 여인이 각 장에서 언급
된 것에 대해서는 약간의 의문을 가졌던 모양이다. 세 여인이 나

---

10) 『三淵集』 35, 日錄庚子. "桑中詩 朱子與呂東萊屢次爭辨 一作自述 一作
　　刺者之辭 其說甚長 呂之必欲作刺者 蓋未能活看思無邪 拘於三百篇 皆
　　奏諸宗廟 而殊不知此等詩 始採以行黜削 終以時存肄而已……而但其三
　　章所列次名姓 則姜弋庸三女 不容一男徧淫也 豈淫朋相逐賦成一篇耶 呂
　　氏之必欲作刺 恐或以是也."
11) 여조겸에 대한 삼연의 비판은 여러 글에서 산발적으로 읽어낼 수 있
　　다. 그 중 가장 극명하게 보여주는 대목은 그의 日錄에서이다. 『三淵
　　集』 35, 日錄庚子. "伯恭凡百長厚 不肯非毁前輩 要出脫回護 如篤信易
　　傳與詩序 一字不敢動 却不曾爲得聖人本意 長厚之害 却與聖人背馳 亦
　　可悶也." 『三淵集』 35, 日錄庚子. "……呂東萊專主伊川易傳 禁門人不
　　敢致疑於一二句字 如是讀易 可知其膠滯不活矣." 이 두 글의 개략적 내
　　용은 여조겸이 박학다식하여 선배들의 논지를 해쳤고, 모시서를 굳게
　　믿어 한 글자도 감히 움직이지 못하도록 했다는 것이다.

온다면 세 편의 작품이 나와야 할텐데 〈상중〉 시 한편만이 지어
졌으니, 이 때문에 여조겸이 작품의 작자를 제3자로 보았을 것이
라는 논리이다.

여조겸의 주자 음시설에 대한 비판은 바로 한당 모시서를 존
중한 가운데 나온 것으로 원대 馬端臨(1254?~1323, 자는 貴與)
에게로 이어진다. 마단임은 그의 저서『文獻通考』에서 주자의 음
시설을 강하게 비판한다. 이러한 여조겸과 마단임의 주자 비판
의식은 조선후기 六經學 위주의 학문을 한 학자들에게 지대한
영향을 미치게 되었다.

그러나 조선후기가 되기 전 이미 주자의『시경』해석에 대해
의문을 가진 사람들이 있었다. 尹鑴·金萬重·張維·朴世堂 등
이 주로 주자의『시경』해석에 적극적이든 소극적이든 반대 입
장을 나타내 보였는데, 이를 보면,12) 당대 학자들 사이에서 이
문제는 그냥 쉽게 지나칠 수 있는 것이 아니었던 것 같다. 이런
사실은 장유가 주자 음시설에 대해 의문의 표시를 하자 삼연이
의도적으로 답변한 것을 보면 알 수 있다.

> 국풍 중 음탕한 노래로 지칭되는 수십 편을 서에서는 본래 음탕함
> 을 풍자한 것이라고 하고, 혹 특별히 다른 것을 지칭한다고 하였으나
> 주자는 모두 음탕한 자가 스스로 지은 것이라고 단정하였다. 만약 그
> 렇다면(문제의 작품들이 음시라면) 성인께서 어찌 이것들을 취하여
> 경전에 실은 것인가? 淫聲과 美色이 한번 귀와 눈에 접하게 되면,
> 곧 사람의 마음을 움직일 수 있거늘 이를 빌어서 징계하는 자료로
> 삼고자 함은 소용이 없지 않겠는가? 馬端臨의『문헌통고』가 이 한
> 가지 의문을 논하였는데, 매우 조리있고 자세하다. 주희에게 나아가
> 이를 물을 수 없음이 한스럽다.13)

---

12) 이에 대한 개괄적 이해는 金興圭,『朝鮮後期의 詩經論과 詩意識』, 고
　　 려대학교 민족문화연구소, 1995, pp.51~81 참조.

13)『三淵集』26, 谿谷漫筆辨. "國風中所謂淫奔之詞者數十篇　序本以爲刺淫
　　 或別指他事　而朱子皆斷爲淫者所自作　若果爾　聖人何取於是而載之經也

즉, 장유의 주장은 만약 주자의 주장처럼 음시를 음탕한 사람이 스스로 지었다라고 한다면, 공자는 왜 이 시들을 删詩의 과정에서 빼지 않고 그대로 포함시켰을까 하는 것이다. 또한 음탕함이 이목에 들어오게 되면 징계하기 위해 지었다고 하나 오히려 그것으로 인해 더 큰 해를 입을 것이라고 한다. 장유의 이런 의문은 결국 주자의 견해를 모두 받아들일 수 없다는 반주자주의적 입장 표명이다. 당시 장유도 마단임의 저서『문헌통고』를 읽었던 모양이다. 그나마 다행히『문헌통고』로 인해 약간의 의문이 풀렸지만, 아직도 미진한 부분이 있음은 위글 마지막 부분의 언급을 통해 읽어낼 수 있다.

이에 대해 삼연은 다음과 같이 답변한다.

> 국풍 중 주자가 淫奔의 노래로 단정한 수십 편은 그 중 정풍의 〈子衿〉·제풍의 〈鷄鳴〉과 같은 류인데, 혹자가 특별히 다른 것을 지칭한다고도 하였으니 가히 안 것이 아니다. 용풍의 〈桑中〉과 같은 시에 이르러서는 서에서 음탕함을 풍자한 것이라고 설명하여 그 말의 뜻을 맛볼진대 그 賓主를 정함에 분명히 이는 음탕한 자의 말씨요 결단코 풍자한 자가 한 것은 아니다. 가령, 이르기를 풍자한 사람의 입에서 나와 다만 그 行淫의 절차를 서술하고서 한 번 영탄하고 그쳤으니 또한 어찌 음탕함을 풍자하는 것을 귀하게 여겼을 것인가? 저렇든지 이렇든지 간에 淫聲과 美色이 사람의 이목 등에 접할 뿐이니 이것을 경전에 실리게 한 것은 공자에게 물어봄이 옳을 것이다.14)

먼저 삼연은 정풍의 〈자긍〉시와 제풍의 〈鷄鳴〉 등의 작품을

淫聲美色 一接耳目 便足以移人情性 乃欲藉是以爲懲創逸志之資 則無乃左乎 馬端臨文獻通考 論此一款 甚辯而核 恨無緣就正於考亭也."

14)『三淵集』26, 谿谷漫筆辨. "國風中朱子所斷爲淫奔之詞數十篇 其中如靑衿鷄鳴之類 或者別指他事 未可知 至如桑中詩 則序說以爲刺淫 而味其辭旨 定其賓主 分明是淫者口氣 決非刺者之爲 借曰出於刺者之口 而只敍其行淫節次 一番詠歎而止 亦何貴乎刺淫乎 以彼以此 淫聲美色之接人耳目等耳 以是載之於經 問諸仲尼可也."

음탕한 시로 규정하고, 이에 대한 다른 의견은 시를 잘 알지 못
했기 때문이라고 한다. 그리고 용풍의 〈상중〉시를 모시서에서
'음탕함을 풍자한 것'이라고 하였는데, 賓主를 정해서 볼 때 이는
분명 음탕한 자가 스스로 지은 시이지 제3자가 풍자를 목적으로
지은 것이 아니라는 설명이다. 여기서의 빈주는 시적 화자와 청
자를 가리킨다. 실제로 〈상중〉시를 보면, '나와 桑中에서 만나기
로 약속하였으며 / 나를 上宮에서 맞이하였고 / 나를 淇水가에
서 전송하였도다'15)라는 대목이 나오는데, 삼연은 이 대목의 '나'
라는 1인칭 화자를 두고 빈주 운운한 것으로 보인다. '저렇게 되
든지 이렇게 되든지'는 음자 스스로가 지었다라고 하든지 제3자
가 지었다라고 하든지의 의미로 삼연 자신도 음시가 사람의 이
목에 접촉되어 영향을 미칠 수 있음은 인정하였다.

　음자가 스스로 지었다고 하든 제3자가 지었다고 하든 시를 읽
는 자는 아무튼 영향을 받을 수밖에 없을텐데 공자가 음시를 산
시의 과정에서 빼지 않고 그대로 포함시킨 이유를 다음의 '사무
사'의 언급을 통해 정당화시킨다.

　　진실로 능히 '思無邪'의 법칙으로 읽어본다면 비록 음탕한 자가
　스스로 지은 것이기는 하지만, 읽는 자는 문득 풍자하는 자가 된다.
　마치 邪淫한 사람을 징계 할 것은 생각치 않고 도리어 그 방탕하고
　연모하는 마음을 좋아하게 한다면 비록 음탕함을 풍자하고자 했어도
　읽는 자는 도리어 음탕한 자가 될 것이다. 하물며 장차 그 추한 것을
　풍자하면서도 도리어 몸소 밟는 듯하였으나 事體의 사이에 그렇치
　아니함이 있다. 그러므로 차라리 음탕한 자가 스스로 지은 것으로 다
　른 음탕한 자를 돌이키게 하니 '시로써 가히 볼 수 있다'고 함은 오
　로지 관점의 어떠한가에 있을 뿐이다. 춘추 법이 淫烝하고 弑逆하는
　자취에서 그것을 갖추어 싣는 것을 싫어하지 아니하여 이와 함께 뜻
　을 같이 하니 성인의 가슴은 넓고도 크도다. 그러므로 베풀고 가르치
　는 것 또한 바르고 크도다.16)

---

15) 『詩集傳』「鄘風」〈桑中〉, "…… 期我乎桑中 要我乎上宮 送我乎淇之上矣."

이 글에서 삼연이 말하려고 하는 논지는 음탕한 시이건 음탕하지 않은 시이건 상관없이 시를 읽는 자가 문제라는 입장이다. 즉, '사무사'할 때의 '사특함이 없다'라는 말의 주체를 바로 '읽는 자'로 본 것이다. 이는 오히려 나쁜 것을 통해 나쁜 행동을 못하게 하는 류와 통하는 대목이다. 그리고 공자가 지은『春秋』의 논법을 들어 그 직접적 증거를 댄다.『춘추』의 내용을 보면 악을 드러내어 악을 징계하는 방법을 쓰고 있는데,『시경』의 산시도 마찬가지 방법을 썼을 것이라는 말이다.

이와 같은 삼연의 논지는 주자의 생각을 그대로 이어받았음을 알 수 있다. 주자는 '사무사란 시를 읽는 사람으로 하여금 사무사하게 할 따름이다. 삼 백 편의 시를 읽음에 선한 것은 법을 삼고 악한 것은 징계를 하여 사람으로 하여금 사무사하게 한다'17)라고 하였다. 이러한 주자의 논지는 다음 삼연의 글을 통해서도 알 수 있다.

> 국풍의 일어남은 街童巷女의 입에서 많이 나와 본디 미자할 겨를이 없었다. 비록 大小 雅에서 예컨대 〈鹿鳴〉·〈行葦〉篇과 같은 것도 모두 기뻐하는 흥정에서 나왔으니 어찌 미자하기 위해 지었겠는가? 예컨대 〈桑間〉의 시편을 東萊가 음탕함을 풍자한 시로 판단하여 관현에 입혀 종묘에 올릴만하다고 말하였다. (그러나) 주자는 이를 반박해서 '나는 공자의 사무사의 가르침을 좇겠노라'고 말했다. 진실로 이 '思無邪'란 것은 淫者가 자작하고 독자가 그 邪를 알아서 미워한다는 것이라 생각되니 어찌 이른바 懲創함을 이른 것이 아니겠는가? 어찌 반드시 몸을 淫穢한 곳에 처한 다음에라야 바야흐로

---

16) 『三淵集』26, 谿谷漫筆辨. "苟能以思無邪之法讀之 則雖以爲淫者所自作 而讀者便爲刺者 如使邪淫者不思懲創 反悅其冶遊情節 則雖以爲刺淫 而讀者却爲淫者 況將刺其醜而反若身涉 其中於事體 有不然者 故無寧以淫者所自作 還他淫者 詩可以觀 惟在觀之如何耳 春秋之法 其於淫蒸弑逆之迹 不嫌其備載 與此同意 聖人心胸闊大 故其施敎亦直大."

17) 『朱子語類』23, 詩三百章. "思無邪 乃是要使讀是認思無邪耳 讀三百篇詩 善爲可法 惡爲可戒 故使人思無邪也."

'사무사'의 경지로 돌아가는 것이겠는가?18)

결국 삼연의 음시설은 독자적이라기 보다는 주자의 견해를 그대로 이어받았음을 알 수 있다. 이런 사실은 다른 글 '비록 淫者의 입에서 나왔다고는 하지만, 시를 읽는 사람은 그 사벽하고 음란함을 미워하여 징계함을 두었다면 사무사를 하는데 해가 되진 않을 것이다. 주자가 음탕한 자가 스스로 서술했다고 판단한 것은 그 뜻이 정확하다고 하겠다'19)는 주장을 통해 극명히 보여주고 있다. 이런 삼연의 從朱的 음시설은 조선후기 육경학 위주의 경세치용학을 했던 이들과 대조되는 것으로 앞으로 비교 연구 등의 깊이 있는 논의가 진행되어야 할 것이다

3. 六義에 대한 이해

『시경』에는 六義가 있는데, 風·雅·頌·賦·比·興을 지칭한다. 이는 『周禮』「春官」에 처음 나타나는데, 육의로 지칭되지 않고 六詩라고 하였다. 즉, '太師가 육시를 가르쳤는데 풍·부·비·홍·아·송이 그것이다'20)라고 이르렀다. 육시는 「시서」에서 육의로 개칭되어 나타나지만,21) 종류와 배열 순서 등이 같아

---

18) 『三淵集』 33, 日錄. "國風之興 多出街童巷女之口 固不暇於美刺 雖大小雅如鹿鳴行葦之類 皆出於懽忻興情 豈以美刺而爲之哉 如桑間之詩 東萊斷以刺淫 而謂可被管絃而薦宗廟 朱子駁之 則曰吾從孔子思無邪之敎也 固是思無邪也 以爲淫者所自作 而讀者知其邪而惡之 豈非所謂懲創者乎 奚必設以身處於淫穢之地 然後方歸於思無邪也."

19) 『三淵集』 35, 日錄庚子. "雖出於淫者之口 而讀詩者惡其邪淫 有以懲創 則不害爲思無邪也 朱子之判以淫者自述其意確正……."

20) 『周禮』「春官」, 敎六詩. "曰風 曰賦 曰比 曰興 曰雅 曰頌 以六德爲之木 以六律爲之音."

21) 毛詩序. "詩有六義焉 一曰風 二曰賦 三曰比 四曰興 五曰雅 六曰頌."

둘을 동일개념으로 파악하고 있는 것이 상례이다. 이중 풍·아·송은 三經으로 시의 내용과 성질을, 그리고 부·비·홍은 三緯라고 하여 시의 체재와 서술방식을 나타내는 것으로 인식하게 되었다.

이 육의는 중국뿐 아니라 조선조 학자들의 논의 대상이었는데, 육의의 의미와 배열 순서, 四始와 變風·變雅의 문제 등을 주 논점으로 간추릴 수 있다. 육의의 의미에 대한 의문중 풍·아·송에 대한 개념은 「시서」에서 뚜렷이 하였는데,22) 부·비·홍은 그렇지 않았기 때문에 생긴 것이고, 배열 순서에 대한 논의는 부·비·홍이 풍과 아·송 사이에 놓이게 된 의문에서부터 시작하였다. 사시는 風·小雅·大雅·頌을 말하고, 이중 풍과 소아·대아를 정과 변으로 구분하는데 이에 대한 의견도 분분하다.

삼연의 육의론도 앞의 주요 논점에서 크게 벗어나지는 않는다. 하지만, 부·비·홍보다도 풍·아·송을 더 자주 논의하고 있음은 한가지 특징으로 말할 수 있다. 부·비·홍에 대한 것은 단지 홍체의 종류와 주자의 견해에 대한 의문 등을 제시하고 있지만, 풍·아·송에 대한 것은 풍의 개념과 종류, 풍과 아의 차이 등 여러 측면에서 의견을 개진하고 있기 때문이다.

먼저 삼연은 풍을 다음과 같이 개념 정의한다.

사람이 情志를 가지고서 각각 그 불평함을 울려 自哀自樂하고 自怒自怨하되 그 읊는 사이로 나타남을 느끼지 못한다. 이것이 이른바 風이다. 어찌 오로지 美刺로써 덮어씌워 모두가 國史의 붓에서 나왔다고 말하면 되겠는가? 국풍의 일어남은 街童巷女의 입에서 많이 나와 본디 미자할 겨를이 없었다. 비록 大小 雅에서 예컨대 〈鹿鳴〉·〈行葦〉篇과 같은 것도 모두 기뻐하는 흥정에서 나왔으니 어찌

---

22) 毛詩序. "是以 一國之事 繫一人之本 謂之風 言天下之事 形四方之風 爲之雅 雅者 正也 言王政之所由廢興也 政有小大 故有小雅焉 有大雅焉 頌者 美盛德之形容 以其成功告於神明者也 是謂四始 詩之至也."

미자하기 위해 지었겠는가?[23)

삼연은 情과 知가 있는 사람이라면 그 스스로의 감정을 자연스럽게 발산할 것인데, 이것이 바로 풍이라고 하였다. 또한 자연스럽기 때문에 읊고 있는 사이에도 감정이 나타남을 알 수 없다라고 하여 그 특징까지도 아울러 언급하였다. 그리고 자연스러운 감정 상태에서 읊어진 풍을 어떻게 美와 刺로 판단할 수 있겠는가? 하고 의문을 보인다. 미자한다는 말은 문학을 사회적 효용과 관련짓는 것으로 미는 노래하여 송축한다는 의미이고, 자는 풍자한다는 뜻이다. 이 미자설은 중국 한나라 때 시를 논하는 보편적인 방식으로 자리를 잡았는데, 봉건 전제주의 사회의 전형적인 모습을 반영했다고 하겠다. 즉 '위에서는 풍으로써 아랫사람을 교화하고 아래에서는 풍으로써 윗사람을 풍자하여 문자를 위주로 하면서 은근히 간하여 이것을 말한 자는 죄를 받지 않고 이것을 듣는 자는 충분히 경계로 삼을 수 있다.'[24)라고 한 언급이 시를 미자로 판단한 대표적인 경우라고 할 수 있다. 그런데 삼연은 시를 미자의 잣대로 판단하는 것을 비판하였다. 이런 입장은 시의 자율성을 인정하는 태도로 사회적 효용 가치로 보는 것과 서로 대립된다고 하겠다.

국풍이 街童巷女에게서 나왔다는 삼연의 견해는 마치 주자가 말한 '風이란 것은 里巷 가요의 작품에서 나온 것이 많으니 이른바 남녀가 서로 읊고 노래하여 각기 그 정을 말했다는 것이다.'[25)와 사뭇 비슷하다. 그러나 주자는 국풍 語頭에서 풍이라고 부

---

23) 『三淵集』 33, 日錄己亥. "人有情志 各鳴其不平 自哀自樂 自怒自怨 不覺其形諸吟哦 是所謂風也 豈可專以美刺蔽之謂盡出於國史筆乎 國風之興 多出街童巷女之口 固不暇於美刺 雖大小雅如鹿鳴行葦之類 皆出於懽忻興情 豈以美刺而爲之哉."

24) 毛詩序. "上以風化下 下以風刺上 主文而譎諫 言之者無罪 聞之者足以戒."

르는 이유를 '윗사람의 교화를 입어서 말이 있고, 그 말이 또 족히 사람을 감동시키니, 마치 물건이 바람의 動함으로 인하여 소리가 있고, 그 소리가 또 족히 물건을 움직이는 것과 같기 때문이다.'[26]라고 하여 「시서」보다는 약하지만, 시의 교화론적 입장을 완전히 배제하지는 않는다. 이렇다면 삼연의 풍에 대한 견해는 주자를 따른 부분이 있기도 하지만, 특히 창작과정 부분에 치중했음을 읽어낼 수 있다.

결국 위 삼연의 견해는 다른 詩體보다도 풍이 우월하다는 입장으로 귀결된다.

> 程朱의 설은 모두 "그 말이 정당하기 때문에 雅는 風보다 낫다"고 했다. 그러나 (풍은) '天眞'이 드러나서 안배를 용납하지 않았으니, 街童이나 巷女의 口氣에서 나온 것이 많다고 생각한다. 저 노성한 사대부들의 붓에 먹물을 적시고 기초할 때 어떤 경우에는 여러 차례 字句를 고쳐 쓰게 된다. 그러면 비록 말은 정당하게 되나 조금 '天機'와 간격이 있게 될 것이다. 이렇기 때문에 동요는 터무니없는 것이기는 하나 대개 영험함이 많으니 귀신처럼 와서(영감이 내려) 안배를 하지 않았기 때문이다.[27]

풍에 대한 개념 정의를 다시 하였지만, 앞부분 '국풍은 가동항녀의 입에서 많이 나왔다'는 언급과 별반 차이가 없다. 즉, 국풍은 기교와 안배와는 거리가 멀며, 오히려 자연스러운 정이 표출되어 창작되었음을 재확인한 부분이기도 하다. 또한 국풍은 字句

---

25) 『詩集傳』序. "凡詩之所謂風者 多出於里巷歌謠之作 所謂男女相與詠歌 各言其情者也."
26) 『詩集傳』國風. "謂之風者 以其被上之化以有言 而其言 又足以感人 如 物因風之動以有聲 而其聲 又足以動物也."
27) 『三淵集』35, 日錄庚子. "程朱之說 皆云雅勝乎風 以其語皆正當 而竊謂 天眞呈露 不容安排 多在於街童巷女之口氣 若老成士大夫濡毫起草 容或 有累次點竄 則命辭雖當 而稍與天機有間矣 以是之故 童謠沒巴鼻者 槪 多靈驗 以其神來而不安排也."

를 꾸미고 고쳐 시를 완성하는 사대부들의 것과 서로 대비되는 것으로 天機라는 말과 연결시키기도 하였다. 그 동안 이루어진 천기론에 대한 연구는 적지 않은 것으로 알고 있는데, 그 의미를 대개 '자연스러움과 천진스러움'으로 풀이하였다. 위 삼연이 말한 천기도 이런 뜻을 특별히 벗어나지는 않은 듯하다. 사대부들이 시를 창작할 때 典故나 格韻 등을 중시한다면, '자연스러움'이라는 표현과는 거리가 멀어질 수밖에 없기 때문이다.

가동항녀와 사대부를 대비시켜 민간가요의 우월성을 드러내고자 한 삼연의 언급은 西浦 金萬重이 여항 중 樵童汲婦의 노래가 우수하다고 본 것28)과 연결선상에 놓여 있으며, 湛軒 洪大容이 말한 樵歌農謳29)와도 거의 동일하다. 결국 김만중 → 삼연 → 홍대용으로 이어지는 비슷한 생각은 전시대와 다른 조선후기 시론의 한 특색을 이루었다는 데에 의미를 부여할 수 있을 것이다. 또한 이러한 언급들은 조선후기 중인계층의 문단 활동에 정당성을 부여한 결정적 계기가 되기도 하였다.

그리고 위 문장에 이어서 풍과 아의 차이를 다음과 같이 정리한다.

> 풍과 아 사이에 虛實詳略으로 중간쯤 되는 것이 '小雅'이다. 그 절주가 점점 변한 것이 묘하고도 묘하니, 예컨대 "꾀꼬리가 날아서 관목에 모여드네 그 울음 꾀꼴 꾀꼴"하고 말하고 그칠 뿐, 다시 말을 덧붙이지 않았기 때문에 '풍'이 되는 것이요, "울음소리가 화기로운지라 그 벗을 구하는 소리로다"하고 또 "하물며 이 사람에 있어서랴. 벗을 구하지 않으리요"하고 거듭 말하면, 바로 말이 너무 상세해져서 '아'가 되지 않을 수 없다.30)

---

28) 『西浦集』西浦漫筆. "閭巷間 樵童汲婦 咿呀而相和者 雖曰鄙俚 若論眞贗 固不可與學士大夫所謂詩賦者 同日而論."

29) 「大東風謠序」, "惟其信口成腔 而言出衷曲 不容按排 而天眞呈露 則樵歌農謳 亦出於自然者 反復勝於士大夫之點竄敲推 言則古昔 而適足以斲喪其天機也."

30) 『三淵集』35, 日錄庚子. "風與大雅之間 虛實詳略之居中者爲小雅 其爲

인용한 시는 국풍 두 번째 작품인 〈葛覃〉이다. 주자는 이 시를 풀이하기를 '后妃가 이미 絺綌을 이루고 그 일을 읊어 初夏의 때에 칡잎이 막 성하였는데 황조가 그 위에서 울었음을 직서한 것이다.'[31]라고 하였다. 삼연은 〈갈담〉시를 인용하여 풍과 아를 구분하였는데, 창작 방법상의 차이가 그 기준이다. 즉, 풍과 아는 여운의 유무에 의해 구별된다는 입장으로 풍을 운문으로, 그리고 아는 산문으로 인식한 듯한 인상을 준다. 이렇게 풍과 아를 구분한 삼연의 견해는 『모시』 대서의 것과 다름을 알 수 있다. 『모시』 대서는 풍과 아에 대해 말하기를 '일국의 일로서 한 사람의 근본에 관계됨을 풍이라 하고, 천하의 일을 말하여 사방의 풍을 나타냄을 아라 한다.'고 하여 목적론적 입장을 드러내고 있다. 따라서 삼연과는 완전히 다른 견해임을 알게 한다.

또한 풍·아·송체의 독립성을 각각 인정하여 王風은 '아가 변해서 풍이 되었다'고 하는 견해를 부정한다.

> 왕풍을 논하는 자들은 '아가 변하여 풍이 되었다'고 하는데, 아마도 그렇지 않은 것 같다. 풍은 풍의 체가 있고, 아는 아의 체가 있다. 列國에만 풍이 있는 것이 아니라 天子의 기내에도 또한 스스로 풍이 있어 대·소아와 더불어 행해진다. 그러나 그 정교와 호령이 천하에 행해지지 못하고 조정의 위에서도 또한 받아 다스리어 陳戒하는 것이 없게 되니 대소아가 없어지고 남아있는 것은 풍이었다. 예컨대 〈黍離〉편 같은 것이 이러하다. 풍은 스스로 체가 있으니 어찌 음조를 변화시켜 아를 만들 수 있겠는가?[32]

節拍之漸變也妙妙 如黃鳥于飛 集于灌木 其鳴喈喈 只以是了之 更不道破 故爲風 嚶其鳴矣 求其友聲 又申說矧伊人矣 不求友生 則言之太詳 不得不爲雅."

31) 『詩集傳』「周南」〈葛覃〉, "蓋后妃旣成絺綌 而賦其事 追敍初夏之詩 葛葉方盛而有黃鳥鳴於其上也."

32) 『三淵集』33, 日錄己亥. "論王風者 以爲雅變而爲風者恐未然 風有風體 雅有雅體 非但列國有風 天子畿內 亦自有風與大小雅竝行而及其政教號令 不行於天下 朝廷之上 亦無所受釐陳戒 則大小雅亡 而所餘者風 如黍

왕풍에서 주자는 '平王이 東都의 王城으로 옮겨 거하니 이에 왕실이 마침내 낮아져 제후와 다름이 없게 되었다. 그러므로 그 시를 아라 하지 않고 풍이라 한 것이다. 그러나 왕의 칭호가 변하지 않았기 때문에 周라 말하지 않고 왕이라고 말한 것이다.'[33] 라고 하였다. 주나라는 西都 시절 幽王을 마지막으로 수도를 동도로 옮겼다. 따라서 왕풍은 결국 주나라가 동도로 수도를 옮긴 이후에 만들어진 시를 지칭한다고 하겠다. 주자는 왕풍이 아가 되지 못하고 풍이 된 이유로 周室이 쇠약해졌기 때문이라고 보았는데, 삼연은 이런 입장에 대해 부정적 견해를 제시하고 있다. 즉, 列國에만 풍이 있는 것이 아니라 천자국에도 이미 풍은 있었다고 한다. 星湖 李瀷도 '풍과 아는 서로 다른 것으로서 정치적 홍망·성쇠와는 관계가 없다.'[34]고 하여 삼연과 비슷한 의견을 제시한다. 삼연과 같은 주자를 추종하는 세력도 의문을 가진 문제를 반주자주의에 경도된 학자가 논의 대상으로 삼아 비판한 것은 어쩌면 당연하다고 하겠다.

다음과 같은 주장도 이와 같은 맥락에서 나온 것이라고 생각한다.

> 여항을 '風'이라 하고, 조정을 '雅'라 하고, 종묘를 '頌'이라 한다. 왕이 성했을 때는 세 가지를 모두 겸했는데, 그 東遷에 이르름에 '아'와 '송'은 모두 폐하여 왕도에는 풍요만 존재하게 되었다. 설명하는 사람은 그 뜻을 근원치 아니하고 곧 '아'가 변해서 '풍'이 되었다고 하고, 주자의 왕풍 풀이에서도 또한 이를 면치는 못하였다. '아'에는 아의 체가 있고, '풍'에는 풍의 체가 있다. 왕풍이 비록 쓸쓸하고 기가 짧다고 말하였으나 格으로 말하면 어찌 二南과 다르겠는가? 성쇠는 논할 것도 없이 왕도에는 스스로 풍요가 있었으니 천자는 出

離是已 風自有體 豈變調而爲雅乎."
33) 『詩集傳』「王風」, "徙居東都王城 於是 王室逐卑 與諸侯無異 故其詩不 爲雅而爲風 然其王號未替也 故不曰周而曰王."
34) 『星湖先生文集』下, 國風總說. "愚謂風與雅體裁自別 不繫於興衰 周業 方隆 亦有風 二南是也 諸侯之微 而亦有雅 抑詩是也."

納으로 채시하여 스스로 반성할 수 있도록 도모한 것이다. 黜陟은
제후에게 행하였고, 징계함은 천자로부터 사대부와 서인에 이르기까
지 가히 통하여 행하였다.[35]

앞에서 보았던 내용을 더 확대하여 부연해놓은 듯한 인상을
주는 문장이다. 아무리 주자의 견해일지라도 자신의 입장이 확실
하다고 믿었기에 설명을 자세히 하고 있다. 또한 왕풍도 二南의
시와 격을 비교해보면 결코 뒤떨어지지 않는다고 한다. 이는 국
풍 시의 가장 이상적 경지를 자연스러운 감정의 유로로 본 삼연
의 입장에서는 당연하다고 하겠다. 마지막 부분에서는 채시한 시
를 어떤 용도로 사용하는지를 말하고 있다. 黜陟은 인재 등용과
관련된 것으로 열국의 시를 보고 훌륭한 제후와 그렇지 않은 제
후를 분별한다는 의미도 포함되어 있다.

그런데 주자는『朱子語類』에서『시집전』의 견해와는 다른 입
장을 보인다. 이는 주자도 풍·아·송의 체에 관한 한 확신이 서
지 않았을지도 모른다는 상상을 하게 만드는 부분이다. 이를 삼
연은 다음과 같이 적고 있다.

> 『주자어류』의 한 곳에서는 '雅는 스스로 雅의 體가 있고, 風은 스
> 스로 風의 體가 있다. 스스로 체재가 있기에 어지럽힐 수 없으니 꼭
> 雅가 내려가서 風이 되었다고 말할 것은 아니다.'고 했는데, 이는 王
> 風 序와는 차이가 있다. 그러나 아마도 이것이(『주자어류』) 그 요령
> 을 얻었다고 여겨진다.[36]

---

35)『三淵集』35, 日錄庚子. "閭巷曰風 朝廷曰雅 宗廟曰頌 王者盛際 兼有三
   者 而及其東遷 則雅頌俱廢 而所存畿內風謠耳 說者 不原其意 而乃謂雅
   變爲風 朱子王風解 亦未免此 雅有雅體 風有風體 王風雖曰 蕭索氣短
   格則何異於二南乎 毋論衰盛 王都自有風謠 天子採以出納 圖所以自反之
   也 黜陟則行於諸侯 懲創則自天子以至士庶人 可通行也."
36)『三淵集』35, 日錄庚子. "語類一處言雅自是雅之體 風自是風之體 自有
   體裁 不可亂 不必說雅之降爲風 與王風序差異 恐此得其要領也."

결국 삼연도 주자를 추종하는 무리인 것은 분명하나 무조건적이 수긍보다는 자신의 생각과 다른 부분이 있으면 떳떳하게 내세울 줄도 알았다. 이는 그만큼 自得의 경지에서『시경』을 이해했음을 보여주는 대목이기도 하다.

이상은 풍·아·송에 대한 삼연의 견해를 정리하였다. 이에 반해 부·비·흥을 논한 부분은 상대적으로 적다.

먼저 삼연은 흥의 체에는 두 가지가 있다고 한다.

> 興體에는 두 가지가 있다. 예컨대 雎鳩로써 숙녀를 흥하고 기린으로써 公子를 흥하는 것인 즉, 뜻이 '비'에 가깝다. 예컨대 '隰苓'과 '山榛'과 같은 것은 무단히 흥에 촉발되어 일어나는 것이니 친절하다고 말할 수 없다. (그러나) 주자는 흥이 친절하지 못한 것이 의미가 더욱 심장하다고 말했으니 진실로 이와 같다. 예컨대 "원수 가운데 무성한 어수리가 있고 풍수밖엔 향기로운 난초가 있도다. 공자를 생각함이여, 감히 말할 수 없도다."와 같은 것은 읽음에 요량한 음조가 있으니, 시를 가히 알만하다고 하겠다.[37]

삼연은 위 문장에서 흥의 체에는 두 가지가 있다고 보고, 먼저 주남의 〈關雎〉와 〈麟之趾〉 두 작품을 예로 든다. 마찬가지로 주자도 이들 시를 모두 흥으로 보았다. 그런데 삼연은 흥이기는 하지만, 비에 가까운 흥으로 간주한다. 바로 襯切하기 때문이다. 이 친절은 '속뜻이 들여다보일 정도의 은폐상태'를 뜻한다[38]고 하겠다. 즉, 〈관저〉시의 雎鳩새는 그 특성상 숙녀와 연결지어도 별무리가 없을 것이고, 〈인지지〉의 기린도 그 성격을 생각해보면 마찬가지로 공자를 자연스럽게 연상하게 만들기 때문에 사물과 시

---

37)『三淵集』33, 日錄己亥. "興體有兩般 如以雎鳩興淑女 以麟興公子 則意近於比 如隰苓山榛之類 乃無端觸興而起 非謂其襯切也 朱子謂興之不襯者 意味尤深長 眞箇如此 如沅有芷兮澧有蘭 思公子兮未敢言 讀之有繞梁之音 詩其可知已."

38) 이종호, 전게 논문, p.77.

에 나오는 인물은 전혀 무관한 것이 아니라는 뜻이다.39)

또한 삼연은 친절하지 않은 흥의 체가 오히려 더 의미 심장하다는 주자의 주장에 동의한다. '隰苓'과 '山榛'은 邶風〈簡兮〉마지막 장에 나오는 말들이다.〈간혜〉시 마지막 장을 보면, '산에는 개암나무가 있으며 / 습지에는 감초가 있도다 / 누구를 그리워하는고 / 서방의 미인이로다 / 저 미인이여 / 서방의 사람이로다'40)라고 하였다. 이 시에 대해 주자는 '賢者가 쇠한 세상의 下國에서 뜻을 얻지 못하여 다만 성했을 때의 훌륭한 왕을 생각하였다. 그러므로 그 말이 이와 같으니 뜻이 원대하다'41)고 풀이하였다. 주자는 본문에 나온 서방의 미인을 현자로 보았고, 그 현자가 현재 쇠한 세상을 당하여 옛날 훌륭했던 시절을 그리워하고 있다고 해석한 것이다. 여기서의 문제는 시의 서두에 나온 '산진'과 '습령'이다. 의도적으로 관련을 짓지 않은 이상 도무지 뒤 부분과 서로 연관지어 생각하기 어렵기 때문이다. 그럼에도 불구하고 주자는 이런 류의 시가 친절하지 못하니 더욱더 의미가 심장하다고 보았다. 또한 이런 주자의 의견을 삼연도 적극 찬성할 뿐 아니라 비슷한 시를 예로 들어 보인다. 곧 삼연은 흥을 비에 가까운 흥과 진정한 흥 두 가지로 양분하여 후자의 경우가 시를 창작하는 데 있어 가장 이상인 서술방법임을 주장하였다.

---

39) 「주남」〈관저〉 시에 나온 '저구'에 대해 주자는 '태어나면서 정해진 짝이 있어서 서로 난잡하게 하지 않고, 짝이 항상 놀되 서로 친압하지 않는다.' [生有定偶而不相亂 偶常並遊而不相狎]고 하였다. 또한〈인지지〉시에서 '기린의 발은 살아있는 풀을 밟지 않고, 살아있는 벌레를 밟지 않는다.' [麟之足 不踐生草 不覆生蟲]고 하였다. 이런 풀이는 '저구'를 숙녀에, '기린'을 공자에 비유했다고 하는 삼연의 논리를 이해하는 데 도움을 준다.

40) 『詩集傳』「邶風」〈簡兮〉, "山有榛 隰有苓 云誰之思 西方美人 彼美人兮 西方之人兮."

41) 『詩集傳』「邶風」〈簡兮〉 小序. "賢者不得志於衰世之下國 而思盛際之顯王 故其言如此 而意遠矣."

이렇게 주자의 의견에 적극 찬성하는 듯하지만, 한편으론 그렇지 않은 태도를 보이기도 한다. 다음은 주자가 각 작품에 매긴 부·비·흥에 대해 의문을 제시한 글이다.

① 魏風의 〈河廣〉시는 위나라가 남쪽으로 건너간 뒤에 지어진 듯하다. 註에 이르기를 송나라는 河南에 있고 위나라는 河北에 있다고 했으니 가히 의심스럽다. 과연 남쪽으로 건너간 뒤에 지은 것이라면 이시는 마땅히 흥체가 되어야 할 것이다.

② 魏風의 〈園有桃〉는 일종의 憂時悶世하는 사람이 실의에 빠져 울적한 마음에서 미친듯이 읊은 것이니 대개 굴원이나 가의의 무리와 같은 사람이라고 생각된다. 흥의 체가 격에 맞지 않으니, 아마도 비일 것 같으나 뜻을 쓴 것 또한 찾기 어렵다.

③ 陳風의 〈防有鵲巢〉에서 흥을 취한 것은 별로 의미가 없는 것 같다. 이 장 뿐만이 아니라 〈丘中有麻〉·〈采葛〉과 같이 매우 긴요하다고 할 만한 것이 없는 경우가 열에 두셋은 된다.42)

위풍 〈河廣〉시를 주자는 賦로 보았다. 그런데 삼연은 흥이 되어야 마땅할 것이라고 주장하였다. 또한 위풍 〈園有桃〉시에서도 주자는 흥으로 보았는데, 삼연은 비로 보아 서로 다른 의견을 가졌음을 알 수 있다. 이에 덧붙여 진풍 〈防有鵲巢〉에 대해 주자가 흥을 취한 것에도 의문을 제기하고 있다. 그러나 삼연은 직접적 표현은 삼간 체 '아마도' '~인 것 같다'라는 말을 사용해 곡진하게 자신의 의견을 제시한다. 이는 삼연의 자득적인 면을 볼 수 있는 또 다른 부분이기도 하다. 즉, 삼연은 주자주의에 빠져 주자를 찬양하고 있기는 하지만, 나름의 『시경』관을 세워 시를 바라

---

42) ① 『三淵集』 35, 日錄庚子. "河廣詩似在衛南渡之後 註云宋南衛北可疑 果在南渡後則此詩當爲興體矣." ② 『三淵集』 35, 日錄庚子. "園有桃 想見其一箇憂時悶世底人 鬱悒侘傺而狂顧行吟 蓋屈賈之流也 興體不入格 似是比也 而用意亦難尋." ③ 『三淵集』 35, 日錄庚子. "防有鵲巢之取興似無意味 不惟此章 如丘中有麻采葛之類 無甚關緊者 十居二三."

보고 있다고 할 수 있다. 이런 태도는 시의 진정한 가치는 무엇이며, 어떻게 창작해야 하는가? 하는 오랜 고민에서 나온 결과라고 해야할 것이다.

4. 作品解釋의 특징과 의미

음시설과 육의에 대한 진지한 의견을 개진한 삼연은 『시경』작품의 실질적 해석을 기하고자 한다. 이의 특징은 견강부회식 해석에 대해 비판을 하는가 하면, 오류를 지적하여 자기 나름의 자구 해석을 했다는 점이다. 오류도 상황 논리에 맞지 않을 경우와 자구 해석이 틀렸다고 생각되면 지적하여 작품의 명확성을 지향하였다.

첫째, 견강부회식 해석에 대한 비판은 여러 측면에서 하였다. 먼저 程子의 시 해석에 대해 '풍아를 풀이함에 거의 많이 견강부회하고 날조하여 능히 주자가 세속을 벗어난 듯 깨끗함을 보여주는 것만은 못하다.'[43]라고 한다. 때문에 마치 주자의 시 해석이 모두 완전하다는 논리로 전개한 것처럼 느껴지는데, 사실은 『시집전』 小註도 견강부회함을 완전히 씻지 못했음을 다음 글에서 적고 있다.

> 小註에서 운운한 것은 스스로 未定之說이라 했으니 잘라 버리는 것이 시원하다. 전후로 읽는 자들이 대체로 이 주에 거듭 정신이 팔려 속임을 당했고, 또한 속견으로 인해서 琴瑟友之로 부부의 일이라 생각하여 牽强附會를 면하지 못하여 잘못된 해석에 빠져버린다. 진실로 조금 문리에 통한 자로 하여금 삼가 章句에 의거해서 융회하도

---

43) 『三淵集』 33, 日錄己亥. "詩則一也 刪前刪後 雖言志葩藻之有別 而以溫柔敦厚爲旨 以玲瓏掩映爲格 則古今同 然程子不解今詩 故所釋風雅 率多牽强扭捏 不能如朱子之脫洒."

록 한다면, 어찌 다시 異說이 이리저리 나오겠는가?44)

주자의 소주도 결국 정해진 설이 아닌데, 그것에 너무 함몰되어 헤어나오지 못하고 결국 견강부회하는 태도를 비판한 것이다. 이뿐 아니라 작품의 자구를 견강부회한 것에 대해서도 마찬가지 비판의 자세를 늦추지 않는다.

> 정풍의 〈風雨〉에서 〈揚之水〉까지를 모두 음분시로 단정해서는 안된다. 〈양지수〉의 '終鮮兄弟'는 兄弟를 夫妻로 삼아 견강부회한 듯하다. 시서가 忽(鄭의 公子)을 풍자했다고 한 것은 이미 아무러한 情理가 없다. 이를 바로 잡고자 한 일이 지나쳐서 다른 시까지도 음분으로 본 것은 아마도 그 공평함을 또한 잃은 것이다.45)

정풍 〈양지수〉에 나오는 '終鮮兄弟'라는 자구에서 주자는 '兄弟'를 '夫妻'로 해석하여 견강부회했다고 한다. 『시집전』 소주를 보면, '형제는 혼인한 사람의 칭호이다. 『禮記』에 이른바 계속하여 형제 [혼인관계]가 될 수 없다는 것이 이것이다.'46)라고 되어 있다. 주자는 '형제'가 '부처'라는 뜻이 되는 결정적 근거로 『예기』까지 인용해 가며 설명하였지만, 삼연은 견강부회한 것으로 판단하였다. 또한 〈양지수〉를 '정나라 공자인 忽를 풍자했다'라고 하는 모시서의 풀이도 아무런 근거가 없다고 하여 마찬가지로 지적하였다.

둘째, 삼연은 『시경』 작품 자체에 대한 오류를 지적하기도 하였다. 먼저 상황 논리가 맞지 않은 경우에 오류로 간주하였는데,

---

44)『三淵集』20, 答兪肅基問目. "小註云云 自是未定之說 割捨爲快 前後讀者 大抵爲此註所賺 亦因俗見 以琴瑟友爲夫婦事 未免牽掣 而歸乎錯解也 誠使粗通文理者 謹依章句而融會之 豈復二三其說乎."

45)『三淵集』35, 日錄庚子. "鄭風自風雨至揚之水 未可斷爲淫奔 揚之水終鮮兄弟 以兄弟爲夫妻 似涉牽强 詩序之刺忽 旣無情理 矯之之過 以他題爲淫奔 恐亦失其平矣."

46)「鄭風」〈揚之水〉小註. "兄弟 婚姻之稱 禮所謂不得嗣爲兄弟是也."

주남 〈권이〉시의 '陟彼'라고 하는 표현은 작품 내용상 논리에 맞지 않았다고 보았다.

> 周南 〈卷耳〉시에서 '陟彼'라고 이른 것은 아마도 후비가 문왕이 말을 타고 험한 곳을 지나는 것을 걱정하여 말한 듯하다. (또한) '내 말이 피곤하고 노둔하다'라고 말하였으니, 만일 높은 곳에 올라 멀리 바라보고자 했다면 어세가 마땅치 않다. 이와 같이 길게 늘어져 나의 고통에까지 이르렀다고 운운하였으니 더욱 가히 그 멀리 바라본 자가 아니라고 판단해야 한다.[47]

주남 〈권이〉시에 대해 주자는 '후비가 스스로 지은 것이다. …… 아마도 문왕이 조회가고 정벌을 나갔을 때이거나 羑里의 감옥에 拘幽되어 있던 때를 당하여 지은 듯하나 상고할 수는 없다.'[48]라고 하였다. 삼연은 〈권이〉시를 일단 후비가 스스로 지은 것으로 보았다. 하지만, 주자도 지나쳤던 부분까지 지적하여 상황 논리에 맞지 않는다고 하였다. 즉 '어디 어디에 오르다'라는 의미를 가진 '陟彼'는 2장에서 4장까지 반복하여 계속 나오고 있기는 하지만, 전개되는 분위기를 보아서는 다소 사용하기 어려운 자구로 보았기 때문이다. 2장에서 4장까지 나오는 말의 상태를 '비루 먹었으니(2장) / 누렇게 되었으니(3장) / 병들었으니(4장)' 등으로 표현한 것을 보면, 이미 처음부터 높은 곳에 오를 수 없는 지경까지 이르러 상황 논리에 어긋난다고 보았다.

다음은 일상적 상황 논리와 견줄 때 자구 사용이 잘못되었음을 꼬집은 내용을 담고 있다.

---

47) 『三淵集』 35, 日錄庚子. "耳陟彼云者 恐是后妃念文王載驅歷險 僕馬疲頓而爲言 如欲登高望遠 則語勢不宜 若是拖長 而至於僕痛云云 尤可判其非遠望者矣."

48) 「周南」〈卷耳〉, "豈當文王朝會征伐之時 羑里拘幽之日而作歟 然不可考矣."

패풍의 〈匏有苦葉〉에서 '雉鳴求其牡(꿩이 울면서 숫짐승을 찾도
다)'의 가령 註說을 따른다면, 곧 자웅이 수사슴을 구하는 것을 이른
다고 했으니 아마도 그렇지 않은 듯하다. 달리는 것을 '牝牡'라 하고,
나는 것을 '雌雄'이라고 한다. 대강 이와 같거늘 서로 바꾸어 말하는
자는 가히 다 셀 수 없다. 『서경』「牧誓」에는 '牝雞'라 했고, 제풍에
서는 '雄狐'라 하여 모두 그 호칭이 잘못 뒤바뀌었으니 하필 이 장에
서만 이 같이 풀이했을까? 짐승은 모두 수컷이 울면 암컷이 따라서
함이 순서가 된다. 그러나 꿩으로 숫컷된 것은 더욱 암놈 무리를 부
를 때에 그 소리가 씩씩하다. 지금 牝으로써 牡를 구했으니 淫女에
비유할 수 있을 것이다.49)

삼연이 『시경』을 해석함에 고증적 태도를 견지했음을 알 수
있는 내용이다. 보통 암수를 표현할 때 날짐승을 '雌雄'이라 하고,
길짐승을 '牝牡'라고 한다. 그런데 패풍 〈과유고엽〉의 경우 날짐
승을 표현함에도 '牡'자를 썼으므로 자구를 잘못 사용하였다고
보았다. 하지만, 예외가 있음도 인정하는 태도를 보이는데 '牝鷄'
와 '雄狐'를 통해서이다. '빈계'는 암탉을 이르는 말로 '암탉이 집
안에서 우는 것'을 통상 '牝鷄之晨'이라고 한다. 닭의 성질상 원
래 '빈'자 대신 '자'를 써야함이 마땅하나 또한 그렇게 쓰지는 않
는다. 그리고 '웅호'도 마찬가지이다. 제풍 〈南山〉시를 보면 '南山
崔崔 雄狐綏綏 [남산은 높다란데 숫여우가 어슬렁거리고 있네] '
라는 구절이 있는데, 바로 삼연이 예거한 '웅호'의 출전이다.
다음도 상황 논리로 볼 때 주해의 풀이가 마땅치 않음을 지적
한 내용이다.

小雅 〈正月〉시의 '好言自口(좋은 말도 입으로만 하다)'의 주해가
적당치 않은 듯하다. 아마도 이 말은 자기의 중요한 부분을 삼가하기

---

49) 『三淵集』 35, 日錄庚子. "雉鳴求其牡 如從註說 則乃雌雄求牡鹿之謂也
恐未然 走曰牝牡 飛曰雌雄 大綱如此互換說者 不可勝數 牧誓牝雞 齊風
雄狐 皆互錯其稱也 何必於此章 解得如是乎 禽獸皆雄唱雌從爲順 而雉
之爲雄 尤健於唱率群牝 今以牝求牡 則可比淫女矣."

어려움을 말한 듯하다. 한번 선택을 잘못하면 화가 점점 뒤따르게 되니 근심하고 겁내는 뜻이 되는데도 도리어 저 업신여김이 된다라고 이르렀으니 만약 다른 사람이 지은 말이라고 풀이한다면, 위 구 부모를 불러 신세를 한탄한 것과 더불어 거의 맞지 아니하다.[50]

소아 〈정월〉시에 나오는 '정월'에 대해 주자는 '夏나라의 四月이니 이를 정월이라 이른 것은 純陽이 用事하고 正陽의 달이 되기 때문이다.'[51]라고 하였다. 전체 내용은 나라가 위태로운 상황에 처했는데도 간신의 무리들이 득세함을 슬퍼한 것으로 되어 있다. '好言自口'는 제2장 '부모가 나를 낳으심이여 / 어찌하여 나를 병들게 하였는고 / 너보다 먼저도 아니며 / 나보다 뒤도 아니로다 / 좋은 말도 입으로만 하며 / 나쁜 말도 입으로만 하는지라 / 마음에 근심하기를 더더욱하여 / 이 때문에 업신여김을 받노라'[52]에 나오는 구절이다. 주자는 이 장을 풀이하기를 '疾痛이 있기 때문에 부모를 부르고 자기가 마침 이러한 때를 만남을 서글퍼한 것이다. 유언비어를 하는 사람이 허위하고 반복하여 좋고 나쁜 말이 모두 마음속에서 나오지 않고, 다만 입에서만 나올 뿐이다. 이 때문에 나의 근심하는 마음이 더욱 심해서 도리어 침해와 업신여김을 받은 것이다.'[53]라고 하여 '호언유구'를 한 주체가 유언비어를 일삼는 이로 보았다. 하지만, 삼연은 그 주체를 유언비어를 당하는 이로 보아 서로 상충된 모습을 보인다. 삼연은 먼

---

50) 『三淵集』 35, 日錄庚子. "正月詩好言自口 註解似未的當 恐是言自家樞機之難愼 一不擇發 禍輒隨之 所以有憂怯之意 反爲彼所侮云爾 若解作他人之言 則與上句呼父母而歎身世 似不胳協矣."

51) 『詩集傳』 小雅 〈正月〉 小註. "正月 夏之四月 謂之正月者 以純陽用事 爲正陽之月也."

52) 「小雅」 〈正月〉, "父母生我 胡俾我瘉 不自我先 不自我後 好言自口 莠言自口 憂心愈愈 是以有侮."

53) 「小雅」 〈正月〉 小註. "疾痛 故呼父母而傷己適丁是時也 訛言之人 虛僞反覆 言之好醜皆不出於心 以但出於口 是以我之憂心益甚 而反見侵侮也."

저 '호언자구'의 의미를 '自家樞機之難愼 [자기의 중요한 부분은 삼가기가 어렵다]'로 하여 주자와 다르게 새긴다. 즉, 자기의 가장 중요한 부분을 입으로 보아 삼가기가 어렵고, 또한 한번 말을 잘못 선택하면 결국 화가 미쳐 근심하게 되는 지경까지 이른다고 하였다. 그리고 만약 '호언유구'의 주체를 다른 사람으로 본다면 맨 처음 부모를 불러 한탄하는 것과 서로 어긋난다고 보았다.

이 밖에 상황 논리에 어긋나게 해석한 것을 지적한 경우가 몇 있기는 하지만, 그만 여기서 접기로 한다. 다음은 『시경』 작품 자구 풀이의 오류를 지적한 글들이다.

① 패풍의 〈終風〉시 '不日有曀' 구절은 '有'로써 '又'를 지었다고 하나 반드시 그런 것은 아니다. 과연 이 '又曀'이라면 처음에 일찍이 맑게 갠 것이 아닐 것이니 단지 이는 하루만 말한 것이 아니다. 마치 '不日不月'이라고 함이 또한 그 오램을 말한 것과 같다.

② 패풍 〈凱風〉의 '睍睆'은 偏傍 종목의 뜻으로 헤아려 보면 분명히 형색이 선명히 빛남을 말한 것이다. 또 이미 그 음이 淸和하고 圓轉하다라고 말하였고, 또 '載好其音(그 소리를 아름답게 하도다)'이라고 하였으니 아마도 文義가 어긋난 듯하다. 예컨대 "관관하는 저구새로다. 그 소리가 듣기 좋구나"라고 한다면 어찌 발음이 생생하지 않겠는가? 색은 煥姸하고 성은 淸和하니 그것으로써 효자의 기쁜 기색과 부드러운 목소리를 비유했다고 하면 더욱 알맞음이 될 것이다. 생각컨대, 소아 〈大東〉 6장의 '睆彼牽牛'를 '明'자로써 해석한다면 '睆'이 색을 나타냄이 분명하다 할 것이다.

③ 秦風 〈權輿〉의 '夏屋'이 큰 도마가 됨은 분명하다. 魯頌 〈閟宮〉의 '大房'도 글자 겉면으로만 본다면, 누가 그것이 고기도마임을 알겠는가? 하옥을 궁실로 보면 그 옆구의 四簋와 어울리지 않는다. 그리고 '食無餘'와도 서로 연결되지 않는다. 시의 대구에는 본래 들쑥날쑥하는 활동이 많지만, 이와 같이 어긋나게 말하는 경우는 일찍이 없었다.54)

---

54) ①『三淵集』35, 日錄庚子. "終風章不日有曀 以有作又 未必然 果是又曀

①은 주자가 주해에서 '有'자를 '又'로 풀이한 것에 회의를 가진 내용이고, ②와 ③도 마찬가지로 주자의 자구 풀이가 앞뒤의 의미와 서로 맞추어 볼 때 서로 통하지 않은 부분이 있음을 지적하였다.

①의 '不日有曀'의 '유'를 주자처럼 '우'로 한다면, '하루가 못되어 또다시 음산하도다'라고 풀어야 한다. 그러나 삼연은 '불일'은 단순히 '하루가 아니다'로 풀이할 것이 아니라 '날짜를 셀 수 없을 정도로 많다'라는 의미로 풀어야 한다는 논리를 편다. 그 구체적 근거로 왕풍 〈君子于役〉 둘째 장을 든다. 둘째 장을 보면, '君子于役 / 不日不月'이라는 대목이 나오는데, 여기서의 '불일불월'은 날짜와 달수를 계산할 수 없을 정도로 시간이 많이 지났음을 뜻한다. 때문에 삼연과 같이 '불일'의 의미를 새긴다면, '불일유일'은 '날짜를 계산할 수 없을 정도로 음산함이 있다'로 풀이되어 주자의 견해와 서로 다름을 알게 한다.

②의 패풍 〈개풍〉시는 효자를 찬미한 시로 알려져 있다. 여기서 삼연이 의문을 가진 자구는 '睍睆'이다. '현환'에 대해 주자는 '淸和하고 圓轉한 뜻이다'라고 하였다. 그런데 삼연은 '현환'을 주자와 같이 소리로 생각한다면, 앞 뒤 자구들의 의미와 서로 중복되어 결국 文義가 어긋난다고 하였다. 따라서 '현환'은 '형색이 선명히 빛난다'로 풀어야 할 것으로 보았다. 그 구체적 근거로 소아 〈대동〉의 '睍彼牽牛'라는 구절을 든다. 주자는 여기서 '환'의

則初未嘗晴霽矣 只是言非一日也 如不日不月 亦言其久也." ②『三淵集』35, 日錄庚子. "睍睆以偏傍從目之意忖度 的是言形色煥鮮也 且旣言其音淸和圓轉矣 又曰載好其音 恐乖文義 如曰關關雎鳩載好其音 豈不生受乎 色則煥妍 聲則淸和 以喩孝子愉色柔聲 尤爲該協矣 按睍彼牽牛 釋以明字 則睍之爲色的矣." ③『三淵集』35, 日錄庚子. "夏屋之爲大俎無疑 魯頌大房 以字面看之 孰知其爲肉俎也 以夏屋爲宮室 則傍與四簋不倫 而與食無餘不相蒙 詩之對屬 固多參差活動 而未嘗有若是乖張者也."

의미를 밝은 별의 모양이라고 하여 소리가 아닌 색으로 풀이하였다. 그렇다면 '환피견우'는 '반짝이는 저 견우성은'으로 해석될 것이기에 삼연은 '현환'도 소리가 아닌 색으로 봄이 온당하다고 판단한 것이다.

③의 진풍 〈권여〉시에서 삼연이 의문을 가진 자구는 '夏屋'이다. 주자는 여기의 '하'를 '크다'로 보아 마치 '큰 집'의 의미로 새겼다. 그런데 삼연은 '큰 집'의 뜻이 아니고, '큰 도마'임이 분명하다고 본다. 그리고 그 구체적 근거로 魯頌 〈閟宮〉의 '大房'을 든다. '대방'도 마찬가지 글자 그대로만 본다면, '큰 방'이라는 의미로 새길 수 있다. 하지만, 주자는 '대방'을 '犧牲의 반토막을 올리는 도마이니, 발 아래에 받침이 있어 堂房과 같다'고 해석하였다. 이런 정황을 통해 볼 때 '하옥'은 '큰 도마'임이 분명하다고 삼연은 판단하였다. 만일 '하옥'을 '궁실'의 의미로 본다면, 다음에 나오는 '四簋'와 서로 어울리지 않는다고도 하였다. '사궤'는 둥근 질그릇을 뜻하는데, '하옥'을 '궁실'로 판단한다면, 의미에 있어 서로 불균형한 상태가 될 것이기 때문이다. 뿐만 아니라 같은 장의 '食無餘', 즉 '밥먹을 때마다 남음이 없다'는 것과 서로 일치한 점으로 미루어 '하옥'은 '큰 도마'를 뜻함이 분명하다고 풀이하였다.

이상 삼연이 『시경』 작품의 견강부회식 해석에 대해 비판하고 오류를 지적한 것을 살폈다. 이의 가장 큰 특색은 다분히 고증적이고, 자득적이며, 또한 反朱的 성향이 다소 묻어있다는 점이다. 그런데 이런 태도를 갖추게 된 연유는 그의 삶의 궤적을 통해 알 수 있다.

삼연은 31세를 전후로 拙修齋 趙聖期와 왕복서신을 하며, 청년 시절 자기 나름의 正體性을 찾아간다.55) 삼연과 졸수재는 비록

---

55) 이에 대한 자세한 연구는 이종호, 전게 논문, pp.17~80 참조.

문학을 보는 눈이 다르기는 하였지만, 주고받은 영향은 상당하였
다. 특히, 삼연은 졸수재를 통해 名物度數之屬에 대한 관심을 갖
게 된다. 명물도수지속은 범위를 넓혀 象數學까지 포함시키기도
하는데, 도덕성명과 같은 형이상의 관념 맞은 편에 있는 형이하
의 사실들을 가리킨다. 시공간이 멀리 떨어진 문헌을 읽을 때 부
딪치는 문제들, 즉 鳥獸草木의 이름과 실상, 山川城郭의 위치와
거리, 官制衣服의 형태와 기능 등은 모두 이에 속한다.56)
　다음은 삼연이 명물도수에 대해 언급한 대목이다. 특히, 『시
경』 해석과 관련되기에 인용한다.

　　　요사이 주소를 취하여 대략 명물도수라는 것을 구하여 보니 자잘
　　하고 보잘 것 없어 사람의 생각을 묶어놓고 자유롭게 하지를 못합니
　　다. 그런데 간혹 사물에 증험해 보면 촉발하여 기뻐할 만한 것이 있
　　으니, 참으로 빠뜨릴 수 없는 것입니다. 만약 〈관저〉장을 읽으면서
　　關關이 무슨 소리이며 州가 어디인 줄 알지 못한다면 끝내 아무 흥
　　미도 없을 것입니다. 그렇다면 호리와 천리의 나뉨이 여기에서 말미
　　암지 않는다고 할 수 없습니다.57)

　위 명물도수의 의미를 되새긴다면, 삼연이 말한 자잘하고 보잘
것 없다라고 한 이유를 알 수 있을 것이다. 그리고 국풍 시 〈관저〉
를 예로 들어 '관관'의 소리는 어떠하며, '在河之州'의 '주'가 어디
에 있는 줄을 알지 못한다면, 결국 흥미를 잃게 된다고 보았다.
독서에 있어 세세한 것에 대한 관심 표명인 것이다. 명물도수는
당연히 도덕성명과 상보·상생 관계이어야 한다. 하지만, 당시
학문 풍토는 精力有限을 이유로 두 가지를 併用 兼修하지 못했

---

56) 李勝洙, 『三淵金昌翕研究』, 安東金氏三淵公派宗中, 1998, p.77 참조.
57) 『三淵集拾遺』13, 上仲氏. "近取註疏 若求所謂名物度數者 零零瑣瑣 善
　　掛係人思慮 放下不得 間或證諸事物 有些觸發而可喜者 誠不可易關也
　　且如若讀關雎 不知關關之爲何聲 州之爲何所 則終無興味矣 然則毫釐千
　　里之分 未必不由於此也."

다. 명물도수에 대한 삼연의 관심은 그 자체로 관념과 이념 일변
도로 고착 경색되어 가던 시대의 풍조와 관련하여 역사적 의의
를 지닌다.[58] 아울러 이런 관심은 결국『시경』작품을 해석하는
데 있어 고증적인 태도로까지 확대되었다고 생각한다.

또한 삼연이『시경』작품을 해석하는 태도는 자득적임을 읽어
낼 수 있다. 자득적이라 함은 法古而創新의 정신과 일맥상통하는
것으로 옛 것을 익히되 그것에서 머무르지 않고, 나름의 특성을
드러낼 수 있어야 한다는 말이다. 이런 태도는 그의 글에서 어렵
지 않게 발견할 수 있다.

> 시를 지을 때에는 법이 없어서도 안되고 법에 구속을 받아서도 안
> 된다. 나는 일찍이 주자가 시를 논한 것을 들었다. 그가 풍아의 정변
> 을 구별함에 분명하지 않음이 없었다. 그런데 어떤 사람의 물음에 답
> 한 것인즉, '關關雎鳩가 어디에서 나왔는가?'하고 말했으니, 통쾌하도
> 다. 이 말씀이여! 천고에 고정된 견해를 깨뜨릴 수 있었으니 聲病家
> 를 살려주는 글귀가 되기에 충분하다.[59]

이는 비록 시 창작상의 문제를 논한 것이기는 하지만, 논시의
태도에도 충분히 적용이 가능하다고 본다. 삼연의 이런 자득적인
태도로 인하여 평생동안 비록 주자를 흠모하며 살았지만, 거기에
함몰되지 않고 자기만의 영역을 새롭게 개척할 수 있었다고 여
겨진다.

---

58) 이승수, 전게서, p.77 참조.
59)『三淵集』23, 何山集序. "詩之爲道不可無法 不可爲法所拘也 不佞嘗聞
　　朱子之論詩矣 其於風雅政變之別非不截然 至答或人之問 則曰關關雎鳩
　　出自何處 快哉 斯言 可以破千古膠固之見 而足爲聲病家活句矣."

5. 맺음말

본 논고는 삼연의 시경논의 범주를 淫詩說, 六義論, 작품해석 등으로 규정하고 이에 대한 구체적 사실들을 정리해보고자 하였다.

첫째, 삼연의 음시설은 독자적이라기보다는 주자의 견해를 그대로 이어받았음을 알 수 있다. 이런 사실은 '비록 淫者의 입에서 나왔다고 하지만, 시를 읽는 사람은 그 사벽하고 음란함을 미워하여 징계함을 두었다면 사무사를 하는데 해가 되진 않을 것이다. 주자가 음탕한 자가 스스로 서술했다고 판단한 것은 그 뜻이 정확하다고 하겠다'는 주장을 통해 알 수 있다. 이런 삼연의 從朱的 음시설은 조선후기 육경학 위주의 경세치용학을 했던 이들과 대조되는 것으로 앞으로 비교 연구 등의 깊이 있는 논의가 진행되어야 할 것이다.

둘째, 삼연은 주자를 추종하는 무리인 것은 분명하나 풍·아·송에 있어서 무조건적이 수긍보다는 자신의 생각과 다른 부분이 있으면 떳떳하게 내세울 줄도 알았다. 이는 그만큼 自得의 경지에서 『시경』을 이해했음을 보여주는 대목이기도 하다. 또한 흥의 체를 비에 가까운 흥과 진정한 흥으로 나누어 작품을 감상했다. 아울러 풍·아·송에서와 마찬가지로 주자가 부·비·흥을 취한 것이 의문스러우면 나름대로의 의견을 개진하였다.

셋째, 삼연이 한 작품 해석의 특징은 견강부회식 해석에 대해 비판을 하는가 하면, 오류를 지적하여 자기 나름의 자구 해석을 했다는 점이다. 오류도 상황 논리에 맞지 않을 경우와 자구 해석이 틀렸다고 생각하는 때에 지적하여 작품의 명확성을 지향하였다. 작품 해석의 특색을 검토해 본 결과 다분히 고증적이고, 자득적이며, 또한 反朱的 성향이 다소 묻어있다는 점을 알 수 있었다.

【參考論著】

1.《文集類》

三淵集　　　　　　西浦集
星湖先生文集

2.《經書類》

論語　　　　　　　詩集傳
朱子語類

3.《詩選類》

大東風謠

4.《論著》

金旻鍾,「風의 의미변천으로 살펴본 문학관념의 演進」,『중국학연구』3,
　　　　1986.
金時俊,「賦・比・興考」,『갈운 문선규박사 화갑기념논문집』, 1985.
金興圭,『朝鮮後期의 詩經論과 詩意識』, 고려대학교 민족문화연구소, 1995.
朴明姬,「朝鮮後期 詩論 研究-農巖 金昌協과 三淵 金昌翕을 中心으로-」, 전
　　　　남대학교 박사학위논문, 1998.
成百曉 譯註,『詩經集傳』上・下, 傳統文化硏究會, 1998.
宋昌基,「思無邪 詩敎의 再評價」,『어문학논총』13, 국민대학교 어문학연구
　　　　소, 1994.
申美子,「詩經의 淫詩에 대하여」,『중국문학』7, 한국중국어문학회, 1980.
沈慶昊,「茶山의 國風論」,『한국학보』53, 일지사, 1988.
李炳燦,「朱子 淫詩說考」,『한문학논집』15, 근역한문학회, 1997.
李勝洙,「金昌翕의 生涯와 詩世界의 變貌」,『한양어문연구』9, 1991.
　　＿＿＿,『三淵 金昌翕 研究』, 安東金氏三淵公派宗中, 1998.

李鐘虎, 「三淵 金昌翕의 詩論에 관한 연구」, 성균관대학교 박사학위논문, 1991.
______, 「三淵 金昌翕의 詩經解釋에 나타난 文藝志向」, 『대동문화연구』 31, 성균관대학교 대동문화연구소, 1996.
______, 「三淵 金昌翕의 詩論과 그 批評史的 意義」, 『동양한문학연구』 11, 동양한문학회, 1997.
崔錫起, 「星湖의 《詩經》 註釋에 관한 一考察-淫詩를 중심으로-」, 『首善論集』 13, 1988
______, 「朝鮮中期의 詩經學」, 『한국한시연구』 6, 한국한시학회, 태학사, 1998.
黃泰運, 「詩經 중 賦比興의 藝術手法」, 『충북대학교 논문집』, 1984.

제4장 旅菴 申景濬의 詩論考

1. 머리말

詩話의 성격 규정을 함에는 詩論과 詩評·閑談的인 것을 포함한다. 이중 초기 시화에서부터 보편적으로 있어온 것은 시의 주변에 대한 이야기로 엮은 한담의 내용일 것이고, 시론과 시평은 시에 대한 본격 논의라는 점에서 주목을 받을 수 있었지만 시화 출현 이후 시간이 흐른 뒤에 일반화될 수 있었다. 특히 시론은 시에 대한 원론적인 것뿐만 아니라 창작에 대한 문제까지 포함하는 것으로 그 중요성은 자못 크다고 하겠다. 따라서 시를 창작하는 사람은 반드시 시에 대한 논의를 곁들였는데 먼저 시의 이론적인 측면을 알아야 했기 때문이다. 그러나 시 이론에 대한 많은 논의가 있었음에도 불구하고 조선조 시대를 통틀어서 시 창작에 대한 논의를 본격적으로 그리고 구체적으로 한 경우는 그리 흔하지 않다. 그것은 두 가지 이유로 볼 수 있겠는데, 한시가 원래 우리의 고유한 장르가 아니고 중국에서 온 것이기 때문에 중국 이론을 따라서 지으면 된다는 생각에서 체계화시킬 필요가 없었겠고, 더 중요한 이유는 시의 표현을 포함한 수사학적인 면보다는 道 위주의 내용을 중시하는 경향이 만연해 있었기 때문이다.

한국시화사의 이러한 흐름을 통해서 볼 때 18세기 전기 旅菴 申景濬(1712~1781)의 '詩則'에 대한 논의는 눈여겨볼 만하다고 하겠다. 그것은 여타의 어떤 시론들보다도 시 창작에 대한 논의를 본격화하였고, 그러한 논의들이 매우 체계적으로 이루어져 있기 때문이다.

이러한 이유로 그에 대한 연구는 끊임없이 이어져 오고 있는데, '聲'의 문제에 주안점을 두어 고찰한 경우와 '시칙' 내용이 여암의 독창적 시론이 아니라고 전제하고 중국 시론 및 조선시대 시론에서 그 연원을 캐어 보는 것, 그리고 '시칙' 이론을 바탕으로 시 분석에 응용하는 등 다각적으로 이루어졌다.[1]

이러한 연구들이 있었음에도 불구하고 그 성격을 완전히 밝혀 내지는 못한 것 같다. 그 원인을 보면 '시칙' 내용 중 부분적으로 특이한 점을 위주로 논의하다 보니 전체적으로 '시칙'이 가장 중요하게 생각하고 있는 것이 무엇인지 간파하지 못했기 때문이다.

그러면 '시칙'의 전체적 내용을 통해서 볼 때 어떠한 점을 중요한 사항으로 주목해야 될 것인가? 그것은 여암이 '시칙'을 창작 방법론으로 삼고 추구했던 지향의식과 맞물리는 일이다. 지향의식을 찾기 전에 또한 주목할 것은 어떠한 논의를 통해서 그러한

---

1) 崔信浩, 「여암의 '시칙'에 대하여 -聲의 문제-」, 『한국한문학연구』 2, 한국한문학회, 1977.
　　鄭大林, 「여암의 '시칙' 분석」, 『한국고전시학사』, 기린원, 1988.
　　＿＿＿, 「여암의 시론, -詩法源流'와 '詩法源流體意聲三字主解'의 영향을 중심으로-」, 『한국 고전문학 비평의 이해』, 태학사, 1991.
　　＿＿＿, 「고전시학으로 본 송강시가」, 『한국고전산문연구』, 동화문화사, 1981.
　　崔雄, 「한국고전 시론으로 본 노계시가」, 『관악어문연구』 2, 1977.
　　李圭虎, 「한시비평의 형식적 특징」, 『한국고전시학론』, 새문사, 1985.
　　이외에 玉川鄕土文化研究所 주최 학술 세미나인 『旅菴申景濬先生의 學問과 思想』(1994.12)은 '시칙' 연구와 직접 관련은 없지만, 앞으로 여암 연구의 저본이 될 것으로 생각한다.

것들을 나타내려고 했는가이다.

본고는 이러한 것을 알아보는 데 있어 '시칙'의 표현과 풍격에 관한 논의에 주목하고자 한다. 그 이유는 '시칙'의 여러 곳에서 시 형식의 표현에 대한 문제를 중요하게 다루고 있을 뿐 아니라, 더 나아가 풍격 논의를 통해서 조선후기 변동된 사고의 틀까지 감지할 수 있기 때문이다.

어떻게 보면 '시칙'의 내용은 여암 개인의 시론이 아닐 수도 있다. 글을 전개하면서 '世之人'이니 '世之論詩者'니 하여 당시 보편적인 시론 모습을 제시하고 거기에 덧붙여 본인의 의견도 함께 서술하고 있기 때문이다. 따라서 여암의 '시칙'은 한 개인의 시론임과 아울러 당시의 보편적인 시론이 될 수 있다는 데에 의의를 부여할 수 있을 것이다.

2. '詩則'의 구성 및 개요

'詩則'은 『旅菴遺稿』8 雜著2에 실려 있다. 먼저 전체적인 구성 고찰에 앞서서 여암의 학문 태도에 대해서 논하겠다. 여암은 實學者요, 南人 계열이었지만, 당시에 활발한 활동을 하였던 다른 실학자들과 뚜렷한 교유는 하지 않았던 듯싶다. 때문에 그는 그만의 독특한 학문 영역을 형성할 수 있었다. 43세(1574년, 영조 30)의 늦은 나이에 增廣試 乙科에 급제하여 出仕의 길에 나섰으니 儒者의 전형적 모습인 학문이 이루어진 뒤에 벼슬을 얻는다는 것을 손수 실천했던 사람이다. 약 20여 년의 관직 생활동안 그의 업적은 다양한 분야에서 이루어졌지만, 특히 地理와 韻解, 수레의 유래와 그 효용성, 우리나라 兵船에 대한 모양, 구조·속력·편제 등을 주로 圖解하여 알기 쉽게 풀이하였다. 이러한 다

방면의 학문이 형성될 수 있었던 것에 대해 여암의 평생 벗이었
던 耳谿 洪良浩는 '스스로 성인들의 서적을 얻어 마음을 가다듬
고 세밀히 탐구하여 그 큰 뜻을 얻으니 九流二敎의 학설에 정통
하고 天官, 職方, 聲律, 醫卜의 학문과 역대의 憲章, 해외의 기벽
한 글도 깊고 요긴한 점을 이끌어 내지 않은 것이 없었기 때문'[2]
이라고 보았다.

　'시칙' 구성도 이러한 학문 태도에서 나왔을 것으로 추측할 수
있다. 먼저 여암은 '시칙'을 지은 동기에 대해서 '한 어린 童子가
시에 대해서 질문해 오자 古書와 스승 친구들에게 들은 것을 수
집하여 1권으로 만들었다.'[3]고 한다. 이러한 언급은 '시칙'의 내
용이 여암 자신의 순수 창작이 아니고, 이미 전해져 오던 것을
정리했을 것으로 보는 증거가 되기도 한다.

　'시칙' 구성의 특징은 무엇보다도 그 전개의 정연성에 있다. 시
의 綱領에서부터 시작하여 시의 表現에 대한 것, 詩中筆例, 작시
법상의 기준이 되는 詩作法總, 風格論, 시의 요체인 大要, 그리고
시의 형체 순서로 되어 있다.[4]

　시의 강령은 시를 구성하는 기본 요인으로 보이는데 體·意·
聲 세 가지를 언급한다. 體는 양식상의 특성으로 인식되는데, 五
言과 七言으로 나누고 다시 하위 분류한 辭·歌·行·歌行·
操·曲·吟·難·怨·引·謠·詠·篇·律詩·絶句 등의 간단한
설명을 덧붙이고 나서 30格[5]을 나열해 놓고 있다. 意는 主意와

---

2) 『旅菴遺稿』 13, 墓碣名(洪良浩 撰). "遂自聖人書 潛心探摘 得其大旨
　汎濫乎九流二敎 以至天官職方聲律醫卜之學 歷代憲章海外奇僻之書 靡
　不鉤其奧 而絜其要."
3) 『旅菴遺稿』 8, 詩則 小序. "歲在甲寅 余旅居溫水之陽 有童子問詩者 遂
　以得於古書 及聞於師友者 輯爲一以與之."
4) 이에 대한 개괄적인 설명은 전게서 정대림(1988) 참조.
5) 接項格, 交股格, 纖腰格, 雙蹄格, 續腰格, 首尾互換格, 首尾相同格, 單蹄
　格, 疊字格, 句應句格, 中聯互鎖格, 結上生下格, 興兼比格, 興兼賦格, 拗

運意로 나누고[6] 다시 이들을 正과 邪, 工과 拙로 분류하였다. 主意의 正에는 頌美와 譏刺를 邪에는 憂哀와 喜樂을 포함시킨 것으로 보아 마음을 바르게 할 수 있는 것이면 正으로 보았음을 알 수 있다. 또한 運意에서는 占排와 取舍를 工에 闊蹙과 構結을 拙로 분류하였다. 聲은 五言과 七言으로 나누고서 다시 辭·歌·行·曲·吟·歎·怨·引·謠 등을 풍격까지 곁들여 나열한 뒤 5音인 宮·商·角·徵·羽와 12律인 黃鍾·大呂·大簇·夾鍾·姑洗·中呂·蕤賓·林鍾·夷則·南呂·無射·應鍾 등을 제시하고 있다. 시를 구성하는 요인으로써 聲을 포함시킨 것은 매우 드문 일인데, 시와 음악과의 밀접한 관계를 여암이 이론적으로 체계화하였다는 주장[7]에 대한 구체적인 설명을 곁들일 수는 없지만, 詩와 歌의 연계성 문제를 생각케 하는 부분이기도 하다.

그리고 뒤이어서 시의 意象을 형성할 수 있는 요인과 함께 표현기법에 대한 설명이 나온다. (이에 대한 자세한 설명은 뒤에서 다루어지므로 여기서는 생략함)

詩中筆例에서는 시에서 쓰일 수 있는 기법적인 방법 14가지를 제시하고 있는데, 攻原之例, 連類之例, 揚敵之例, 假道之例, 重複之例, 續斷之例, 外揚內誅之例, 外抑內扶之例, 張小揜大之例, 過情爲譏之例, 一辭奪前之例, 切敍緩結之例, 言斷援物之例, 物來斷語之例 등이 그것들이다.

詩作法總에서는 작시법상의 기준 6가지를 언급하고 있는데, 地界必闊, 斷決必簡, 鋪敍有法, 轉摺有神, 語意無俗, 構結無痕 등

句格, 節節生意格, 抑揚格, 歸題格, 歇續意格, 前多後少格, 前開後合格, 比興格, 連珠格, 一意格, 兩重格, 變字格, 前實後虛格, 藏頭格, 先體後用格, 雙字起結格.

6) 主意는 體文으로 運意는 綴文으로 설명하고 있다. 이로서 보면, 主意는 주제에 해당하고 運意는 주제를 나타내는 방법임을 알 수 있다.

7) 이규호, 전게서, p.166.

이 이에 해당된다.

다음 풍격에 대한 견해와 氣色味響, 그리고 大要로써 '思無邪'의 시정신을 제시하였다.

마지막으로 시의 형체로서 起 承 敍 轉 息 宿 結 卒 등을, 그리고 이를 다시 宜와 毋로 나누어 宜에는 平穩·從容·整齊·變化·靜全·穩含·堅固·淵永 등을 毋에는 陡頓·迫促·落魄·着力·低絶·驚危·著跡·匱竭 등을 말하고 있는데, 앞에서 보았던 意의 正·邪와 마찬가지로 性情을 바르게 하고 균형이 잡혀 있으면 宜에 포함시키고 그렇지 못하면 毋에 넣어 분류하였음을 알 수 있다.

이상 구성의 특징을 개괄적으로 살폈다. 주목되는 사항은 이러한 것들을 도식화해서 배열했다는 점인데, 이는 어린 학생들이 學詩의 방편으로 쓰일 수 있도록 알기 쉽게 풀이해 놓은 방법적 고려라고 하겠다. 이중에서 표현론과 풍격론을 여암 시론의 한 골격으로 인식하고 더 깊이 고찰하겠다.

3. 여암의 시론

1) 表現論

시에서의 표현에 대한 문제는 '무엇을' 나타낼 것인가?라기 보다는 '어떻게' 표현할 것인가?라는 면에 더 치중하는 방법적인 것과 관련된다. 즉, 창작 방법의 기법적인 측면과 연관시켜도 무방할 것이다.

情·物·事를 시의 재료로 언급한 여암은 鋪陳과 影描, 體와 用, 主와 賓, 靜과 動, 上下前後左右, 長短廣狹重輕, 賦·比·興

등에 대한 설명과 함께 48격8)을 나열한다. 이중 여암이 가지고 있는 표현론에 대한 견해를 알 수 있는 주요 항목은 포진과 영묘, 그리고 부·비·흥 등이다. 이러한 것들은 표현기법 면에서 매우 관련성이 깊다. 따라서 글의 전개상 이 둘의 연결은 자연스럽게 이루어질 것이며, 서로 관련지어 논할 때 여암이 궁극적으로 추구했던 표현의 문제가 구명될 것이다.

먼저 포진과 영묘, 그리고 부·비·흥에 대한 여암의 설명부터 보자.

① 포진은 그 사실을 직접 서술한 것이고, 영묘는 시인의 눈에 비친 사물의 영상을 그린 것이다. 같은 산을 그리는 데 있어서 韓退之의 〈南山詩〉 이것은 포진이 되고, 李太白의 〈蜀道難〉 이것은 영묘가 된다. (그리고) 같은 음악을 소재로 한 시일지라도 白樂天의 〈琵琶行〉 이것은 포진이 되고, 賈浪仙의 〈擊甌歌〉 이것은 영묘가 된다. 시의 작법은 비록 많으나 이 둘에서 벗어나지 아니한다. 이른바 體라고 하는 것은 이 둘의 制度가 되고, 意라고 하는 것은 이 둘에서 主張되며, 聲이라고 하는 것은 이 둘에 기탁한다.

② 賦는 알기 쉬워도 비·흥은 서로 섞이게 되면 알기 어렵다. 대저 비와 흥은 모두 물건을 끄집어 말이 된 것이다. 그러나 위에 저것이 이것과 같다는 등의 말이 있는데 아래에 이것이 이것과 같다는 등의 말로 대응하면 그 뜻은 비록 비인 것 같으나 흥이 되고, 위에 비록 저것이 이것과 같다는 등의 말이 있더라도 아래에 대응하는 말이 없으면 그 모습은 비록 흥인 것 같으나 곧 비가 된다.9)

---

8) 藏頭格, 藏用格, 聳雲鶻格, 截層峯格, 波商衒寶格, 游龍跳天格, 蜂腰格, 馬蹄格, 九龍一珠格, 千里片地格, 北攻南出格, 疑兵格, 字美格, 反下格, 倒上格, 繡絺格, 史錄格, 卒乃指格, 節節深格, 灰線格, 懸瀑格, 抑揚格, 合闢格, 遊騎格, 句弄格, 賦起比承格, 比起興承格, 興起比承格, 賦轉比結格, 比轉興結格, 興轉比結格, 呼賓作主格, 無主存賓格, 賓主相讓格, 賓主相護格, 靜含動格, 首尾相反格, 首尾相依格, 九腹格, 一尾九首格, 一首九尾格, 金箭格, 玉繩格, 雙股格, 幹支格, 先用後體格, 先體後用格, 動含靜格

9) ① 『旅菴遺稿』 8, 詩則 鋪陳 影描. "鋪陳者 直敍其實也 影描者 繪象其影者 同一山岳 而韓退之之南山詩 是爲鋪陳 李太白之蜀道難 是爲影描 同一樂律 而白樂天之琵琶行 是爲鋪陳 賈浪仙之擊甌歌 是爲影描 詩之

①은 포진과 영묘에 대한 개념 설명으로 포진은 시인이 어떤 사물을 보고 사실적이고 핍진하게 그리는 한 기법이고, 영묘는 사물을 본 시인의 마음에 다시 한번 그 사물이 되비치어 원래 그 모습이 아닌 것을 시로 나타낸다는 의미이다. 따라서 포진의 기법은 시인의 감정이 삽입될 여지가 없지만, 영묘는 시인의 감정이나 정감이 시에 이입될 수 있다고 보았다. 그러면서 體·意·聲의 시의 강령도 이러한 기법들을 통해서 결국 외부로 표현된다고 한다. 시를 짓기 위해서는 두 기법 중 어느 것이든 따라야 하는 필연성을 내포하고 있다고 하겠다.

또한 여암은 포진과 영묘시에 해당하는 시와 시인을 각각 예거한다. 한유의 〈남산시〉와 백낙천의 〈비파행〉을 포진에, 이태백의 〈촉도난〉과 가도의 〈격구가〉를 영묘시로 분류한다. 이들 중 산을 소재로 해서 지은 〈남산시〉와 〈촉도난〉의 내용을 보면, 포진과 영묘의 개념 정리가 될 것이다. 〈남산시〉는 사실을 너무 자세하게 그려 과장되어 있다는 평10)을 받을 정도로 남산에 대해 寫實 묘사하고 있다. 반면에 이백의 악부시 〈촉도난〉은 蜀으로 가는 길의 험난함을 말한 것으로 '難於上靑天'(하늘에 오르기보다 더 어렵다)이라는 시어에서 알 수 있듯이 촉도에 대해 묘사하는 과정에서 시인의 감정이 삽입되어 표현되었다는 것을 인식할 수 있다.

또한 ②는 부·비·흥에 대한 설명이지만, 그에 대한 자세한

作法雖多 而無出於此二者矣 所謂體者 此二者之制度也 意者主張乎此二者也 聲者寓於此二者也." ②『旅菴遺稿』8, 詩則 賦比興. "賦知之易 而惟比興相雜難知 夫比興俱是引物爲辭者 然而上有彼如斯矣等語 而下以此如斯矣等語對應之 則其義雖是似比而卽爲興 上雖有彼如斯矣等語 而下無對應之語 則其體雖是似興而卽爲比."

10) 沈炳巽 著·李章佑 譯,『韓愈詩 이야기』, 대한교과서주식회사, 1988, pp.281~283.

개념 언급은 생략하고 바로 비·홍에 대한 구별의 어려움에 대
해 말하고 있다. 부·비·홍은 풍·아·송과 함께 보통 六義의
三經三緯로 지칭된다.11) 풍·아·송은 시의 종류를 가리키고,
부·비·홍은 시를 표현하는 수단이다. 이 삼경삼위설에 대한 논
의는 후대에 끊임없이 이어지는데, 글의 전개상 필요한 부분인
삼위설에 대해서 중국 梁나라 유협의 견해를 보면 다음과 같다.

① 賦는 펼침이다. 보이는대로 문장을 펼쳐서 物象을 본받고 뜻을 묘사
하는 것이다.

② 比는 부친다는 뜻이다. ……사물을 묘사하여 그것이 가지는 의미를
부가하여 과장된 표현으로 사태를 절실하게 표현하는 것이다.

③ 興은 일으킨다는 뜻이다. ……흥의 방법은 완곡하면서도 문장을 이
루어 작은 속성의 명칭으로 커다란 의미를 취할 수 있다.12)

위의 설명을 통해서 볼 때 부는 직접적 표현 기법으로 直敍的
이요, 비와 홍은 간접접 표현으로 比喻的임을 알 수 있다. 그러나
비와 홍이 그렇게 단순히 구분되는 것도 아니다. 때문에『시경』
에서도 표현 기법상 애매모호함을 보이면 比而興이라든지 興而
比라는 二重의 표현법으로 나타내었다. 앞에 나온 여암의 부·
비·홍에 대한 견해는 이러한 표현 기법상의 애매모호함을 드러
낸 것이다. 부는 직접 묘사하는 것이기 때문에 구별하기가 쉽지
만, 비와 홍은 섞어서 표현했을 경우 혼동되어 구별하기 어렵다
는 것이다. 비와 홍은 사물을 끄집어내어 묘사한다는 점에서는

---

11) 『詩集傳』大序. "詩有六義 一曰風 二曰賦 三曰比 四曰興 五曰雅 六曰
頌."
12) 劉勰,『文心雕龍』① "賦者鋪也 鋪采摛文 體物寫志也." ② "比者附
也……蓋寫物以附意 颺言以切事者也." ③ "興者起也……興之託諭 婉
而成章 稱名也小 取類也大."

공통점을 보이고 있지만, 엄연히 구별되어 있다는 것이다. 즉, 아래와 위의 대응이 있으면 비인 것 같지만 흥이 되고, 대응이 없으면 흥인 것 같으나 비가 된다는 논리이다.

이로써 본다면 부의 표현법은 외계의 물상을 직접 묘사하는 포진의 방법에 해당하고, 비와 흥은 간접적 묘사 기법이면서 작가의 감정을 절실히 보여주고 있기 때문에 영묘와 대응된다고 하겠다. 따라서 여암이 포진과 영묘를 『시경』 삼백 편과 연관지어 논의한 것은 우연이 아닐 것이다.

> 대저 光景을 서술한 것은 국풍의 영향에서 나온 것으로 자못 眞厚한 맛이 적고, 議論을 세우는 것은 兩雅의 영향에서 나온 것으로 살피어 끊은 자취를 모두 드러내 놓았다. 모두 본디 시 삼백에서 나오지 않음이 없는데, 그 나타남이 삼백에서 또한 멀어졌다.13)

國風의 風은 노래를 뜻하고 國은 제후들의 나라를 의미한다고 보면 이는 제후들의 나라에서 불렀던 노래로서 민간가요의 성격을 띤다고 하겠다. 이와 반대로 아는 政事의 대소로 인해 대아와 소아로 나뉘는데 주로 중앙의 조정에 필요한 악가이다. 여암의 위에서의 언급은 광경을 서술하거나 의론을 세우는 것이 모두 시 삼백에서 출현한 것이지만 거기에서 많이 벗어나 있어 안타깝다는 것이다. 이러한 견해는 전통적 유가 입장에서 『시경』 시 삼백을 시의 전범으로 삼았을 경우에 나올 수 있는 것으로 의론을 세우는 것도 물론이지만 광경을 서술하는 것도 원래의 시 표현법에서 많이 멀어지게 되었음을 말한 것이다. 그리고 뒤이어서 '唐人들은 술광경을 좋아하기 때문에 영묘가 많고, 宋人은 입의론을 좋아하기 때문에 포진이 많다.14)라고 하여 당시와 송시를

---

13) 『旅菴遺稿』 8, 詩則 鋪陳影描. "大抵述光景 出於國風之餘 而頗小眞厚之味 立議論 出於兩雅之餘 而全露勘斷之跡 俱未始不出於三百篇之餘 而其視三百篇亦遠矣."

표현 기법면에서 비교한다.

다음에 보이는 여암의 당시와 송시의 비교도 이러한 맥락에서 이해되어야 할 것이다.

> 세상 사람들은 모두 당인은 시로써 시를 쓰고, 송인은 문으로써 시를 쓴다고 한다. 당이 진실로 송에 비해 낫고, 송이 진실로 당에 비해 뒤떨어지는데 이는 당시는 영묘함이 많고, 송시는 포진함이 많은 연고이다. 그러나 송시가 당시만 같지 못한 것은 氣와 格이 모두 낮아서 그런 것이지 포진하는 것이 본래 영묘하는 것보다 못해서 그런 것은 아니다. 말세에 문의 폐가 승함은 단지 風韻·景色을 숭상해서 다시 體格·氣味의 어떠함을 볼 수 없으니 안타깝다.15)

당시가 以詩爲詩하고 송시가 以文爲詩한다고 하는 당시의 보편적인 시론을 인용하면서 당시가 송시에 비해 더 나은 이유는 영묘의 기법을 썼기 때문이라는 여암 자신의 견해를 피력한다. 그렇지만 원천적으로 당시를 우위에 두는 이유는 氣와 格 때문에 그런 것이지 포진이 영묘의 표현법에 뒤져서 그런 것은 아니다라고 한다.

결국 여암이 표현기법을 통해서 말하고자 한 것은 시에서 가장 중요하게 작용할 수 있는 기준을 제시하기 위함이라는 것을 알 수 있다. 영묘든 포진이든 표현 기법면에서는 모두 중요한데, 그보다 먼저 생각해야 될 것으로 氣와 格을 들고 있다. 기와 격 측면에서 보면, 송시보다 당시가 더 뛰어나기 때문에 당시를 송시보다 더 나은 시로 생각하게 되었다는 것이다. 여기서 기는 氣

---

14) 『旅菴遺稿』 8, 詩則 鋪陳影描. "唐人喜述光景 故其詩多影描 宋人喜立議論 故其詩多鋪陳."

15) 『旅菴遺稿』 8, 詩則 鋪陳影描. "世之人皆以爲唐人以詩爲詩 宋人以文爲詩 唐固勝於宋 宋固遜於唐 此以唐詩多影描 宋詩多鋪陳故也 然而宋之不如唐 是因氣格俱下之致也 非由於鋪陳素不如影描而然也 世末而文弊勝 只以風韻景色爲尙 不復審體格氣味之如何 惜哉."

象을 가리키고, 격은 格調를 의미한다. 물론 漢魏盛唐詩가 지니고 있는 기상과 격조를 말한다.

學詩에 있어서 당시를 배울 것인가 송시를 배울 것인가 하는 본격적 논의는 조선중기로 거슬러 올라간다. 여러 시화 내용에서 그러한 일면들은 어렵지 않게 발견할 수 있는데, 다음 許筠과 李睟光의 언급이 그런 상황을 대변하고 있다.

① 시는 송에 이르러서 망했다고 할 수 있다. 시의 말이 망했다는 것이 아니라 시의 원리가 망했다는 것이다. 시의 원리는 詳盡·婉曲한데 있는 것이 아니라 말은 다 하더라도 뜻은 계속되는 데 있다.

② 당인이 시를 쓸 때는 오로지 意와 興趣에 힘써서 用事가 많지 않았고, 송인이 시를 쓸 때는 오로지 용사만을 숭상하여 의와 흥취가 적었다.16)

송시는 理와 意를 전달하려는 데 주력하여 用事하기를 좋아했고, 당시는 性情으로써 시를 써 흥취가 있고, 말이 끝났는데도 뜻이 계속 남아 있다는 논리이다. 따라서 이 비교 견해들이 말하고자 한 것은 당시가 자연스러운 성정을 토로하며 시 예술을 구현하여 송시에 비해 상대적으로 우위에 섬을 드러내 보이기 위해서라고 생각된다.

이러한 당시풍을 추구하는 시대적인 분위기는 이후 지속적으로 이어져 조선후기에 가서는 본격적으로 작품의 평가 기준으로 이용되기에 이른다. 그래서 17세기 후반의 대표적인 비평가라고 할 수 있는 洪萬宗과 南龍翼 같은 이들의 글을 보면 당시 존중의식이 상당히 반영되어 있다는 것을 알 수 있다.

---

16) ① 『惺所覆瓿藁』 文部一 宋五家詩鈔序. "詩至於宋 可謂亡矣 所謂亡者 非其言之亡也 其理之亡也 詩之理不在於詳盡婉曲 而在於辭絶意續." ② 『芝峰類說』 九 文章部二 詩. "唐人作詩 專主意興 故用事不多 宋人作詩 專尙用事 而意興則少."

시간이 좀 흘러 쓰여지기는 했지만 이러한 당시풍의 시화적 분위기에 맞추어 엮어진 것이 여암의 '시칙'이라고 하겠다. 그 단적인 증거가 작가와 작품의 예거이다. 기법적인 측면에서 한 작가를 표준으로 여기고 예시했다는 것은 평소 그 작가를 본받고자 하는 마음이 은연 중에 내재해 있었을 것인데, 예시한 시인은 陳子昂, 王維, 李白, 杜甫, 韋應物, 韓愈, 賈島, 白樂天 등으로 한·당 때의 시인들임을 알 수 있고, 특히 성당 때의 시인들이 많은 수를 차지하고 있다. 이 중에서 이백 시의 인용은 많은 곳에서 하고 있는데, 심지어 이백과 두보의 시를 비교하면서 이백 시만이 옛풍모를 지니고 있고, 두보의 시는 후세의 모습에서 벗어나지 못했다고 한다.17) 이는 이백 시의 특징이 두보 시에 비해서 기상이 웅혼하고 고체시를 즐겨 썼기 때문에 이백 시를 더 옹호하지 않았는가 싶다. 當時의 시풍 분위기로 보아서는 당시를 모범삼아 시의 기준으로 삼는다는 것은 개성주의의 몰락으로 생각할 수도 있다. 이는 의고적이요, 복고적인 것으로 전시대의 시풍만을 모방하는 데 급급할 수도 있기 때문이다. 그런데 여기서 주목할 것은 18세기 전반기 시풍 분위기의 혼재 양상이다. 그것은 의고주의도 많은 비중을 차지하고 있었지만, 그에 못지않게 당시풍에서 벗어나 개성을 강조하는 개성주의도 보여주고 있다는 점이다. 특이한 것은 개성이라는 말 대신에 '성정'이라는 용어를 사용하고 있다. 여기서 '성정'이란 조선중기 때 성리학자들이 주로 사용하던 개념이 아닌 '진실한 감정 표현'을 가리킨다. 의고주의에 치중하다 보면 진솔한 자기 감정에 소홀하기 쉬워 자칫 잘못하면 개성이 없는 시가 될 우려가 있기 때문에 주장한 것이라고 할 수 있다. 18세기 전반기 대표적 시론가의 한사람인 농암

---

17) 『旅菴遺稿』 8, 詩則 詩中筆例. "邃古之風味者 則惟李白有之 杜甫卒未免 爲後世之體."

의 다음과 같은 언급은 이러한 분위기를 극명하게 보여준다.

> 시는 성정이 발로된 것이요 천기가 움직여 나온 것이다.(중략) 지금 이러한 사실을 모르고 오로지 聲色을 본뜨고, 氣格에 힘씀으로써 옛사람의 발뒤꿈치나 따르고자 하니, 소리나 모양은 옛사람과 비슷할 지 모르나 神情과 興會는 도무지 서로 비슷하지 않다.[18]

시는 개인의 정서가 자연스럽게 흘러나오는 것으로 옛것을 억지로 따라간다고 해서 神情과 興會까지도 같아질 수 없다는 것인데, 이는 당시의 의고주의에 대한 반동이라고 하겠다. 여암의 '시칙'도 다음과 같은 언급에서 의고주의 배격의 모습을 전혀 배제할 수는 없다.

> 무릇 시의 법이란 매우 번잡하지만 몰라서도 안된다. 그러나 시를 쓰는 자는 의도가 있어도 안되고 기필함이 있어서도 안된다. 반드시 冥會로써 쓴 시만이 귀한 시가 되는 것이다. 만약 일을 하는 데 있어 서로 비교한다거나 절절히 合을 구한다면 앞뒤에서 막고 좌우에서 끌어 결국 이룸이 없게 된다. 반드시 고인이 보여준 법을 먼저 공부하여 그 법도를 다 익히고 그 다음에 고인이 이미 지어놓은 시편을 보아 법의 구체적인 증거를 삼아라![19]

시를 창작함에 있어 억지로 하려고 하는 생각과 반드시 해야 되겠다고 하는 마음이 있으면 좋은 시가 나오지 않는다고 보고 반대로 冥會하여 얻은 시를 최고의 것으로 여겼다. 또한 어떤 일을 하는데 있어 인위적인 조작이 가해져 비교하고 합을 구하는

---

18) 『農巖集』 34, 雜識. "詩者 性情之發 而天機之動也……今不知此 而專欲 摸象聲色 黽勉氣格 以追踵古人 則其聲音面貌 雖或髣髴 則神情興會 都 不相似……."

19) 『旅菴遺稿』 8, 詩則 詩作法總. "凡詩之式楷甚繁 皆不可不知者 然而詩 者 不可以有意 不可以有必 必以冥會爲貴焉 若以計較經營 節節求合 則 前遮後攔 左牽右掣 卒無以有成矣 必也先求古人所示之法 以盡其榘矱 次觀古人已述之篇 以作其證印……."

데만 급급한다면 마지막에 이루게 되는 일은 결국 없을 것이라고 한다. 여기서 冥會라는 말뜻을 어떻게 이해해야 될지가 관건이다. 이는 시를 짓는 방법적 측면을 가리킨다고 보는데, 억지의 깨달음이 아닌 자연스러운 홍취에 의해서 형성되는 것으로 이해할 수 있겠다. 즉, 고인의 법을 몸소 익히되 그것을 의식적으로(意) 그리고 반드시(必) 꼭 해야 되겠다라고 생각하면 좋은 시가 이루어지지 않음을 강조했다고 하겠다. 이는 '시칙' 표현론의 전체적인 흐름이 法唐을 위주로 한 것임에도 불구하고 조금은 그러한 것에서 벗어나려 노력했음을 의미한다. 또한 18세기 전반 시풍의 혼재 양상을 반영한 시론으로 무조건적인 의고에서 탈피하려고 하는 진지한 모습의 한 단면이라고 하겠다.

2) 風格論

風格은 '風神品格'의 약어로 시의 품위, 짜임새, 전체적인 意境 등을 가리키는데, 品格 또는 意格이라고도 한다. 이는 시를 비평하거나 논하여 일정한 용어로 규정하는 '美의 종류'[20]라고 할 수 있겠다.

여암은 시의 풍격으로 平淡, 奇工, 豪壯, 沈深, 雄渾, 切至, 蒼古, 淸寒, 麗艶, 險絶 등 10가지를 나열하고 있다.

이들에 대한 뚜렷한 개념 규정도 하지 않고 이러한 10가지 풍격의 형성 요인을 제시하면서 그의 풍격론은 시작된다. 그리고 또한 다른 論詩者들의 풍격에 대한 태도를 비판하고, 마지막에 그러면 어떻게 시를 비평하는 것이 올바른 것인가에 대해 자신의 소견을 제시하고 있다. 따라서 이러한 사항들을 밝히고 나면 여암 풍격론의 한 단면이 드러나리라고 본다.

---

20) 車柱環, 『중국시론』, 서울대학교 출판부, 1990, p.94.

먼저 여암은 풍격 형성의 요인을 '氣稟'이라고 하면서 강제적으로 도달할 수 있는 것이 아니라고 본다.21) 이러한 견해는 중국 魏나라 曹조의 '文氣論'과 어느 정도 일맥상통하는 면이 있다.

> 문장은 기를 위주로 하는데, 기는 맑은 것과 흐린 것이 있어서 억지로 그것을 얻을 수 없다. 음악에 비유하면 곡조와 박자가 균일하고 절도하는 법도가 같다 하더라도 기를 끌어들임에 있어서는 능숙함과 서투름에 타고난 바가 있기 때문에 부형이라 하더라도 자제에게 물려줄 수 없다.22)

문장을 이루는 요인은 기로 그것의 강약에 따라서 풍격도 다르게 형성된다는 입장이다. 이는 마치 음악에 비유하면 곡조의 박자가 같은데, 절도와 법도가 같을지라도 각 사람이 가지고 있는 기의 相異에 따라서 다른 音이 나올 수 있다고 한다. 또한 억지로 한다고 해서 되는 것이 아닐 뿐 아니라 심지어는 자신의 부모형제와도 같을 수 없음을 피력한다. 후대에 이 조비의 '문기론'은 풍격 형성의 요인을 기로 보게 되는 端初가 되었다.

다음 여암은 논시자들이 풍격에 우열을 두어 시평하는 태도에 대해 비판하기 시작한다.

> 세상의 시를 논하는 사람들은 (말하기를) 平淡을 주로 하는 자는 奇工을 일러 자연스럽지 않다고 하고, 기공을 주로 하는 자는 평담을 일러 맛이 없다고 한다. 대개 평담함을 잃게 되면 무미한데 이르기 쉽고, 기공을 잃게 되면 자연스럽지 아니한 데에 도달하기 쉽다. 그러나 진실로 그 궁극적인 것에 도달하면 진실로 어찌 이것과 저것에 우열이 있을 수 있겠는가?……그러므로 평담에는 스스로 평담한 맛이 있고, 기공은 스스로 기공한 맛이 있는 것이다. (중략) 만약 자기가 숭상한 것을 가지고 서로 낮다고 한다면 그 사사로움에 구속되

---

21) 『旅菴遺稿』 8, 詩則. "氣稟之所使 非强可到矣."
22) 曹丕, 「典論」 論文. "文以氣爲主 氣之淸濁有體 不可力强而致 譬諸音樂 曲度雖均 節奏同檢 至於引氣不齊 巧拙有素 雖在父兄 不能以移子弟."

고 말 것이 혹심하다.23)

평담은 평이하면서 담박하다는 뜻이고, 기공은 인위적인 맛을 가해 기교를 부린 것을 말한다. 이 둘은 풍격 면에서 보면 서로 상대적인 의미를 띠고 있다. 따라서 시를 논하는 사람들은 이 둘을 놓고 서로 우열을 따져가며 격이 높은 것과 낮은 것이 있다라고 말은 하는데, 여암은 이 둘의 우열은 서로 가를 수 있는 문제가 아니라고 본다. 즉, 평담은 평담 나름대로 그리고 기공은 기공 나름대로 의미가 있다고 생각했던 것이다.

사실 중국과 우리나라 논시자들 중 풍격의 우열을 가렸던 경우가 있었다. 그 대표적인 예로 晉나라 鍾嶸의 상·중·하의 시품 구별과 고려말 崔滋가 34품을 상·중·하로 나누었던 것을 들 수 있다. 물론 전자는 전 시대의 시인들을 품평하여 등위를 나눈 것이고, 후자는 시 풍격 그 자체만을 놓고 3등급한 것이지만, 이들은 모두 개인적인 선입견과 주관성에 의해서 등급화시켰다는 공통점이 있다. 종영은 당시 개인의 소외 의식에서 시인을 평한다거나 시를 품평했고, 최자는 시를 평하는데 있어 우선적으로 생각한 것이 氣骨과 意格이었기 때문에24) 여기에 맞으면 上品이 되고, 그렇지 못하면 下品으로 취급하였다. 이런 면에서 보면, 여암의 시평 태도와 자세가 유연하고 개방적이었음을 알 수 있다. 또한 각자의 개성을 존중하면서 중세적 규범론과 격식 또한 배격하고자 노력한 것도 읽어낼 수 있다.

여암은 마지막으로 세상 사람들의 잘못된 비평 태도에 대해서

---

23) 『旅菴遺稿』 8, 詩則. "世之論詩者 主平淡者 謂奇工非天然 主奇工者 謂平淡爲無味 蓋平淡之失 易至於無味 奇工之失 易至於非天然 然苟到其極 固何優劣於彼此哉……故平淡自有平淡之味 奇工自有奇工之味…… 若以己尙相勝焉 其拘於私酷矣."
24) 崔滋「補閑集」下, "夫評詩者 先以氣骨意格 -次以辭語聲律."

말하고 자신의 시를 보는 안목을 피력한다.

> 또한 세상 사람들은 醉酒·高歌·拔劍·擊筑 등의 문자를 보면,
> 문득 豪壯하다고 하고, 寒山·落木·冷月·凄風 등의 문자를 보면,
> 淸寒하다고 한다. (이는) 소략하고 졸렬한 문자 중에 스스로 호장함
> 이 있고 繁華한 문자 중에 스스로 청한함이 있음을 알지 못하는 것
> 이다. ……그 말만을 알고 그 마음을 알지 못하며, 그 모양를 논하면
> 서 그 정신을 논하지 아니하면 옳겠는가? 그러므로 시를 안다는 것
> 은 진실로 어렵지만, 시를 논하는 것 또한 쉽지 않다.[25]

보통 사람들이 시를 평하는 데 있어 문자 그 자체만을 보고서
호장하다느니 청한하다는 등의 태도를 취하는 것은 겉으로 나타
나는 모습만 보고 판단하는 것이라고 한다. 따라서 옳은 시평이
되기 위해서는 그 문자 중에 있는 意思, 즉 작시자가 어떤 생각
을 하고 있는지까지 알아야 한다고 보았다. 현상적인 것만 가지
고 그 풍격을 평가한다면 시 자체가 지닌 내면의 정신 세계는 지
나칠 수 있을 것이기 때문이다. 그렇기 때문에 시를 아는 것도
어렵지만, 그에 못지않게 시를 논한다는 것도 쉽지 않다고 하여
논시자가 기본적으로 갖추어야 할 조건과 태도를 드러내 보이고
있다.

결국, 시를 비평하는 평시자의 입장에 서면 주관적인 태도와
선입견을 버리고 객관적이고 개방적인 사고의 틀을 가져야 함을
의미한 것이기도 하다.

---

25) 『旅菴遺稿』 8, 詩則. "且世之人 看醉酒高歌拔劍擊筑等文字 輒以爲豪壯
看寒山落木冷月凄風等文字 輒以爲淸寒 不知疎拙文字中 自有豪壯意思
繁華文字中自有淸寒意思……是知其語而未知其心 論其形而未論其神 可
乎 故知詩固難 論詩亦未易也."

4. 맺음말-詩則史的 위치

본고는 여암의 '시칙'을 시화 성격 중 특이한 존재로 인식하고 표현과 풍격에 대한 논의에 초점을 맞추어 고찰하였다.

첫째, 시에서의 표현 문제는 '무엇을' 나타낼 것인가라기 보다는 '어떻게'라고 하는 측면과 더 깊은 관련을 맺는다. 여암은 먼저 표현 방법으로 포진과 영묘의 기법을 제시한다. 전자는 『시경』의 부와 같은 성격의 표현법으로 사물을 직서적으로 나타내는데 반하여, 후자는 비·흥과 같이 사물을 본 작자가 자신의 생각을 이입시켜 나타내는 방법으로 정의한다. 또한 시기적으로 포진은 송 때 그리고 영묘는 당때 주로 많이 쓰여 당·송시의 우열을 가릴 때도 이 표현법 때문인 것으로 생각하는 비평가들이 있는데, 사실 둘의 우열은 이 표현법 때문이 아니라고 한다. 즉, 표현법상 둘은 우열이 나누어지지 않는다라고 본 것이다. 대신 당·송의 우열은 표현의 방법보다도 기와 격으로 인한 것이라고 결론짓는데, 이는 기와 격을 시 창작의 기준으로 삼고자 한 것이라고 하겠다. 시에서 기와 격을 중요하게 생각했음은 당시를 시 典範으로 삼고자 했다는 말인데, 학시에 있어서 法唐에 대한 논의는 조선중기 때부터 있어왔다. 이것이 17세기 후반에 이르러 시평의 기준으로 쓰이게 되었고, 이런 시대적인 맥락하에 '시칙'은 엮어질 수 있었다. 학시에 있어서 법당을 전범으로 삼는다 함은 明의 의고주의 영향으로 인식되어 개성주의와 상치되는 것으로 생각할 수도 있다. 그러나 이런 學唐 일변도의 분위기는 18세기에 접어들면서 차츰 변화하게 되는데, 무조건적인 법당보다는 개인의 개성을 중시한 '성정'을 강조한다. '시칙' 표현론 내용에서도 무조건적인 의고주의를 배격하려는 움직임이 엿보이는데, 고인의 법을 익히되 의식적으로 그리고 꼭 해야되겠다라고 생각해서 지으면 이룸이 없게 된다라는 것이 바로 그것이다. 이것이 바로 '시칙' 표현론의 가장 중요한 대목이라고 생각한다. 시 창작방법을 가장 구체적으로 말한 것으로 무조건적인 의고를 하기보다는 學古를 하되 자신의 개성을 존중하면서 시 창작에 임하라는 주문이기 때문이다. 따라서 여암 '시칙' 표현론은 18세기 전반의 의고주의와 개성주의의 혼재된 한 양상을 보여준다고 하겠다.

둘째, '시칙'에서 풍격에 대한 논의는 표현론에 비하면 양적으로 매우 소략한 감이 없지 않으나, 이를 통해서 여암의 사고 틀과 함께 시평 태도의 한 단면을 엿볼 수 있다. 먼저 여암은 10가지 풍격을 제시하는데, 平淡, 奇工, 豪壯, 沈深, 雄渾, 切至, 蒼古, 淸寒, 麗艶, 險絶 등이 그것들이다. 아쉬운 점은 이러한 품격의 의미를 정확히 알 수 있는 단서를 남기지 않았다는 사실이다. 여암은 이러한 풍격은 개인의 기품에 의해서 형성된 것이고, 강제적으로 도달할 수 없는 것이라고 전제한다. 그러면서 논시자들이 풍격에 우열을 두어 논하는 것을 비판하고 평담은 평담 나름대로 기공은 기공 나름대로 의미가 있다고 본다. 즉, 주관에 치우친 작품 감상을 비판한 것이다. 그리고 또한 겉에 드러난 문자만 보고 작품을 평가하는 태도도 올바른 방법이 아니라고 하는데, 현상적인 것만 가지고 그 풍격을 평한다면 그 내면에 숨겨진 정신세계는 읽어낼 수 없음을 그 이유로 들었다.

결국, 여암은 평시자의 입장에 서게 되면 주관성을 배제해야 하고 객관적인 태도로 임해야 함을 강조하였다. 평시에 있어서 주관성을 배제한다고 함은 전시대의 시평태도를 반성하다는 의미도 담겨져 있다. 17세기 시화의 주 흐름은 시평이었는데, 시평의 모습이 결코 객관성을 띠었다고 할 수는 없었다. 당 시풍의 시는 격찬을 아끼지 않았는데, 그 외의 시풍을 보이면 평가 절하하는 경향이 만연해 있었기 때문이다. 따라서 여암이 평시에 있어서 객관적인 안목을 제시한 것은 전시대 시평 태도와 다른 모습을 보이려고 노력했다는 데서 의미를 찾을 수 있다.

'시칙'은 시를 처음 배우는 사람들을 위한 시 창작 이론에 대한 내용으로 여암의 개인 생각이 아닌 역대의 시 창작에 대한 것을 모아서 편집했다고 할 수 있다. 그러나 여암 개인의 생각을 담은 시론도 엿볼 수 있는데, 전개하는 내용 중에 자신의 시에 대한 견해도 언급하고 있기 때문이다. 따라서 '시칙' 내용은 당시 널리 알려진 시 이론의 보편성과 여암 개인의 생각을 정리한 특수성 모두의 성격을 지니고 있다고 하겠다.

시기적으로 18세기 전반기는 사회의 모든 분야에서 변동이 야기된 때로 시화사의 흐름도 이런 시대적인 분위기에 발맞추어 전시대와는 다른 방향으로 가게 되었다. 18세기 이전에는 주로 閑談과 詩評을 위주로 시화가 이루어졌는데, 18세기에 접어들어서는 시에 대한 본질적인 면에 관심이 집중된다. 여암의 '시칙'도 이런 시대적인 분위기와 전혀 무관하지 않다. 또한 비록 한시가 중국에서 온 문학 장르이지만, 우리 나름대로의 창작 기법을 가져야 한다는 당위의 논리도 전혀 배제하지 않았을 것으로 보인다.

그러므로 '시칙'은 한국 시화사에서 흔히 찾아볼 수 없는 시 창작론이면서 18세기 변동의 시대에 전시대와 다른 변모된 시론의 모습을 보이고 있다는 사적인 의미를 지닌다고 하겠다.

【參考論著】

1.《文集類》

農巖集   旅菴遺稿
芝峯類說   三峯集
補閑集   惺所覆瓿藁

2.《經書類》

詩經

3.《詩話類》

文心雕龍

4.《論著》

沈炳巽 著·李章佑 譯,『韓愈詩 이야기』, 대한교과서 주식회사, 1988.
李圭虎,『한국고전시학론』, 새문사, 1985.
趙鍾業,『한국시화연구』, 태학사, 1991.
鄭大林,『한국고전산문연구』, 동화문화사, 1981.
______,『한국고전시학사』, 기린원, 1988.
______,『한국고전문학비평의 이해』, 태학사, 1991.
車柱環,『중국시론』, 서울대학교 출판부, 1990.

【찾 아 보 기】

【 ㄱ 】

18세기 문학비평론

인 쇄 일	2002년 5월 21일
발 행 일	2002년 5월 31일
저　　자	박 명 희
발 행 처	경인문화사
발 행 인	한 정 희
편　　집	김 인 숙
	서울특별시 마포구 마포동 324-3
	E-mail kyunginp@chollian.net
	Tel 02)718-4831, Fax 02)703-9711
	등록번호 제10-18호(1973.11.8)

ISBN　　89-499-0152-8　　　　　　　　　　가 격　13,000원

* 파본 및 훼손된 책은 교환해드립니다.